Business Negotiation

工业和信息化普通高等教育"十四五"规划教材立项项目

21世纪高等院校经济管理类规划教材

商务谈判
（微课版）

□ 莫群俐 主编

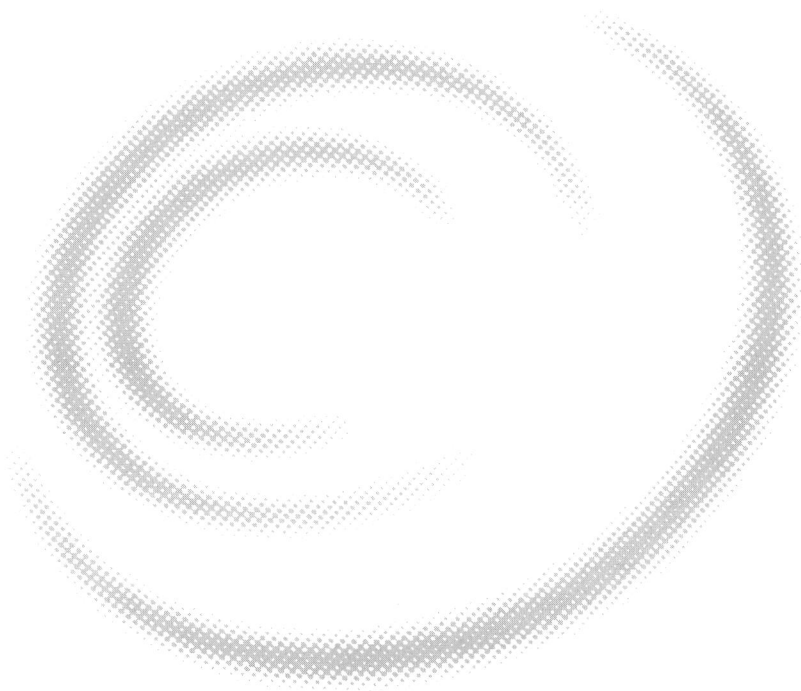

人民邮电出版社

北 京

图书在版编目（CIP）数据

商务谈判：微课版 / 莫群俐主编. -- 北京：人民
邮电出版社，2023.3
21世纪高等院校经济管理类规划教材
ISBN 978-7-115-60644-0

Ⅰ．①商… Ⅱ．①莫… Ⅲ．①商务谈判－高等学校－
教材 Ⅳ．①F715.4

中国版本图书馆CIP数据核字(2022)第232510号

内 容 提 要

本书内容共 11 章，包括商务谈判基础、商务谈判理论基础、商务谈判思维与心理、商务谈判沟通艺
术、商务谈判中的礼仪与道德伦理、商务谈判前期准备、商务谈判程序、商务谈判策略、国际商务谈判、
线上商务谈判等。

为了便于教师教学及学生学习，各章章首设置了"导入案例"，正文内穿插了"课堂互动""案例
阅读与思考""案例赏析""视野拓展""微视频"等栏目，章后的"知识巩固与技能训练"模块包括
"思考与讨论""活动与演练""案例分析"等，另外还以二维码形式补充提供了文本案例、视频案例
或拓展性知识。

与本书配套的电子课件、教学大纲、电子教案、补充案例、习题答案、实训指导、模拟试卷等资料
（部分资料仅限用书教师下载）的索取方式参见附录 2 中的示意图。

本书可作为高等院校经济管理类相关专业的教材，也可作为企业的培训教材及职场人士的自学参
考用书。

◆ 主　编　莫群俐
　　责任编辑　万国清
　　责任印制　李 东　胡 南
◆ 人民邮电出版社出版发行　　北京市丰台区成寿寺路 11 号
　　邮编　100164　电子邮件　315@ptpress.com.cn
　　网址　https://www.ptpress.com.cn
　　大厂回族自治县聚鑫印刷有限责任公司印刷
◆ 开本：787×1092　1/16
　　印张：13.5　　　　　　　　　　2023 年 3 月第 1 版
　　字数：353 千字　　　　　　　2025 年 2 月河北第 6 次印刷

定价：49.80 元

读者服务热线：(010)81055256　印装质量热线：(010)81055316
反盗版热线：(010)81055315

前　言

商务谈判是一个动态的博弈过程，这个动态博弈过程存在众多的不确定性。商务谈判的每一方都是在信息不完善的情况下不断地做出选择和决策，并试图在不确定的情况下去寻找确定的结果。这种复杂和动态的双边或多边博弈过程特别需要人的智慧。近些年，商务谈判课程在高校中越来越普及，很大一部分原因是因为人们逐渐认识到谈判智慧在商务交往当中的重要意义和作用。同时，我们也看到大家从不同维度和视角去理解商务谈判，对商务谈判领域的知识和经验有不同的阐述和解释，商务谈判似乎是一个开放而无边界的知识体系，每个人似乎都知道它，但是又说不清楚。

为更好地落实党的二十大所强调的立德树人这一根本任务，满足教师教学与学生学习的需要，增强教材的实践性和趣味性，我们在编写本书时特别注重通过大量生动、具体的案例为学生学习以及提升谈判技能提供具有可操作性的建议和指导，具体体现在以下四个方面。

（1）理论讲述深入浅出，避免晦涩。本书在阐述理论方法时，处处与现实案例相结合，从而确保学生能够及时消化并吸收相关知识。

（2）强调案例教学是整个教学活动的重要环节。本书每一章从具有实际应用背景的导入案例开始引入正文，然后再介绍相关的基本理论、方法和技巧，其中以"课堂互动""案例阅读与思考""案例赏析""视野拓展""微视频"等栏目来辅助说明商务谈判的理论、方法和技巧在实践中的应用。

（3）以二维码形式补充提供文本案例、视频案例或拓展性知识，有助于提高学生的学习兴趣。

（4）各章末提供三类基本训练材料。思考与讨论：让学生对本章的基本内容进行回顾总结。活动与演练：要求学生深度参与训练，并通过互动来提升学生的谈判技能；此训练兼有专业性和趣味性的特点，能提高学生对理论学习的兴趣。案例分析：要求学生在掌握基础知识的基础上分析实际问题。

与本书配套的电子课件、教学大纲、电子教案、补充案例、习题答案、实训指导、模拟试卷等资料（部分资料仅限用书教师下载）的索取方式参见附录2中的示意图（咨询QQ：602983359）。

我们在编写本书过程中参阅了大量国内外有关论著，在此向各位专家、学者一并表示诚挚的谢意！

感谢宁波工程学院在本书编写过程中给予的大力支持。

由于编者水平所限，书中难免有不当之处，敬请广大同行和读者批评指正。

莫群俐

致亲爱的同学们：

对于你们中的大多数人来说，谈判是件神秘的事情。想必你们一直以来对谈判充满憧憬与向往，憧憬着若干年后，你们能代表自己的公司在谈判桌上与谈判对手唇枪舌剑。编者知道你们希望通过系统性的商务谈判课程学习很好地掌握和运用谈判技巧，从而在未来的谈判博弈中脱颖而出。

商务谈判是一门理论性、实践性和艺术性都很强的应用型学科，它从大量的谈判实践中总结规律、提炼技巧，对谈判者的个人修养提出了一定要求。本书较为详尽、系统地阐述了商务谈判的理论基础、基本程序与各个阶段的策略与艺术，然而商务谈判的实践性和操作性还需要你们积极参与才能感受到。那么，该如何做才能学好商务谈判课程呢？关于学习方法，编者有以下三个建议要送给你们。

1. 多思考

理论知识的学习是一个比较枯燥的过程，所以你们务必要结合书中的商务谈判案例来理解理论知识。只有多思考和分析书中的案例（无论是成功还是失败的案例），才能更深刻地理解理论知识；只有主动思考，才能在以后的工作中懂得如何将这些理论灵活运用。

2. 多实践

商务谈判是一门具有很强的实践性、艺术性的学科，所以编者希望你们在学习这门课程的时候，无论是课堂互动还是章末"活动与演练"中的课外实践作业，一定要多参与！通过模拟商务谈判体验谈判的各个环节、各种情境，与同学讨论各种策略的运用、分析案例中的要点，这是你们提升实际谈判能力的必由之路。只有亲身参与这些活动，才能切实提升自己的反应能力、应变能力、分析问题的能力和思维的敏捷度。

面对众多的同学，你们的老师应该没有足够的精力指导每位同学。附录 1 中给出了自主模拟商务谈判训练的建议和几个备选案例素材，建议你们和身边的同学自行组织模拟商务谈判训练，给自己增加实践锻炼机会。

事实上，人人都是谈判者，谈判在日常生活中无处不在，建议你们在日常生活中也注意运用所学的谈判技巧、策略。

事实证明，参与实践是一种非常有效的学习方法。

3. 多突破

有些同学性格比较内向，语言表达能力可能欠缺；有些同学平时闲聊还可以，一到正式场合就卡壳儿……编者希望你们在学习这门课程的时候，针对自己的弱点去突破自我。无论你以前是不敢当众说话，还是不敢反驳他人，抑或有其他弱点，请一定记得在本门课程的学习中尝试突破自我。记住，当你开始尝试后感觉很难，这就意味着你正在走上坡路。这时你觉得很难、很累，甚至觉得痛苦，这都是很自然的，一旦有了突破也就表明你有了明显的成长，就能很快体会到成就感。这些突破一定会使你加速形成自己特有的气质与谈判风格，能够助你以后在谈判桌上叱咤风云。

只要做到了以上三点，学完本课程后你一定会感受到自己明显的进步，未来的职业生涯和日常生活会更顺利！

莫群俐

目 录

商务谈判基础

导入案例

马云曾说起他和孙正义的 6 分钟的谈判：6 分钟他不可能讲很多东西，比如以后要上市什么的，他只是很自然地向孙正义讲述自己要做一个世界级的公司，因为他坚信自己的团队会做到。孙正义提出给 4000 万美元投资，马云的 CFO 蔡崇信在旁边说："不"。孙正义愣住了。最后以 3000 万美元敲定下来。

马云回去之后辗转反侧，左思右想，要那么多钱干吗？当时还没有签订合约，还是可以反悔的，马云越想越不对劲，于是就给孙正义发了一个邮件，内容是：2000 万美元，行就干，不行就不干。孙正义回复到：Go ahead（去做吧）。

就这样，一次简短的谈判，完成了 2000 万美元的融资。

思考与讨论：此案例让我们看到了谈判的力量，以及谈判的多元变化。请结合此案例说说如何尽量使谈判朝向自己的目标发展。

第一节　商务谈判概述

谈判是一个过程，在这个过程中，利益各方就共同关心或感兴趣的问题进行磋商，协调各自的经济、政治或其他利益，谋求妥协，从而使各方都感到是在对自己有利的条件下达成协议。谈判的目的是协调利害冲突，实现共同利益。

谈判，实际上包含"谈"和"判"两个紧密联系的环节。谈，即说话或讨论，就是当事人明确阐述自己的意愿和所要追求的目标，充分发表关于各方应当承担或享有的责、权、利等的看法；判，即分辨和评定，是当事各方努力寻求关于各项权利和义务的一致意见，以期通过相应的协议正式予以确认。因此，谈是判的前提和基础，判是谈的结果和目的。可以将谈判定义为：谈判是有关组织或个人为协调关系或化解冲突，满足各自的利益需求，通过沟通协商以争取达成一致的行为过程。谈判作为协调各方关系的重要手段，广泛应用于政治、经济、军事、外交、科技等各个领域。

一、商务谈判的内涵

商务谈判是谈判的类型之一。

随着社会生产力的发展，人们之间的经济交往越来越频繁，在经济领域需要处理的关系越来越复杂，在此情况下产生并迅速发展起来的商务谈判，就成了企业开展经济贸易活动的重要手段。

商务指商业上的事务，是指经法律认可，以社会分工为基础，以提供商品、劳务、资金或技术等为内容的营利性经济活动，俗称"做生意"。而商务谈判就是关于商业事务的谈判，具体是指两个或两个以上从事商务活动的组织或个人，为了满足各自经济利益的需要，对涉及各方切身利益的分歧进行意见交换或磋商，谋求取得一致和达成协议的经济交往活动。

在商务谈判中，共同性的利益和可以互补的分歧性利益都能成为产生一项明智协议的诱因。正确看待商务谈判的态度是：商务谈判不是瓜分剩余利益，更不是为了打倒对方，它是一种合作；谈判各方必须追求共同利益，才能使各方都得利。

👑 课堂互动

谈恋爱与谈判

"我既不会做饭，又不会洗衣服，你会替我做吗？""我不会离开这个城市，你会过来吗？""咱俩都是学会计的，将来谁管钱？""如果前女友来找你，你会怎么办？"以上问题常常是电视相亲节目的"必答题"。一般来说，一个男生如果事先没有想好这些问题的答案，就会在节目上面临尴尬的局面。

"你是否介意和公婆同住？""你对奢侈品和珠宝怎么看？"同样，一个女生如果事先没有准备好怎么回答这些提问，那么即使留灯到最后，也可能被灭灯。

有人说谈恋爱越来越像商务谈判，相亲节目中的男女双方手中握有的筹码决定了自己的谈判地位。对很多思想传统的人来说，相亲节目的模式使他们很不舒服，他们对此发出疑问：这是在找对象吗？这是要谈恋爱吗？

要求：四五个学生一组，既有男生又有女生。男生与女生分别模仿说出上面情境的语句，然后讨论以下两个问题。

（1）把谈恋爱看成一种谈判或者商务谈判，你同意吗？为什么？

（2）生活中可以看成谈判的事情还有哪些？请举例说明。

二、商务谈判的作用

商务谈判的具体作用主要体现在以下几个方面。

（1）互通有无与相互合作。谈判不是你死我活的棋盘角逐，而是寻求合作。商务谈判更是如此，它的合作体现为经济上互通有无，满足各方需求，或共同合作、追求更多的经济利益。双方或多方当事人可通过谈判增加对各自需求及内部情况和外部环境的了解，而后相互做出适当让步，最后取得一致，达成协议。谈判协议一经形成，便起到了企业间互通有无、商务上相互合作的作用。

（2）稳定客户关系。商务活动具有重复性。一般情况下，交易双方不太可能在发生一次贸易活动后就不再打交道，特别是那些正规的或较稳定的企业或商业团体。它们尽量避免做一锤子买卖，而是从长远利益出发，在初次谈判成交后，仍关注以后的来往，并注重在以后的谈判中逐渐增加对对方的谈判特点和贸易习惯的了解，不断巩固相互间的贸易关系，以促进对方在以后的商务活动中与己方达成更多协议。

（3）促进生产经营的发展。在市场竞争的大环境下，企业的生产和经营经常受到各种经济因素的影响，如商品资源、购买力、价格水平、经济政策、市场体系、市场组织等，这些因素均处于不断变化之中。商务谈判者既要根据国内外市场变化的形势随机应变地进行谈判，也应通过谈判多了解市场的变化趋势。如有时通过谈判可能会了解到某种原材料紧缺、某种商品供过于求、某项新产品畅销等，这对企业购进原材料，保证生产，尽早清空过剩商品，尽快调整产品数量、型号或开发新产品，促进企业的生产经营发展都会起到很大的作用。有时，即使一次谈判不成功，但谈判带来的经验也是非常可贵的。

第二节 商务谈判的层次和评价标准

评价标准可以帮助谈判者对谈判过程和结果进行评估，提升谈判能力，促使谈判成功，提高商务活动效率。在确定评价标准之前，谈判者最好先确定谈判所处的层次，因为确定层次可以让谈判者把握谈判的要点、目标和结果。

一、商务谈判的三个层次

商务谈判一般分为三个层次（或类型），即竞争型谈判、合作型谈判和双赢型谈判。

1. 竞争型谈判

竞争型谈判是指在谈判初期，谈判双方把谈判视为一种竞争活动并竭尽全力寻求己方的最大利益，希望达到你输我赢的效果。在现代社会，竞争越来越激烈，企业之间的竞争、同类产品之间的竞争、人才之间的竞争已经白热化，如果没有竞争能力或者竞争能力不强，就会被淘汰，这种非此即彼的谈判就是竞争型谈判。竞争型谈判旨在削弱对方谈判的信心，因此谈判者对对方的最初方案做出明显的反应是极为重要的，即使谈判者对对方提出的方案非常满意，也必须找出这一方案的短板，使对方降低心理预期，以使己方得到最优的结果。

2. 合作型谈判

尽管谈判中存在各种各样的矛盾和冲突，但谈判双方还是存在合作与交流的。谈判双方不是你死我活、你争我抢，而是为着一个共同的目标探讨相应的解决方案。如果对方的报价有利于己方，己方又希望同对方保持良好的业务关系或迅速结束谈判，做出合作型反应则是恰当的。合作型反应一般是承认和欣赏对方实事求是的态度，但必须强调进一步谈判的必要性。这种肯定和有必要进一步谈判的事先表示，不仅表明维护自身的利益和需要是进一步合作的基础，也表明交锋是有限度的，以不影响双方的合作关系为底线。

3. 双赢型谈判

双赢型谈判是指在谈判后期，谈判双方通过挖掘潜在的共同利益，打破谈判僵局，最终达成双方利益都得到满足的协议。在双赢型谈判中，双方把谈判当作一个寻求合作的过程，能和对方像伙伴一样，共同找到满足各自需要的方案，使费用更合理、风险更小。双赢型谈判强调的是：通过谈判，不仅要找到最好的方法去满足双方的需要，而且要进行责任和任务的分配，如成本、风险和利润的分配。双赢型谈判的结果是：你赢了，但我也没输。在拥有长期合作关系和利益的情况下，双赢型谈判无疑具有巨大的发展空间。

二、商务谈判的三个评价标准

商务谈判是否成功可用目标实现、付出成本、关系改善三个标准来衡量。

1. 谈判目标实现的程度

谈判是一种具有很强目的性的活动，如商品买卖谈判中卖方的主要目的是以理想的价格和支付条件销售一定数量的产品，或是与特定买方之间建立长期、稳定的合作关系；而买方的主要目的则是以较为低廉的价格和支付条件购买一定数量的产品，或是与特定卖方之间建立较为稳定的供货关系。评价谈判的成败，首先就要看是否实现了这些基本的目的。

2. 所付出成本的大小

谈判过程是一个"给"与"取"兼而有之的过程。为了达到自身的目的，获取企业所希望获取的利益，通常需要向对方提供一定的利益，付出一定的成本代价，这个代价就是为获取所得而向对方提供的直接利益或因此承担的风险。例如，一个拥有较高知名度的品牌企业的目标是进入某一国家或地区市场，与当地的某一企业合作，其所获得的是当地企业将协助其建立销售网络，其所付出的则是允许这家当地企业在一定期限内使用它的知名品牌。如果该企业在与当地企业订立协议时，没有对当地企业使用该企业的知名品牌的限制措施（如对商品质量、销售数量乃至地区的控制），则该企业为获得对方在建立渠道方面的合作所付出的成本就可能太高，可能会承担很大的风险。

谈判成本不仅包括为获得对方所提供的一定利益而提供给对方的利益和承担的风险，而且包括进行谈判所需要支付的时间成本和直接的货币成本，包括人力成本、物力成本等。这里尤其值得注意的是时间成本，企业经营活动也常对谈判时间有一定的要求。例如，工厂要保持生产的连续性或要在限定的时间内完成一定的生产任务，就需要加大原材料的库存量，或缩短原材料采购谈判的时间并精简程序，在库存材料不够的情况下，对谈判的时间则有极其严格的要求。时间的重要性不仅在于企业的生产经营活动具有一定的时间要求，而且在于时间本身就具有重要的经济价值，还在于商业机会的价值会随着时间的变化而发生重大的变化。有些经营活动只有在特定的时间内进行才可能取得较为理想的效果。随着时间的流逝，一个原本极有价值的商业机会很可能会变得毫无价值。

机会成本是在评价谈判成败时应当考虑的另一项成本。企业与特定对手谈判合作，就可能失去与另一些企业合作的机会，而与那些企业合作也许能为企业带来更为理想的合作效果。在决定与某一企业在某一领域合作后，企业同样也就可能失去利用其有限的资源在其他投资领域谋取较好的经济利益的机会，所有这些损失的机会都构成企业通过与某一对象谈判合作谋取一定利益的机会成本，因而必须在做出谈判决策时予以考虑。一项成功的谈判应当能为企业把握住最好的商业机会创造条件。

3. 双方关系改善的程度

成功的谈判应当有助于维持或改善企业与谈判对手之间利益谈判的关系。谈判之后与谈判对手之间的关系是否良好，将影响以后能否长期合作。除非以后与谈判对手再无进行任何生意往来的可能，否则就不应忽视与任何谈判对手之间的长期友好关系。事实上，未来的事情谁都无法确定。总之，谈判过程并非一场棋赛，现实的谈判永远没有"终局"。所以，千万不要因一次谈判而断送未来一系列的谈判机会。

简而言之，所谓成功的谈判，指在与对手维持良好关系的前提下，高效率地达成谈判目标。

不可否认，目标、效率和人际关系三者是相互矛盾、相互冲突的，有时很难完美地同时达到这三个目的。在这种情况下，杰出的谈判者必须在三者之间做出一定程度的取舍，使三者关系处于某种合适的均衡状态。

案例阅读与思考

1万元的戒指

小李想为女朋友买一枚戒指。一天，他来到唯一珠宝店，一下子被一枚标价1万元的戒指吸引了，但他买不起。小李很沮丧。后来他偶然走进金玉珠宝店，那里有与唯一珠宝店里相似的戒指，每枚标价9 000元左右。他想买，但还惦记着唯一珠宝店里的那枚1万元的戒指，希望数星期后那枚戒指还没有卖出去。

很幸运，几个星期后，唯一珠宝店里的戒指不但没有卖出去，价格还降了10%，现价为9 000元。小李很高兴，但钱还是不够。他把情况向老板说了。老板非常乐意帮助他，并向他提供折扣，降为8 600元。小李承诺月底付清所有款项。这样，小李少花了1 400元，就让他的女朋友得到了价值1万元的戒指，两人都满心欢喜。

当然，唯一珠宝店老板也很满意，因为和金玉珠宝店一样，该店也是以每枚5 000元的价格从批发商那里购进同样的戒指，但唯一珠宝店获得了3 600元的利润。而金玉珠宝店的标价虽然一直比唯一珠宝店的低，但未吸引住小李。

思考与讨论：请你从谈判视角分析这一次交易成功的原因。

第三节　商务谈判的基本原则

人类的每项社会活动，都有其行为和心理准则，我们习惯上将这些行为和心理准则称为原则。商务谈判这一人类所特有的社会实践活动也有其自身所遵循的行为和心理准则，即谈判原则。谈判原则是谈判各方都应共同遵守以达成合作协议的行为准则。

虽然商务谈判是相当灵活的：它要求双方能随机应变，有可供选择的多种方案，有变通地处理各种问题的能力，有权在一定范围内决定和更改，有权做出让步以换取对方的让步等；但它同时还是一种原则性很强的活动，即双方在谈判中无论怎样灵活地处理问题，都必须恪守一些基本原则。

需要指出的是：在各种具体的谈判中某个原则可能会显得尤为重要，而有些谈判者也尤为坚持某个原则；但一般来说，以下几条是大多数谈判者公认的基本原则。

一、平等自愿

商务谈判的实质是利益的交换，就是各方通过合作获得利益。交换、合作是出于内在的需要而进行的行为过程，也是以平等自愿为前提和基础的。

人类满足需要、获得利益的途径大致有强迫、欺骗、乞讨、自给和交换等五种。强迫是不可靠的，强中自有强中手，任何人都不能保证自己永远是最强的。欺骗是不可持续的，俗话说得好：骗得了一时，骗不了一世。尊重需要是人类的基本需要之一。乞讨在满足某方面需要的同时却无法满足尊重的需要，因而乞讨也是不可行的。自给自足在小农经济时代是生存的基本方式，需求完全依赖自我满足，这样效率是非常低下的，甚至是不可行的。到了如今商品经济发达的时代，几乎所有的需求都是通过交换满足的。交换有助于降低成本，实现需求满足最大化，而通过交换获得的满足是稳定的、可持续的。交换的前提是平等自愿。商务谈判的实质是合作和交换，因此，平等自愿是商务谈判的基本原则之一。

📖 案例赏析

不被尊重的谈判

某国曾经与墨西哥就天然气的买卖进行谈判。但该国谈判代表以强国、大国自居，无视墨西哥谈判代表团的感受，单方面拟定合同，并在合同文本中，将墨西哥的需求置之度外。结果，墨西哥代表团因感到不被尊重而中断了谈判。

【案例简析】不公平的谈判可能导致双方利益损失。

二、求同合作

由于社会分工的不同、资源占有量的差异、时间和空间的交错，个人和组织要想获得利益，仅凭自身的力量是不够的，必须与他人合作，尤其是在当今商品经济发达的社会中。由于资源有限而人的欲望无限，人与人之间必然有矛盾，合作中必然会有对立，合作既是对立的基础，又是对立的归宿。因此，谈判中不能过于计较局部得失而失去谈判的整体利益。要善于权衡得失，顾全大局，在对立中寻求合作，追求稳定的、可持续的发展。社会性是人类的本质属性，这也决定了求同合作的必然性。

📖 案例赏析

图书馆的窗户

一位同学在图书馆久坐之后起身打开了窗户，另一位同学走上前把窗户关上了。第一位同学很不高兴，又走过去打开……这时，图书管理员上前轻声询问二人原因，得到的答案是一位希望有新鲜空气，而那位不愿开窗的同学则是怕文件被风吹乱。图书管理员听完两人的回答后，将旁边的窗户打开了，这样既能通风又不会把文件吹乱。

【案例简析】在日常生活和商务交往中，我们要多沟通，而且沟通时重要的是要友好协商，通过合作谋求共赢。

三、诚信守法

诚信是一种道德规范。道德的本质是对群体有用、有利、有益，任何道德规范都是符合这"三有"原则的。诚信也是如此，它是个体与社会联系的一种纽带。如果为了追求一时一事的利益而丧失诚信，那么就会丧失未来长远的利益，就不能很好地生存发展。

谈判的结果以双方达成的协议为准，协议一般要形成文本文件。谈判结果的好坏主要取决于最终形成的协议文本，文本文件应该准确无误，还可以随时查阅，受到法律的保护，具有约束力，当然其前提条件是必须合法。不合法的协议，即使内容再有利也不能得到法律的保护，也不具有约束力。不合法的谈判不仅不能使自己得到应得的利益，而且还会使自身形象和未来发展受到不利影响。

案例阅读与思考

信守承诺赢口碑

米可儿是广州一家护肤品公司。2017 年 6 月，该公司通过国内某知名网络旅行平台与一家旅行社签订泰国旅游项目合同，组织三百多位代理商前往泰国游玩。旅行社承诺旅行过程中没有任何强制消费项目。就在代理商们抵达泰国游玩的第三天，米可儿公司 CEO 李涛却收到公司代理商们在泰国遭遇当地导游强制每人消费 800 元人民币的消息。随即，米可儿公司与网络旅行平台相关负责人交涉，但其负责人采取否认事实、拒不处理的态度。在商议无果后，米可儿公司 CEO 李涛与其公司法律顾问根据合同条款找到该网络旅行平台相关负责人，共同飞往泰国核实、解决问题。据理力争后，米可儿公司暂时终止了导游的强制消费行为，并代为退还代理商们被强制消费的金额。回国后，米可儿公司通过网络媒体和法律途径主动出击维权，将被强制消费的钱如数追回。米可儿公司诚信守约、积极维权的处理方式，赢得了代理商们的高度评价，并在业界赢得了诚信守约的好口碑。

思考与讨论： 如果你是网络旅行平台相关负责人或米可儿公司 CEO，你会怎么做？为什么？

四、客观标准

坚持客观标准原则是指在谈判中，双方因采用不同的标准而产生分歧时，坚持运用独立于双方意志之外的合乎情理和切实可行的标准来达成协议。这些客观标准既可能是一些惯例、通则，也可能是职业标准、道德标准、科学标准等。

"没有分歧就没有谈判"，这句话说明谈判双方利益的冲突和分歧是客观存在、无法避免的。租客希望房租低一点，而房东却希望高一点；客户希望货物明天到，而供应商却想在下周送到；己方希望得到对自己有利的结果，而对方也期望得到对自己有利的结果。这些分歧都是客观存在的。

谈判的任务就是消除或调和彼此的分歧，达成协议。达成协议的方法有很多，一般是通过双方的让步或妥协来实现的。坚持客观标准能够克服主观让步可能产生的弊病，有助于双方和睦相处，冷静客观地分析问题，有利于谈判者达成明智、公正的协议。由于协议的达成依据客观标准，双方都感到自己的利益没有受到损害，因而会积极有效地履行合同。

如果双方无法确定哪个标准是最合适的，那么比较好的做法是找一个双方均认可的公正、权威的第三方，请其确立一个解决争端的标准。这样，问题容易得到比较圆满的解决。

知识巩固与技能训练

一、思考与讨论

1. 请举例说说你的身边有哪些谈判。
2. 商务谈判的作用是什么？
3. 商务谈判成败的评价标准是什么？
4. 简述商务谈判的基本原则。

二、活动与演练

扫描二维码进行谈判能力测试。

谈判能力测试

三、案例分析

善解人意的应聘者

某公司招聘营销人员，众多研究生前去应聘，但公司都觉得不满意，迟迟没有确定录取名单。这一天，本科毕业生龚毅很早就来到该公司办公室门前，他想直接和负责人面谈，以增加被聘用的机会。见到负责人，龚毅简短地说明来意后恭敬地递上自己的简历。负责人接过简历说："简历就留在这里，我现在没有时间看，你回去等候我们的通知吧。"说完就转过身，进了办公室。龚毅想：又要杳无音信了。此时，负责人手中拿着纸篓从办公室走出来，准备出去倒垃圾。龚毅微笑着走上前去说："经理，您时间宝贵，这个垃圾我去倒，您省下的三分钟时间帮我看看简历，这样省得我还得在家苦苦等候通知。不录用没关系，认识您并接受您的考核，我很高兴。您看如何？"负责人很意外，但是同意了。龚毅倒完垃圾回来，负责人问道："你认为一个营销人员需要具备哪些重要的能力和素质？"龚毅略做思考后，很流畅地答道："就是善解人意、善于表达、善于与人合作。"负责人听后，满意地点头并说："说得很好，目前我们公司的团队正需要补充像你这样的人……"

思考与讨论：（1）龚毅的应聘经历是一个谈判过程吗？你是如何理解的？（2）联系自己的实际生活，寻找一个亲身的谈判经历并进行分析。

第 二 章

商务谈判理论基础

能描述马斯洛的需求层次理论并分析、设计需求层次理论在谈判中的运用；能描述博弈论并分析、设计博弈论在商务谈判中的运用；能描述公平理论并分析、设计公平理论在商务谈判中的运用；能描述双赢理论并分析、设计双赢理论在商务谈判中的运用；能描述其他谈判理论并分析、设计其在商务谈判中的运用。

导入案例

相传，战国时期的大富商范蠡，刚开始做生意时本小利薄，无法做大。后来范蠡发现了一个巨大的市场需求：吴越一带需要大量战马，而齐国多牧场，马匹便宜又剽悍，如果能将北方的马匹低成本、高效率地运到吴越，一定能够大获其利。买马不难，卖马也不难，可问题是：运马难。且不说千里迢迢，人马住宿费用高昂，更要命的是当时兵荒马乱，沿途强盗很多。怎么办？他通过市场了解到北方有一个很有势力、经常贩运麻布到吴越的商人姜子盾。姜子盾因常贩运麻布早已用金银买通了沿途强人。于是，范蠡把主意打到了姜子盾的身上。

思考与讨论： 如果你是范蠡，应该提出什么方案和姜子盾谈判呢？

第一节　需求理论与谈判

心理学的一些基本理论和观点常常被谈判学家引入谈判理论的研究领域，作为某些谈判理论的基础。心理学的研究对谈判理论研究产生了长期的影响，尽管近年来理论界的研究（特别是实证性研究）又有了新的发展，但需求层次理论、谈判主体需求理论仍是对谈判理论有较大影响力的基础理论。

一、马斯洛的需求层次理论

马斯洛的需求层次理论把人的各种需求划分成五个层次，按照需求满足的先后顺序进行排列，描绘出需求层次结构图（见图 2.1）。

马斯洛所提出的这五个层次的需求，是按照从低到高的顺序来排列的。也就是说，只有在低层次的需求得到满足以后才会产生高层次的需求，但绝不等于产生了高层次的需求，低层次的需求就不存在了。一般情况下，高层次需求是与低层次需求并存的，只不过在并存的

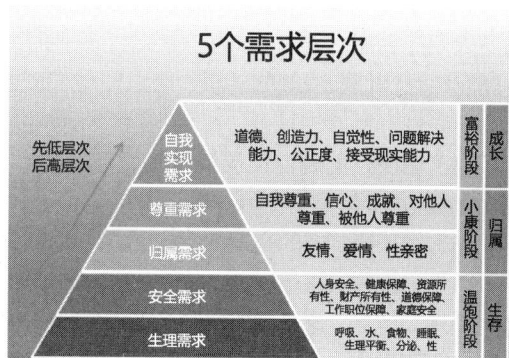

图 2.1　马斯洛的需求层次结构图

状况下，低层次需求所产生的动力和强度以及影响力会有所下降。在需求层次理论的基础上，马斯洛又提出了相互性原则理论：如果对方对我们表示出尊重、喜欢与亲密，那么对方也会得到我们的尊重、喜欢与亲密；反之，对方也必将会受到我们的敌视。在相互尊重、喜欢与亲密的心理基础上，双方常常不会那么固执己见，而是容易改变立场和态度。

案例阅读与思考

希尔顿酒店的微笑服务

美国希尔顿酒店是一家闻名全球的世界连锁企业，并且以微笑服务著称。董事长康纳·希尔顿确信微笑有助于酒店的发展。他时刻要求下属"无论酒店本身境遇如何，希尔顿酒店的服务员脸上都要带着微笑。"他对下属常说的一句话是"你今天对顾客微笑了吗？"20世纪30年代，在空前的经济大萧条时期，全美国的酒店倒闭了80%，而希尔顿酒店却凭着服务员脸上的微笑，度过了萧条时期，跨入了经营的黄金时代。

思考与讨论：希尔顿酒店的微笑服务满足了人们的什么需求？

二、需求层次理论在商务谈判中的运用

需求层次理论不仅揭示了商务谈判对人类生存发展的必然性和必要性，同时也是人们在商务谈判中获胜的理论依据。

1. 为满足谈判者高层次的需求提供条件

谈判者较好地掌握和运用需求层次理论，可以为满足高层次的需求提供条件。

（1）必须较好地满足谈判者的生理需求。谈判者的生理需求并不是进行谈判的直接动力和原因，却直接关系着谈判成功与否。对谈判者而言，如果最基本的生理需求都得不到很好的满足，谈判者一边进行谈判一边还要考虑如何解决中午的吃饭问题、晚上的住宿问题，谈判结果是可想而知的。

（2）尽可能地为商务谈判营造一个安全的氛围。在这里，安全不仅包括谈判者的人身、财产安全，更重要的是谈判内容的安全。谈判者人身、财产方面的安全，是使谈判者全身心投入谈判活动并积极促成谈判的必要保证。凡是局势动荡或战乱等不能较好保证人身、财产安全的地区，商务谈判往往无法顺利进行，这主要是因为在安全需求无法满足的情况下，谈判者对商务谈判的需求就不那么强烈了。对一般的商务谈判而言，除了要满足谈判者对人身、财产安全的需求，更重要的是在谈判的具体经济项目上给谈判者安全、稳定、可靠的感觉。这一点对一些对安全需求比较敏感的谈判者而言十分重要。

（3）在进行谈判的过程中，要营造一种信任、融洽的谈判气氛。就谈判活动本身而言，它是满足人们社会需求的一种典型的活动，是为了满足人与人之间的交往、友情、归属需求。谈判双方建立相互信任、依赖的关系，可以使他们联合起来，共同处理分歧，为把冲突和对立转化为满意的结果打下良好的基础。

（4）在谈判时要使用谦和的语言和态度，注意满足谈判对手对尊重的需求，促使谈判圆满成功。

（5）对于谈判者的高层次需求，在不影响满足自己需求的同时，也应尽可能地使之得到满足。

总之，谈判的整个过程都要注意谈判者各个层次的需求，并尽可能地从低层次到高层次满足这些需求。当然，这是要在满足自己需求的前提之下进行的。只有这样，才会使谈判不至于陷入僵局并顺利进行，为最终的胜利创造良好的环境和条件。

2. 补偿谈判中无法满足的条件

较好地运用需求层次理论，可以通过满足其他层次的需求，来弥补谈判中无法满足的条件。

案例赏析

补偿法达成协议

某广告公司急需一名设计人员，招聘广告登出数日后，一个各方面条件都符合要求的人前来面试，并提出年薪 20 万元的要求。但按照公司的工资级别和其他员工的工资情况，只能给他 16 万元，而这位应征者反复强调 20 万是最低要求。如果就此讨论，很显然无法达成协议，谈判不会成功。那么这个分歧就无法解决了吗？不是的。人事部门主管在讲明年薪无法增加的前提下，又许诺可以满足一些其他条件。经过坦率的协商，他们达成了协议，让这位应征者担任广告总策划的职务，公司付给他每年 16 万元的年薪，同时公司把闲置的一套住房免费提供给他住两年，并帮他解决孩子到重点学校入学的问题。

【案例简析】虽然这名应征者对年薪的要求没有被满足，但公司额外满足了他的其他潜在需求，这在一定程度上弥补了对年薪的要求，使谈判走向成功。可见，满足其他层次的需求对谈判的最后结果也有着决定性意义。

人类的需求是复杂多样的，每个人的需求更是千变万化的。需求层次理论只是对一般意义上的需求的一种理论，它无法反映一些特殊情况下的需求。例如，在某种特定条件下，需求的层次会发生变化，尊重或自我实现的需求会比其他需求更为强烈、重要，这是需求层次理论无法解释的。因此，特定条件下要具体问题具体分析，不能生搬硬套，一概而论。

一个谈判人员的各种需求在谈判中都会得到体现。例如，生理需求体现在谈判人员为了确保情绪处于最佳状态，需要饮食营养可口、住得舒服、保障睡眠，以便集中精力应对谈判；安全需求则体现在谈判人员在谈判中的人身安全、信息安全等；社交需求体现在，谈判人员希望在自己的团队内部成员之间团结合作，与谈判对方建立融洽良好的关系，能够在友好合作的气氛中进行协商；尊重需求不仅体现在来自谈判代表团内部成员的尊重，还体现在希望得到谈判对手的尊重；自我实现需求表现为人们希望谈判取得圆满成功。谈判人员在谈判中所取得的利益越大，其自我实现需求的满足程度越高。

案例阅读与思考

聪明的比利时地毯商

在中东，虔诚的穆斯林每天都要进行祈祷，无论居家、旅行，风雨无阻。穆斯林祈祷的一大特点是祈祷者一定要面向圣城麦加。然而，困扰穆斯林的问题在于，当他们离家在外或在旅途中的时候，常常会辨别不清方向，为祈祷带来障碍。一个比利时地毯商从中发现了商机，他将小块的地毯进行了改造，制作出专门用于穆斯林祈祷的地毯。他聪明地将扁平的指南针嵌入祈祷地毯，指南针指的不是正南正北，而是麦加。这样，不管走到哪里，穆斯林只要把地毯往地上一铺，顷刻之间便可准确地找到麦加的方向，这为穆斯林提供了极大的便利。新产品一推出，在穆斯林居住的地方立即成了抢手货，这个比利时商人也因此赚了大钱。

思考与讨论：你认为这位比利时地毯商成功的根本原因是什么？

三、尼尔伦伯格的谈判主体需求理论

美国谈判学家尼尔伦伯格将马斯洛的需求层次理论及相互性原则进行总结并应用到谈判领域，提出了谈判主体需求理论。

谈判主体需求理论认为，谈判各方都希望从谈判中得到某些东西；否则，各方会对对方的要求充耳不闻、熟视无睹，当然不会再有必要进行谈判了。所以，谈判者在谈判前、谈判中，甚至谈判后都必须关注、发现与谈判各方相联系的需要；谈判者对对方的各种需要必须加以重视并充分利用，时刻关注选择不同的方法去顺势改变或对抗对方的动机。

根据马斯洛的需求层次理论，结合谈判的特殊性，尼尔伦伯格将谈判划分为三个层次：个人之间的谈判、大的组织之间的谈判、国家之间的谈判。在任何一种非个人的谈判中，都有两种需求同时起作用：一种是组织（或国家）的需求，另一种是谈判者个人的需求。由于自居作用，在某些情况下，个人将会在一定程度上失去作为自然人的特征，而在精神上成为某一组织或群体的一部分，这时，组织或群体的需求在表面上将会显得高于个人的需求。

视野拓展

自居作用又称为认同作用、求同作用、表同作用或同一化，是心理学术语。自居作用指出于一种动机有选择地模仿别人某些特质，以掩饰自己的缺点或不足的心理防御机制。精神分析学将自居作用分为四种：①自恋性自居作用，即把对自己的某些特点的发泄作用外导于具有和自己相同特点的其他人或物；②目标定向自居作用，即通过仿效那些已经达到自己所向往的目标的人，从而使自己也获得成功；③对象丧失性自居作用，当因为丧失或不能得到所需要的对象时，便将该对象所希望的特点纳入自己的人格；④强制性自居作用，即人们为避免受到惩罚，而将有权威力量的人提出的清规戒律融合于自己的人格之中。

谈判主体需求理论强调，当自居作用出现时，并不意味着个人的需求不再起作用，而应努力通过一定的方式和方法，去发现、诱导个人的需求，进而影响其立场、观点和看法，使谈判朝有利于实现己方目的的方向发展。

尼尔伦伯格强调，依照人的需求层次的高低，谈判者能抓住的需求越低，在谈判中获得成功的可能性就越大。尼尔伦伯格认为，就大多数人类行为而言，这个规律是成立的。但是，这种需求层次规律绝非一成不变。尼尔伦伯格提醒人们注意的是：在不同的物质生活条件下，人们的抱负水准可能存在差距。在物质生活条件好的人看来，追求高层次的需求只是最基本的。

例如，一位学者愿意以牺牲身体健康为代价换取事业成功所带来的精神上的满足。然而，在物质生活条件较差的情况下，一个人也可能因其价值观和抱负的原因，视安全为其最高需求而"安居乐业""知足常乐"。

谈判主体需求理论得出了以下三点结论。

（1）依照人的需求层次的高低，谈判者抓住的需求越低，在谈判中获得成功的可能性就越大。

（2）针对每一个谈判主体而言，满足基本需求并非一定要以生理需求、安全需求等为起点，否则，就等于否认了受教育程度、价值观念、抱负水准等对人的需求层次在调节上的能动作用。

（3）谈判中，要关注对方自我实现的需求——人们渴望使自己成为一个与自己能力或愿望相称（而不是与社会要求相称）的人。所以，一定要将谈判的组织和谈判的个人区分开来。

案例阅读与思考

矿主的需求

李先生曾代表一家大公司去买一座煤矿。该煤矿的主人开价 1 800 万元，李先生还价 1 200

万元，但矿主始终坚持 1 800 万元的原始报价不变。谈判在几个月的讨价还价中艰难地进行，李先生已将还价抬到 1 500 万元。但矿主始终坚持 1 800 万元，拒绝退让。因此，谈判陷入了僵局。李先生意识到这背后肯定有其他的原因，只有挖出这一信息，谈判才能进行下去。

李先生多次非常诚恳地与矿主交流。终于，矿主被李先生的耐心和诚意所打动，向李先生说出了他的意图。他说："我的兄弟卖了 1 500 万元，外带一些附加条件⋯⋯"李先生恍然大悟，矿主坚持原始报价的真正原因是想与他兄弟攀比，他要超过他的兄弟，这样他才会有成就感，在兄弟面前有自信和尊严。这是矿主的特殊需求。

找到矿主的特殊需求后，李先生就去了解矿主兄弟的卖价及附加条件，然后采取了新的谈判方案，而矿主也做出了让步，双方终于达成了协议。最后的买价并没有超出预算，但付款方式及附加条件使矿主感到自己的成就远远超出了他的兄弟。

思考与讨论：在此案例中，买价没超出预算的关键是什么？

四、谈判中的需求与谈判谋略

尼尔伦伯格把谈判主体需求理论应用于谈判实践，归纳出谈判的策略和方法，按照谈判成功的控制力量的强弱排列，主要有以下六种基本类型。

（1）谈判者顺从对方的需求。谈判者在谈判中站在对方的立场上，设身处地为对方着想，从而最终达成一致协议。这种方法最容易促使谈判成功。

（2）谈判者使对方服从自身的需求。这种类型的谈判，双方都得到利益，都是获胜者。

（3）谈判者同时服从对方和自己的需求。这是指谈判双方从彼此的共同利益出发，为双方每一方面的共同需求进行谈判洽商，进而采取符合双方需求与共同利益的策略。

（4）谈判者违背自己的需求。这是谈判者为了争取长远利益的需求，抛弃或搁置无关紧要的利益和需求而采取的一种谈判谋略。

（5）谈判者不顾对方的需求。这种类型的谈判中谈判者只顾自己的利益，不顾他人的利益、动机，是一种"你死我活"的谈判谋略，采用这一策略的一方往往处于强势地位，但更多的情况则是导致谈判破裂。

（6）谈判者不顾对方和自己的需求。这是谈判者为了达到某种特定的预期目的，完全不顾双方的需求与利益实施的一种"自伤"型的谈判方法。例如在共享单车出现之初，为抢占市场，某共享单车商家与单车生产厂家谈判，压低采购成本并以免费方式将单车推向市场，以挤垮竞争对手。

上述六种不同类型的谈判谋略都显示了谈判者如何满足自己的需求。从第一种到第六种，谈判者对谈判的控制力量逐渐减弱，谈判桌上的危机逐渐加重。

第二节　博弈论与谈判

一、博弈论与囚徒困境

博弈理论简称博弈论，简单地说，就是二人在平等的对局中各自利用对方的策略变换自己的对策以达到取胜的目的。博弈，根据不同的基准有多种不同的分类，其中主要的一种分类法就是按当事人之间是否有一个约束的协议分为合作博弈和非合作博弈。合作博弈是指参与者从自己的利益出发与其他参与者谈判达成协议或形成联盟，其结果对联盟双方均有利；非合作博弈指参与者在选择行动时无法达成约束性的协议。囚徒困境就是典型的非合作博弈的例子。

商务谈判是一个动态博弈的过程，博弈论的兴起促进了现代商务谈判理论的进一步完善。要了解博弈论在商务中的应用，首先要了解博弈论的基本模型——囚徒困境。

囚徒困境有着广泛而深刻的意义。在囚徒困境模型里，每个犯罪嫌疑人都有坦白和抵赖两种策略。他们两人如果都是在坦白与抵赖策略上首先想到自己，他们必然要服更长的刑期。

只有当他们都首先替对方着想时，或者相互合谋（串供）时，才可以得到最短刑期的结果（见表2.1）。在这个模型中，最终两人选择的策略都是坦白。

表 2.1　囚徒困境

策略	嫌疑人乙抵赖	嫌疑人乙坦白
嫌疑人甲抵赖	甲2年，乙2年	甲10年，乙1年
嫌疑人甲坦白	甲1年，乙10年	甲5年，乙5年

个人理性与集体理性存在冲突时，个人追求利己行为而导致的最终结果是"纳什均衡"（这一结果以其研究者数学家纳什命名），也是对所有人都不利的结果。这一结果首先对亚当·斯密的"看不见的手"的原理提出了挑战。按照亚当·斯密的理论，在市场经济中，每一个人都从利己的目的出发，最终全社会达到利他的效果。亚当·斯密在《国富论》中的一个结论是："通过追求（个人的）自身利益，他常常会比其实际上想做的那样更有效地促进社会利益。"

从"纳什均衡"中可以引出"看不见的手"原理的一个悖论：从利己目的出发，结果损人不利己，既不利己也不利他。两个囚徒的命运就是如此。从这个意义上说，"纳什均衡"提出的悖论实际上动摇了西方经济学的基石，因此，从"纳什均衡"中我们还可以悟出一个道理：合作是有利的利己策略，但它必须符合以下黄金律——按照你愿意别人对待你的方式来对待别人，但只有别人也按同样方式行事才行。也就是"己所不欲，勿施于人"，但前提是"人所不欲，勿施于我"。"纳什均衡"是一种非合作博弈均衡，在现实中商务伙伴之间非合作博弈的情况要比合作博弈的情况普遍，因此对非合作博弈的研究更具有现实意义。

二、囚徒困境模型对商务谈判的启示

在商务谈判中，采取何种谈判策略有时类似于囚徒困境模型中囚徒的选择。谈判双方都有欺骗和合作两种策略，一方欺骗一方不欺骗时，能够给欺骗方带来利益。

表 2.2 中的数字代表两家公司的交易结果：获得收益或者是遭受损失。第一个数字是甲的结果，第二个数字是乙的结果。例如，当甲公司诚信而乙公司采取欺诈手段时，甲公司将遭受 3 个单位的损失，而乙公司则获得 9 个单位的收益。

表 2.2　诚信困境

情形	乙公司诚信	乙公司欺诈
甲公司诚信	3，3	−3，9
甲公司欺诈	9，−3	−1，−1

依据我们前面对囚徒困境的分析，我们很容易得出，这个模型的"纳什均衡"是双方都欺诈，结果双方都遭受损失。但是这显然不是最有利于双方的结果，也没有体现我们所提倡的在商务交往中应该遵循诚信原则。事实上，商务交往与囚徒困境模型最根本的区别在于：囚徒困境模型对双方来说都是一次性的，而现实中的商务交往大多不是一次性的。

纳什之后的美国数学家阿克塞尔罗德对多次博弈进行了研究，根据他的研究成果，我们可以将谈判双方的交易分为以下四种不同类型。

1. 双方的合作是一次性的

在这种情况下，由于不考虑长期的商务关系的维系，理性的谈判者都是从自己私利的角度出发为自己谋取最大利益的，合作的可能性几乎为零。因此，类似于因徒困境模型中双方都坦白的选择，谈判双方所采取的最佳策略是相互欺骗。这时每一方都会认为自己在这种策略下的损失不会比对方大，甚至可以获得额外的利益。

这种情况会出现在谈判双方还没有建立起相互信任，社会还没有强烈的商业信用观念的时候。一次性的商务谈判中为谋取自己的最大私利，欺骗可能成为最佳的选择。但是这一类的商务往来达成交易的可能性非常低。

2. 双方进行有限次的商务往来

一般情况下，在谈判的最初阶段，由于考虑到以后的商务往来，双方都会尽量避免欺骗而寻求合作；但是随着双方的往来加深，欺骗的可能性就逐渐增大。

3. 双方有长期无限次的商务往来

由于谈判双方的商务往来是长期的，所以双方都清楚如果自己欺骗了对方，那么将来必然会遭到对方同样的欺骗。同样是从自己的私利出发，双方就有可能避免欺骗，而采取合作的态度以争取最大的谈判利益，此时就类似于因徒困境模型中双方串谋的情况。双方商务往来的时间越长，合作的可能性就越大。

4. 双方的商务往来期限不明确

这种情况比较常见。由于不知道合作的期限，因此双方也都知道如果欺骗一次，未来就会为此付出代价，所以双方采取合作的态度更符合双方的利益需求。

由此可见，商务往来的期限和谈判的轮次决定了双方在谈判中所采取的态度。而由于多数商务往来的期限是不明确的，因此，诚信是最符合企业自身利益需求的策略。

第三节　公平理论与谈判

公平理论也被称为社会比较理论，它认为人们工作的积极性不仅受到绝对报酬的影响，更受其所得到的相对报酬的影响。公平理论提出的基本观点是客观存在的，但公平本身却是相当复杂的，这主要是受到以下因素的影响：①个人的主观判断；②个人所持的公平标准；③绩效的评定方法；④绩效的评定人。

很多情况下，人们对公平的看法取决于心理因素，正因为人们感到不公平才有了谈判。因此，在公平理论视角下，谈判就是一个基于利益、双方逐步妥协、达到一个相对公平的平衡点，就利益的分配标准达成相对公正的共识，最终达成协议的过程。

一、公平分配的方案

在实际生活中，人们往往会采取各种措施来消除不公平感。那么，关于公平有没有一个判定标准呢？或者说，人们根据什么来确定分配是否公平呢？其实，公平有多重评判标准，下面以一个富人和一个穷人如何公正地分配 20 000 元为例进行说明。

方案一：以心理承受的公平为标准，即富人和穷人按 3∶1 的比例分配。因为人们在心理上通常会认为，5 000 元对穷人来说是个大数目，穷人失去 5 000 元相当于富人失去 15 000 元。这种以心理承受的公平作为标准有一定的道理。例如，一些社会团体的赈灾救助活动通常是按人们收入的多少来进行募捐的。

方案二：以实际需要的补偿原则为标准，即富人和穷人按 1∶3 的比例分配。这种分配对于双方的实际需要来说是合理的，因为穷人需要的多，即对弱者实行补偿原则。例如，联合国及一些国际组织对世界不发达国家和地区的援助、投资等均属此例。

方案三：以平均分配为标准，即按 1∶1 的比例分配，穷人与富人各得 20 000 元的一半。这种分配表面看很公平，但由于富人的税率比穷人高，富人拿到这 10 000 元后，税后的剩余要比穷人少，所以，有人也指责这种分配不公平。

方案四：以实际所得平等为标准，即富人在分到钱、纳税后的实际所得，与穷人不需纳税或少纳税后的收入正好相等。比如在这个案例里，假设富人分到 12 000 元之后要纳税 4 000元，最后实际所得是 8 000 元，与穷人不需纳税的 8 000 元正好相等，那么穷人与富人的公平分配方案就应按照 3∶2 的比例分配。

从以上四种分配方法可以看出，根据不同的标准进行分配，会导致不同的分配比例和结果，而且这些结果均被人们认为是相对公平的。显然，公平是有多重标准的。同样的分配，还可以以年龄大小、地位高低、饥饿程度、次序先后、资历深浅等为标准进行。分配的关键在于参与分配的双方要对公平的标准事先达成共识，这样分配的结果才会被认为是公平的。

二、公平理论在商务谈判中的运用

公平理论对于理解并处理商务谈判活动有着重要的指导意义和启示。

第一，在商务谈判中，必须找到一个双方都能接受的公平的标准，只有按此标准进行谈判，谈判结果对双方来讲才是可接受的、公平的。人们进行谈判就是要对合理的公平分配标准达成共识。谈判成功后，人们之所以会认为所获得的利益是公平的，关键原因在于参与分配的双方事先找到了一个共同认可的利益分配标准。

第二，公平不是绝对的，在很大程度上受人们主观感受的影响。所以，我们在谈判中不应盲目地追求所谓的绝对公平，而是应该去寻找对双方都有利的相对公平。有时谈判一方做出了很小的让步，却觉得不公平；而有时一方做出了很大的牺牲，仍觉得很公平。这主要是相对公平感造成的。

除了具体的利益，由于公平是主观的意识，是心理感受，因此在谈判时应当从心理方面着手，提升谈判对手的公平感，促成合作。例如谈判会场的布置、时间的安排尽量贴近对方的喜好，在谈判过程中，要使用礼貌策略，获得对方的好感。公平贯穿谈判过程始终，只有坚持公平原则，双方才有可能达成共识，最终达成一致的谈判结果。

案例阅读与思考

地基问题

在地基问题上，业主与承包商各执己见，承包商认为地基 4 米深就足够了，而业主认为至少需要 6 米。承包商讲："我用钢筋结构来做房顶，地基没有必要做那么深。"业主却不肯让步。

如何才能保证房屋坚固？业主可以用一些有关的安全标准来进行讨价还价。业主可以这样讲："哦，也许我是错的，4 米深的地基就可以了，但我所坚持的是地基要坚实牢固，深度要足以使房子安全。政府对此类土地的地基有没有安全标准？这一地区的其他建筑物的地基深度如何？这一地区的地震风险有多大？"遵循这些客观的标准来解决地基深度问题，很可能就是谈判的出路。

思考与讨论：你认为上述建议行得通吗？为什么？

第四节　双赢理论与合作原则谈判法

一、双赢理论

谈判是伴随着人类文明的发展而发展的。尽管谈判活动源远流长，但是直到 20 世纪五六十年代，人们才将谈判作为社会科学的一个分支来进行系统的研究。经过理论与实践工作者在这个领域进行的大量理论和实践的研究，人们通过纷繁复杂的谈判活动的表象，不断地揭示谈判活动的内在规律，取得了令人瞩目的成就。从谈判研究中产生的有影响的谈判理论和原则已成为指导人们谈判实践的重要理论依据。

▶ 微视频
双赢理论与谈判

1. 传统的输-赢理论

谈判是化解冲突的一种和平方式。对于各方来说谈判不外乎两种结果：一种是谈判以各方达成协议而告终，这样就避免了冲突的进一步发展；另一种则是谈判以失败而告终，可能导致冲突加剧。

正是由于谈判的成功与失败所带来的后果如此严重，有时谈判各方都将谈判视为绝对的成功或者绝对的失败。因此为了取得谈判的成功，谈判各方都尽一切努力，甚至包括使用阴谋诡计和欺骗的伎俩来确保自己一方利益得到最大的满足。

因此，也有人也将商场视为战场，将同行视为冤家，于是就有了各种不正当的竞争手段。一些公司在与外商谈判中竞相压价，互相拆台，进行恶性竞争，以将同行置于死地而后快。传统的输-赢模式谈判遵循以下步骤：①确定己方的利益和立场；②捍卫己方的利益和立场；③各方讨论做出让步的可能性；④达成妥协方案或宣布谈判失败。

受输-赢理论的影响，谈判各方往往会在谈判中习惯性地尽力维护自己的利益而保持坚定的立场，因此妥协就成为获取更大利益的筹码。各方都不会轻易让步，而妥协是各方达成协议的关键点，如果没有各方的妥协或一方的妥协，谈判就不可避免地会以失败告终。这种非赢即输的理念是造成众多谈判失败的原因。

事实上，当一场谈判以某一方的胜利和另一方的失败而结束时，失败者往往会在以后寻找机会改变这个失败的结果，这又会为以后埋下冲突的种子。因此，人们需要新的理念和原则来指导冲突的化解。

2. 双赢理论的产生

20 世纪后半叶，随着经济全球化的不断发展和深化，世界各国和各地区之间的经济交往和经济协作不断加深，经济上相互联系和依存、相互渗透和扩张、相互竞争和制约的程度不断加深，形成了世界经济从资源配置、生产到流通和消费的多层次、多形式的交织和融合，全球经济形成了一个不可分割的有机整体。这种你中有我、我中有你，一荣俱荣、一损俱损的局面使人们认识到：在经济相互依赖的世界里，不能简单地以输赢论英雄，而必须寻求通过合作来取得双赢的结果。这种认识使人们越来越多地通过和平的方式，在平等互利的基础上解决冲突，特别是经济领域内的冲突。一些学者和社会工作者开始宣传和倡导解决冲突的全新理念，即双赢理论。其中比较著名的有美国学者罗杰·费希尔和威廉·尤里、英国谈判家比尔·斯科特等。他们的核心思想是强调共同的胜利和利益的一致性。所谓共同的胜利，是指谈判一方在尽可能取得己方利益的前提下，或者至少在不损害己方利益的前提下，使对方的利益得到一定的满足。寻求各方利益的一致性是指在谈判中应努力挖掘各方利益相同的部分，再通过共同的努力将利益的蛋糕做大，如此各方都可获得更多的利益。

📖 视野拓展

美国律师格拉德·聂仁伯格于 20 世纪 60 年代中期在纽约创办了一所非营利性的谈判学院，在学院里他极力推销自己的谈判哲学——所有人都是赢家。由于格拉德办学的成功和他的谈判哲学的推广，他被《福布斯》杂志誉为"谈判培训之父"——以双赢理论为指导，一种全新的谈判模式形成了。大量的谈判实践证实了这一新的谈判模式在解决冲突的谈判中十分有效。在新的理念的指导下，许多长期无法解决的冲突得到了有效化解，许多可能升级的对抗得到了缓和。双赢理论极大地促进了合作，减少了对抗，提高了整个社会的共同福利。因此以双赢理论为基础的谈判指导思想已被全世界广泛接受。

双赢模式的谈判遵循的步骤如下：①确定己方的利益和需求；②寻找对方的利益和需求；③提出建设性的提议和解决方法；④宣布谈判成功、失败或陷入僵局。

比较双赢模式与输-赢模式可以看出，两种模式最大的区别是在第二步和第三步。输-赢模式中捍卫己方的利益和立场被双赢模式中寻找对方的利益和需求所替代。这不是一个简单的文字游戏，而是一个思想观念的重大变化，是通过谈判取得双赢结果的第一步。在发现对方的利益和需求的过程中，谈判者可以更好地理解自己的谈判对手，并能够从对方的角度考虑一些问题，促使各方朝着相互理解与和解的方向发展。当各方建立了相互理解的关系后便可在此基础上提出各方都可能接受的建设性解决方案。由于这样的方案不是一方利益和意志的反映，而是各方的观点，特别是各方共同的利益的反映，因而谈判以各方满意的结果而告终的机会大大增加。

双赢理论在解决许多难题时被证明是有效和成功的，其中的主要原因是该理念强调从彼此的角度考虑问题，这大大地促进了各方的相互理解，因而就能产生事半功倍的效果。同时我们也必须意识到双赢的理念尽管有效，但并非所有的人在所有的场合都能自觉地运用这一理念，这是由于传统的非赢即输的观念还根深蒂固，再加上各方利益本质上的冲突性，要使新理念成为人们的自觉行为还需长期的努力。

🤔 案例阅读与思考

荒岛上的谈判

故事一：有两个人流落到荒岛上，他们获得了上帝的赏赐——上帝给了他们一根鱼竿和一篓子鲜活的鱼。面对这份大礼，两个人开始了谈判。最后，一个人要了一篓子鲜活的鱼，另一个人得到了一根鱼竿。得到鱼竿的那个人忍住饥饿，一步步走向海边，准备钓鱼。可是，由于太饿了，他的最后一点力气也用完了，最后他看到了蔚蓝的大海，只能遗憾地离开人世。而另外一个得到一篓子鱼的人，立马点火煮鱼吃，他很久没有吃过饭了，便狼吞虎咽地吃起来。几天后，他的鱼就吃完了，他再也得不到任何食物，最后饿死在空的鱼篓子旁边。

故事二：同样是两个饥饿的人在荒岛上得到上帝的赏赐——一根鱼竿和一篓子鲜活的鱼。这两个人得到礼物之后，并没有分开，他们商量着一起去寻找有鱼的海边。途中，饿了他们就煮一条鱼吃。皇天不负有心人，他们两个人经过艰苦的跋涉，最后来到了有鱼的海边。他们一起钓鱼，维持生计，然后等待着船只经过。就这样，终于有一天，他们得救了。

思考与讨论：两个故事的主要差异在哪里？

二、合作原则谈判法

合作原则谈判法具有广泛的适用性，学习应用合作原则谈判法对于各方取得双赢的结果具有十分积极的意义。它是对双赢理论的发展和理论化，由以下四个部分组成：①对待谈判对手——对事不对人；②对待各方利益——着眼于利益而非立场；③对待利益获取——制订双赢方案；④对待评判标准——引入客观评判标准。合作原则谈判法的四个部分，互为依存，环环相扣，在谈判中贯穿始终，共同影响谈判的进程。

（一）对事不对人

谈判气氛是决定谈判各方关系的一个重要因素。众所周知，在诚挚友好的气氛中，谈判各方的心态比较平和，因而谈判中的难题也比较容易解决。但是遗憾的是，友好的谈判气氛常常由于各方互有偏见，或者在谈判过程中对对方形成的不良印象等而被破坏。当有以上情况发生时，谈判就无法围绕谈判议题展开，而成为个人之间的攻击和对抗，相互之间的信任和感情被破坏，导致谈判无法正常进行。

谈判一方如果认为对方的行为举止傲慢无礼，说的某句话让自己感到没面子，就可能会抛出一两句话压制对方的傲气，这又会进一步激怒对方，迫使其采取进一步的措施。

例如，在各方相互争执的情况下，人们喜欢抛出这样一句话："跟你这种人没法谈。"此话一出，谈判的焦点便容易从讨论各方的利益和问题转移到个人的脸面和尊严上来。可想而知，这样的谈判往往不欢而散，什么问题都得不到解决。

在另外一些情况下，谈判一方对另一方提出的理由和表述事件的目的存有疑虑，认为对方可能想利用谈判达到其险恶的目的时，一方常常会表现出情绪激动，出言不逊，使双方火气骤然上升而无法达到通过谈判解决问题的目的。针对以上这些情况，合作原则谈判法提出从以下三个方面着手来解决问题。

第一是发展移情法，包括：①从对方的立场看待问题；②避免因自己的问题而责备对方；③协助对方参与解决问题。

第二是正确看待情绪，包括：①允许对方发火；②恰当看待情绪的爆发。

第三是加强沟通：①注意倾听并总结听到的情况；②避免给对方打分并将对方当作辩论的对手；③不严厉指责对方的错误。

总的来说，要做到对事不对人的关键是使各方尽量相互理解，在气氛紧张时控制自己的情绪，并通过加强沟通和对话使各方相互了解，从而达到解决问题的目的。

（二）着眼于利益而非立场

利益的冲突将人们带到谈判桌前。谈判各方为了实现各自的利益，或是维护自己的利益，或是通过谈判获取更多的利益，常常在谈判中坚持自己的立场。然而，由于各方的利益在大多数情况下是矛盾的，所以各方的谈判立场也常常是对立的。如果谈判各方都各自坚持自己的立场，则很容易出现僵持的局面，因为立场常常是难以调和的。调和各方的利益则比较容易实现。

着眼于利益而非立场就是为了克服因各方一味坚持自己的立场而使谈判陷入僵局的方法。着眼于利益不仅是指协调各方的不同利益，更为重要的是寻求各方的共同利益。谈判各方如果能够做到着眼于利益，他们就不会只坚持一种解决问题的方案。事实上，使各方利益得到满足的方法不止一个，当人们认识到这一点时就会变得富有灵活性和创造性。此外，谈判各方总是可以找到共同的利益，因为没有共同利益，各方也没必要进行谈判。而找到各方的共同利益是取得双赢结果的一个关键点。为帮助各方做到着眼于利益而非立场，可以从以下两个方面着手。

其一是明确利益：①探寻妨碍我方的对方利益；②从不同的角度审视对方的不同利益；③透过对方的立场看到对方的人性需求。

其二是讨论利益：①总结并接受对方的利益；②在提出解决方案前表达自己的见解或提出问题；③在解决问题时尽量不追究过去的矛盾，应该向前看。

在谈判中要想做到以各方的利益为重而不是在立场上争执，往往不是一件轻而易举的事情。原因是谈判立场往往表现得具体而明确，但是隐藏在立场后面的利益却可能不明朗、不具体。有时人们出于策略的需要掩盖其真实的利益，这也增加了问题的复杂性。不过，即便如此，谈判各方只要努力就可以做到以利益为重，而避免在立场上讨价还价。下面的例子有力地说明了着眼于利益在谈判中的作用。

曾有发达国家对从发展中国家进口的服装和纺织品有配额限制，为此，发达国家和发展中国家之间不断有贸易摩擦发生。发达国家担心大量廉价的服装纺织品进入本国会对本国的同类产业构成威胁，损害本国同类就业人员的利益。这种摩擦看似不易调和，但事实上，从发展中国家进口服装和纺织品既可以满足各个层次的消费者，特别是中低收入人群的穿衣需求，又可以将本国有限的资源配置到获利更高的行业。事实上，发达国家的纺织业早已成为夕阳产业，被边缘化了。这也就是为什么世界贸易组织不但要求成员逐步取消配额，而且特别对发达国家在服装和纺织品进口配额上提出了明确的取消原因。1986—1994 年"乌拉圭回合"谈判中达成的服装和纺织品贸易协议要求在该行业已经失去竞争力的发达国家在十年内彻底取消对发展中国家进口服装和纺织品的配额制度。取消发达国家对服装和纺织品配额的要求从根本上说是一个对发达国家和发展中国家都有利的双赢措施。

事实上，在很多时候尽管冲突和利益是并存的，但是如果处理得当就可以使利益不断放大、冲突不断缩小。

（三）制订双赢方案

合作原则谈判法的前两部分主要针对谈判中对事不对人、着眼于利益而非立场进行论述，从而使谈判各方正确对待彼此间的利益，找准谈判的重点和立足点；而第三部分，制订双赢方案则为各方实现自己的利益提供了一个可行的路径和方法。

在谈判中，人们为何极易对自己的立场讨价还价？其原因有两个。一是谈判的内容属于非输即赢类型，如汽车的价格、佣金的高低、房屋租期的长短等；或者人们遇到的问题是非此即彼的选择，如离婚谈判中对财产的分割、孩子的归属等。这种两分法类型的谈判限制了人们的思维，制约了人们的创造力，使谈判者的目光盯在谈判的结果是输还是赢这个问题上。二是人们往往把问题的解决方法限制在很窄的范围内，比较典型的做法是认为解决问题的办法只有一个，如果这个方案不能化解冲突，谈判只好停滞。总的说来，阻止人们寻求建设性替代方案的原因有以下三个。

一是认为分配方案保持一成不变，各方都认为利益的蛋糕是固定不变的，因而你的胜利就是我的失败，或者我的胜利就是你的失败。这种僵化的分配观念制约了人们解决问题的创造力和谈判的灵活性，从而常常导致谈判失败。解决这一问题的方法是转变观念，将固定不变转为灵活可变，即各方在利益分配之前共同将利益的蛋糕做大，这样各方都可以获得更大的利益。

二是只寻求一种答案。谈判者往往容易满足于取得的成就和进展，并且希望谈判照此方式继续下去，不再出现其他麻烦，顺利达成最终协议。但是如果谈判中途出现其他问题使现有方案无法实施，他们又不愿意放弃在现有方案上已取得的进展，那么就会导致谈判失败。谈判各方应当认识到总有其他更好的办法来解决目前的困难，因此当一种方案行不通时，应及时提出替代方案，避免谈判陷入僵局。

三是在提出方案时只考虑满足自己利益和需要的解决办法。谈判者应当意识到谈判过程是给予与获取并行的过程。成功的谈判协议是权利与义务的结合体，因此谈判方案应充分体现各方共同的利益和要求。只有同时考虑自己的利益和对方的利益时，才能激发人们的创造力，提出富有建设性意义的方案。

针对以上问题，可以按以下步骤来制订双赢方案。

（1）诊断。包括以下几个步骤：①放弃对方利益的满足一定是以我方的付出为代价的观念；②鼓励各方共同解决问题；③在对方未做好充分准备之前不锁定在一种方案上。

（2）提出建设性方案，具体包括：①与对方进行充分沟通；②明确双方利益；③寻求双方的共同利益和互补利益，分析双方可以让步的利益；④提出多个可供选择的方案。

这一部分的要点是构思多种可供选择的方案并且在此基础上选择可行的方案。在谈判处于困难的关键阶段时，最重要的就是能够拿出多种方案来。例如，请有关方面的专家和专业人员共同讨论，集思广益。

在提出各种可供选择的方案后，下一步就是选择一个切实可行的为各方所接受的方案。然而在选择方案时存在一个以什么标准来评价所选方案的问题，也就是确定此方案优于彼方案，或者某一方案是几个方案中最好的方案的标准是什么。由于各方的评判标准往往存在着很大的分歧，因而以谁的标准来衡量各种方案就成为一个关键的问题。

（四）引入客观评判标准

上述虽然强调以各方的利益为出发点来考虑分配方案，以求得令各方都满意的解决方法，然而无论各方如何从对方的角度考虑问题，理解对方的需求，争取提出具有创造性的方案，都无法避免各方存在利益冲突和对抗的问题。这种冲突在对待方案的评判标准上得到集中反映。当各方因评判标准不同而无法确定方案的合理性和公正性时，最好的解决方法就是寻求一个客观标准。

1．选择客观标准

在判断一个标准是否属于客观标准时应从以下三个方面考虑。

第一，客观标准应当独立于各方的主观意志之外，因而它可以不受任何一方的感情影响。例如世界贸易组织所确定的最惠国待遇原则、国民待遇原则、无歧视待遇原则、互惠原则、透明度原则、关税减让原则、取消数量限制原则等原则，就是从全体成员的利益出发确定的，因而被所有成员视为客观标准。

第二，客观标准应当具有合法性和实际性。例如世界贸易组织的各项规则已成为各成员普遍遵守的规范；同时这些规则经过多年的使用被证实是切合实际和可行的，所以被各成员在贸易争端中普遍用来作为解决争端的标准。

第三，客观标准应当具有科学性和权威性。例如我们国家的城市规模分类，相关的划分标准有很多，有的以经济规模划分，有的建立了相应的指标体系；但通行的，且比较权威的标准是2014 年 11 月国务院发布的《国务院关于调整城市规模划分标准的通知》，即按照人口规模将我国城市划分为超大城市、特大城市、大城市、中等城市、小城市。应该说，国务院发布的标准既具有科学性，又具有权威性，因而具有强大的说服力。显然，在确定客观标准时，对不同的事物有不同的客观标准，所考虑的因素也不尽相同。例如谈判者在与国外商人就产品的价格进行谈判时，对价格的衡量标准就应当包括产品的成本价、市场的变化、汇率的稳定程度、竞争对手的情况，以及其他必要的因素。

此外，专家的意见、国家间的协议、国际惯例、一国的法律和规章制度都可以作为客观标准。

2. 运用客观标准

运用合作原则谈判法不仅涉及如何选择客观标准的问题，而且涉及如何应用客观标准的问题。所以衡量客观标准是否公平、是否具有科学性和有效性，应当从两个方面入手：一是从实质利益上看，二是从处理程序上看。从实质利益上看是以不损害各方的利益为原则；从处理程序上看就是看解决方法本身是否公平，也就是是否有公平的程序。例如从程序上看，如果一方分割蛋糕，让另一方先挑选，这就是一个公平的程序。其他常用的被视为公平的程序还有"轮流坐庄""抓阄""寻找仲裁人"等。

人们可以采用不同的方法和途径来进行谈判。某种方法是成功还是失败，可以从以下三个方面做出判断：一是一项可能达成的协议应当最大限度地满足各方的合法利益，解决各方之间的冲突，同时保证公众的利益不受损害；二是协议应当是高效的；三是协议应当改善，或至少不伤害各方的关系。

3. 使对方易于决策

在谈判中，要使对方同意达成一项满足己方利益需求的协议，这一协议也必须满足对方的利益需求。然而，很多谈判者习惯于只以自身利益来思考问题，很少考虑到那些符合双方利益的方案。他们认为，他们自己的问题就已经够多了，对方的问题，应当由对方自己解决。谈判者要克服这种只注意自己利益的目光短浅的思想，让自己试着站在对方的立场上，研究出对方易于做出决策的方案，使对方做出己方所预期的决定。

案例阅读与思考

作者和编辑的谈判

一位编辑和一位作者在沟通一部教材的稿酬。

作者：别的出版社都给我 10%，你们不但要求多，而且只给 8%，是不是低了点？

编辑：您这个问题很好，稿酬是我们都应该关心的问题，我来解释一下。

您也知道，版税制稿酬额和版税率及销售量两个因素相关，我们先看销售量。

同类教材在不同的出版社销售量相差悬殊。假设您和其他出版社合作，有大、小两个出版社可选择，小出版社按 12% 支付版税，大出版社按 7% 支付版税，我会推荐您选择大出版社，因为销售量的差距可不止 5 个百分点。

作者：有那么大差距吗？

编辑：您的教材还没出版，我们不敢断言它销售得如何，但是我们另外一位作者的教材曾获得出版领域的奖项，是精品中的精品，因为选择出版社不慎，五六年间只重印了一次。

作者：是谁啊？

编辑：他也在我的作者群里，回头等我们确定合作，您加入群，您可以私下问问这位老师。我们再来说版税率，大学教材一般是 7%～9%，优秀作者能到 12% 左右，如谭××、周××，不过他们的教材可都是年销售量数十万册的。

作者：我的教材销量也会很好，我在××出版社出版的教材已经印了×万册。

编辑：您有这个信心我非常高兴，您看要不这样，我们签阶梯版税的合同，您看如何？
……

思考与讨论：请从理论上分析编辑使用的谈判技巧。

合作原则谈判法为我们提供了在谈判中达成协议的方法。实践证明，合作原则谈判法几乎适用于所有的谈判场合：从国际谈判到国内谈判，从简单事件到复杂事件，从双边谈判到多边谈判，从日常商业交往到紧急突发情况。无论谈判场合如何变化，都可以采用合作原则谈判法。合作原则谈判法还可服务于不同类型的谈判者以解决各种各样的问题，如各国外交官和政治家就限制核武器扩散进行的谈判、华尔街律师代表世界 500 强公司就反垄断进行的谈判，它还可以帮助夫妻在离婚时财产的分配等问题上发挥作用。

课堂互动

大英图书馆搬家

相传，大英图书馆老馆年久失修，在新的地方建了一个新的图书馆，新馆建成以后，要把老馆的书搬到新馆去。这本来是一个搬家公司的活，没什么好策划的，把书装上车，拉走，运到新馆即可。问题是按预算需要 350 万英镑，图书馆没有这么多钱。眼看雨季就要到了，不马上搬家，这损失就大了，怎么办？正当馆长苦恼的时候，一个馆员找到馆长，说他有一个解决的方案，不过仍然需要 150 万英镑。馆长十分高兴，因为图书馆有能力支付这笔钱。"快说出来！"馆长很着急。馆员说："好主意也是商品，我有一个条件。""什么条件？""如果 150 万英镑全部花完，那权当我给图书馆做贡献了，如果有剩余，图书馆要把剩余的钱给我。""那有什么问题！350 万英镑我都认可了，150 万英镑以内剩余的钱给你，我马上就能做主！"馆长坚定地说。"那我们签个合同。"馆员意识到发财机会来了。合同签订了，不久，馆员的新搬书方案就实施了。150 万英镑连零头都没用完，就把书给搬了。

要求：3～4 个学生一组，就这个案例进行表演。一人扮演馆长，其他人扮演馆员献计献策。最后，老师让每个小组派代表来汇报有什么好的办法，并公布这个案例里的馆员用什么办法既赚到了钱，又把书搬了。

第五节　其他谈判理论

谈判作为一门综合性学科，涉及多个领域，因此，各个领域的专家们都尝试以自己的研究背景为基础提出对谈判的解释。这些理论源于对其他学科的研究，但是对谈判同样具有重要的指导意义。

一、身份理论

身份理论（identity theory）尝试解释社会身份如何影响个人行为。个人从其所扮演的社会角色出发形成个人的身份定位，例如父母、配偶、上级与下属等，人们忠诚于自己的社会身份，这对人们一生的影响可能比其他许多因素都要大。

身份理论在谈判中的应用可以解释为人们需要被认可，需要安全感，能够控制局面等。一个谈判者如果具有很强的身份需求，他可能会考虑："如果我同意你的建议，别人会怎么看我呢？"

许多谈判表面上看起来是在解决有关利益的冲突，实际上可能涉及与谈判者身份相联系的意图、期望、行为。

例如，一个雇员要求与经理谈谈他的工作职责。经理很有可能会把这一要求看作是在威胁他在工作分配上的权威。雇员的意图本来是要修改工作职责，但是，除非他能够消除经理的权威被质疑这种印象，否则，这一要求很难得到满足。

这场谈判，表面上看起来是工作职责的分歧，但问题的重点根本不在于职责的分配是否合理，而在于雇员是否充分尊重经理的身份定位。

反映出身份问题的谈话有不少，例如，"你在质疑我的判断能力吗？""我做这一行20年了，我很清楚这个问题。""你以为你在跟谁说话？"

要想缓解紧张气氛，另一方应该认真倾听对方谈话，要充分肯定谈话者的专业知识水平，并且充分表现出对谈话者所重视的对身份的尊重，而后再回到争论的问题本身。

二、社会相互作用理论

虽然莫顿·多伊奇为人们所熟悉是因为他对冲突管理研究的贡献，但是他的许多观点在谈判中同样得到非常好的应用，例如社会相互作用理论。他认为，人们在解决问题中所涉及的一系列理解、预期、技巧与其社会背景紧密联系。如果你的目标是想要改变现实环境，首先必须改变人们对环境的理解。

例如，在谈判中澄清双方对问题的理解会使谈判更加有效。交流不充分、态度带有敌意或者对差异过于敏感，这些都是竞争的常见现象，会导致观点扭曲，从而强化冲突，甚至导致冲突长久化。相反，如果能够在谈判时澄清己方的期望、相互作用的规则以及与问题有关的价值，将会影响谈判中所传达的信息。

另外，将冲突定义为"需要通过共同努力来解决的共同问题"，会有助于谈判获得成功。谈判各方使用"我们的问题""我们的解决方案"这一类语言，有助于强化双方对共同利益的追求。虽然各方不太可能达成自己所希望的所有成果，但是，各方可以进行有益的对话，更好地理解双方的需求，这将有助于未来对问题的解决。

如何进行增进理解的沟通呢？方法之一是确立有助于加强合作关系的规则。对此，多伊奇给出的建议包括：①意见出现不一致时，努力从对方的角度来理解其观点；②充分肯定对方想法的价值；③强调对方积极的、正面的因素，尽量少表达消极的、负面的感受；④对对方的合理要求做出积极响应；⑤恳请对方提出看法、专心倾听、积极响应、分享信息，从而促进双方合作性的交流；⑥表现出诚实、道德、关注他人、正直的品质。

关于社会相互作用理论（social interaction theory）在谈判中的应用，多伊奇的观点可以总结为：沟通和语言是协调行动的核心，是一种渠道，连接谈判各方。人们以语言来进行争论，因此我们应该重塑语言，使其减少威胁性、不那么极端，从而变得更加有利于合作。

三、场理论

在物理学中，原子的运动受到许多更小的颗粒（如质子和电子）的影响，质子和电子又受到更小的颗粒（如夸克、介子、轻子、重子）的影响。虽然我们看不到这些潜在的力量，但是，它们影响生活中的所有运动。

德裔美国学者库尔特·卢因认为个人行为不能独立于社会背景，每一种组织或社会背景都形成系统力，创造心理环境，从而影响人们的思维和行动方式。

气氛用来描述整体的背景特征，经常被定义为"热烈而安全"或者"冷淡而紧张"。在谈判中，气氛可能是合作性的或是竞争性的。心理气氛形成谈判的背景，会支持或者阻碍双方形成信任的态度、进行开诚布公的沟通，影响人们以何种方式讨论和解决分歧。美国学者福尔杰、普尔和斯图曼认为：冲突环境的主流气氛会影响各方对彼此的看法，从而鼓励某种行为方式，并且再反过来强化环境气氛。

例如，一位调解员为一家大型金融公司讲授为期两天的谈判课程，在课程中间，有几名参与者告诉他：“这个公司的文化缺乏领导力，多数雇员不信任上级经理。”对气氛的评价在课堂讨论中也得到体现，参与者们相互竞争，不信任彼此，在课堂练习和讨论中拒绝分享信息。这些感觉形成一种气氛笼罩整个团体，它会影响各方如何计划他们的行为和猜测对方的反应。

心理气氛会影响冲突的发生、发展和解决。一个具体的事件是否会导致冲突很大程度上取决于团体内部的紧张水平和社会气氛。

场理论（field theory）揭示了在谈判中许多潜在的力量会影响谈判者对措辞、技巧的选择，以及情绪反应、压力等。我们在谈判中的语言和沟通受到我们所属文化群体的影响。例如，一个工会代表如何理解资方经理所说的话，以及在谈判中选择什么样的策略，会受到他所在的工会对他的期望的影响。

谈判者必须对这些潜在的力量保持敏感，并且相应调整谈判策略以应对，甚至可以有效利用这些力量的影响。

四、理性选择理论

理性选择理论（rational choice theory）把人们在冲突中的行为描述为一系列的选择，即冲突各方为了利益最大化或损失最小化而会采取一系列行动。该理论认为人们受自我利益的驱动，因此在做出选择时所依据的偏好相对比较稳定。从这个角度出发的谈判者通常会从收益、损失或者结果衡量的角度来理解语言和事件，经常会考虑：“这会给我带来什么？”

该理论表明了认知标准的重要性。标准确立了参考点：低于该标准，交易不能补偿成本；高于该标准，交易才是值得的。虽然这些标准可能是主观的判断，但是它们决定着谈判中什么是重要的，对风险和损失的衡量具有显著影响。2002 年诺贝尔经济学奖得主、心理学家卡内曼指出人们厌恶损失、避免损失的想法对谈判的影响与获得收益至少同样重要，甚至前者更重要。

博弈论是理性选择的一个例子，实验者们试图通过模拟来了解行动、反映行动，了解人们为了使自己的利益最大化和达成目标会做出何种选择。

艾克斯罗德使用囚徒困境模型进行研究，总结了实施理性选择理论的四项原则：①正直待人，不要先于对方采取欺诈行为（指试图以他人的损失换取己方的利益）；②如果对方欺诈，则采取惩罚行动；③采取惩罚性的欺诈行动后，应该原谅对方，要避免引起对抗升级；④不要聪明过头，过分“聪明”的策略会使其他人做出错误的推断。

谈判就是为解决问题提供便利的过程，通过谈判，人们做出判断，认识到没有必要再使冲突升级，或者认识到当前对利益的分配方式是可以接受的。争论各方如果认为谈判过程是公平的、恰当的，那就更有可能找到各方接受的解决方案。只要游戏规则看起来公平，各方认为交易符合他们的最大利益，就会达成协议。

看起来，对于谈判我们不需要了解什么理论观点，事实上，更深入地了解我们为什么要做出某种战略选择，将更有利于解决冲突，有利于在谈判中获取最佳利益。

在谈判中对本章中提及的理论和原则善加利用，也许会有效提高谈判的成功率，改善谈判的结果。

知识巩固与技能训练

一、思考与讨论

1．请简述需求层次理论和主体需求理论。

2．请简述需求层次理论和主体需求理论在商务谈判中的运用。

3．请简述囚徒困境。

4．请简述公平理论在商务谈判中的运用。

5．请简述双赢理论。

二、活动与演练

形式：全体人员，三四个人一组。

活动要求：（1）每个同学讲解一种理论以及其在谈判中的运用；（2）小组讨论各种理论的利弊。

三、案例分析

在竞争激烈的大自然环境中，一只高大的斑马与三只矮小的鬣狗进行了一场殊死搏斗。在搏斗的过程中，三只鬣狗表现出了分工：一只鬣狗负责咬斑马的脖子，一只鬣狗负责咬斑马的肚子，另外一只鬣狗负责咬斑马的腿。就这样，三只鬣狗同时咬住了斑马。最终，高大的斑马倒了下来，被三只鬣狗瓜分了。

思考与讨论：（1）你认为小鬣狗战胜大斑马的秘诀是什么？（2）请举个身边类似的案例。

第 三 章

商务谈判思维与心理

📖 **学习目标**

能比较商务谈判中的思维分类；能应用商务谈判中的思维技巧提升谈判效果；能应用商务谈判中的心理战术提升谈判效果；能辨别商务谈判中心理挫折的表现形式及能计划防御与应对措施。

导入案例

中国国货公司成立于 1932 年，总部位于中国上海市南京东路，创办者为方液仙，后由李康年任总经理。李康年是一位具有崇高民族气节的人，即使在整个上海沦陷时期，中国国货公司也坚持抵制日货，提倡国货。

日本人曾气势汹汹地问他："你为什么要歧视日货？"

李康年有理有据地驳斥："你们误会了，我公司不仅不销售日本货，而且英国货、美国货、法国货也不卖，这是我公司的经营宗旨。本公司成立之初，股东大会通过的章程规定只销售本国货，所以名为中国国货公司。我受董事会委托，主持公司日常事务，当然无权经营公司章程规定之外的业务。换了您，不也一样吗？"日本人无言以对，只好灰溜溜地走了。

思考与讨论：李康年运用了什么样的谈判思维呢？

第一节　商务谈判思维的分类

运用不同标准，从不同的角度可以将商务谈判的思维进行不同的分类。

一、发散式思维与收敛式思维

1. 发散式思维

发散式思维是沿着不同的方向、不同的角度思考问题，从多方面寻找问题的答案的思维活动。它的主要特点是立体式的多角度、多思路、多方向地思考问题，而不局限于某个特定的思维角度、方向或方面。

发散式思维主要表现为多向思维、侧向思维和逆向思维三种形式。

多向思维是指充分发挥思维的活力，从尽可能多的方面来考虑同一问题。

侧向思维是指将本专业领域与其他专业领域相结合，吸收其他专业领域的知识来解决本专业的问题。

逆向思维是指运用与通常情况下思考问题相反的方法来考虑并解决问题的思维活动。使用这样的思维往往会得到与众不同的思维结果，常常具有创造性，但是风险大。

2. 收敛式思维

收敛式思维是沿着同一方向、同一角度思考问题，从单方面寻找问题答案的思维活动，它的主要特点是集中性。

收敛式思维注重经验，习惯从以往的经验中寻找和引出思路，往往在权衡有限的途径、方案之后选择一种比较好的途径和方案，并且在思维过程中也遵循比较严格的程序。收敛式思维的稳定性和保险性好，风险小，但创造性较差。

由于发散式思维和收敛式思维各有特点，因此在思维过程中应该将二者有机地结合起来，避免有发散、无收敛所造成的方案过多而无法确定最终解决方案的后果，或者有收敛、无发散造成的思维僵化、缺乏创造力的后果。只有这样，才能使谈判思维活动趋于科学、完善。

课堂互动

发散思维游戏

要求：大家围绕下面的词语展开想象，大胆说出你想到了什么：森林，电视机，数字"0"。

二、单一化思维与多样化思维

1. 单一化思维

单一化思维是就某个方面观察事物，将事物都归结于这一方面，把它绝对化，做无限的、直线的扩大和延伸，以此来说明全部问题。

单一化思维的特点是片面性和绝对性，所以它难以正确地反映复杂多变的客观事物和事物多方面的属性、关系及过程。这是形而上学的思维方式，应当尽力避免。

高中老同学聚会时，重点大学毕业的小李看不起专科学历的同学取得不错的成绩，心里想着："读书的时候他成绩都不如我，现在混得这么好，肯定是因为运气好。"这就是典型的用单一化思维来评价别人的表现。性格、个人际遇、行业发展、家庭，任何一个因素都有可能造成两人的发展差异。

2. 多样化思维

多样化思维是从不同的角度、方面，用不同的思维程序观察、分析事物，通过多种思维活动的联结和并存，多层次地揭示事物的联系，使思维的范围扩大、认识的内容更丰富，更容易发现新的东西。

多样化思维的特点是广泛联系性，所以能够正确反映复杂多变的客观事物和事物多方面的属性、关系及过程。这是辩证法的思维方式，应当熟练掌握，以便灵活运用。

为了更好地推进垃圾分类工作，我国有些城市，如杭州、宁波，从 2019 年开始就率先别出心裁地推出了"会说话"的"智能垃圾桶"。当有人经过垃圾桶附近，智能警戒摄像机可准确触发音柱"说话"："您好，垃圾请分类入桶。餐厨垃圾扔绿桶，其他垃圾扔黄桶，垃圾也有家，各自回各家，谢谢合作！"有了会说话的垃圾桶，居民扔垃圾的积极性也提高不少，特别是小朋友，还要和家里人抢着扔垃圾，就是为了体验一下这个会说话的垃圾桶。

这就是多样化思维的结果，不把思维固定化、直线化、片面化。这种多向性的特征与单一化思维的单线性特征相反。

三、纵向思维与横向思维

纵向思维和横向思维均属于比较思维。前者以时间或历史为思维轴线，在把握事物本质时，将事物分别放在过去、现在和将来进行对比分析，以此发现事物在不同历史阶段上的特点与前后联系。后者以历史某一横断面为背景，在把握事物本质时将事物放在同一横断面的不同环境中，研究其发展状况和异同。

运用纵向思维可以使谈判者由历史来认识今天，并由此预测和把握明天。运用横向思维可以将事物放在普遍联系和相互作用的过程中来把握其本质和运动，它能揭示纵向思维不易发现的事物特点与联系。商务谈判过程中不仅需要了解事物发展的过程和规律，还需要了解该事物与其他事物之间的关系及其在相互关系中的地位，所以将纵向思维和横向思维相结合进行运用是一种更加有效的方式。

四、静态思维与动态思维

静态思维是一种要求思维规律的规范化、统一化、模式化及排斥任何在思维程序、方向及内容上可变动的固定式的思维方法。其特点是程序性、稳定性和可重复性。

动态思维是一种依据客观事物环境的变动情况不断调整和优化思维的程序、方向和内容，以达到思维目标的一种辩证思维活动。它强调在思维过程中与客观外部环境的信息交流，思维活动要与客观变化过程相协调，以此来调整和修正思维的方向和目标，提高思维的正确性和有效性。

实际运用中做到思维活动的动静结合、以动为本是符合事物发展的客观规律的。

五、反馈思维与超前思维

反馈思维以历史的联系和经验、过去的原则和规律来影响和制约现在，力图使现在变为过去的延续和再现。超前思维以充分认识和把握事物发展规律为基础，对未来的各种可能性进行预测和分析，并以此对现在进行弹性调整。

反馈思维通常忽视发展变化和变革，在考察、分析事物及评价现在的事物时，僵硬地照搬过去的思维结果。反馈思维反映的是一种不愿进行变革和承担风险、因循守旧的心理，一定程度上是经验主义的表现。相反，超前思维在考察、分析、评价现在的事物时，注重对事物未来发展的预测性，使现实活动符合未来的要求，但是由于它仅仅是对未来的一种预测，因此不可避免地带有一定程度的不确定性和模糊性。实际中，在尊重反馈思维的同时要认真研究事物的发展规律，鼓励超前思维。

案例阅读与思考

新东方开双语直播走红

近年来直播带货内卷厉害。2022 年 6 月新东方的东方甄选直播间火了，其原因在于直播间的主播不同于传统的主播，更是化身为"老师"，以双语的形式边带货边介绍单词，新颖的带货方式让不少网友纷纷冲进直播间下单。

主播一边带货一边上英语课，让观众纷纷赞叹："一时间不知道该下单还是该记笔记。"有数据显示，6 月 11 日，东方甄选直播 18 小时 17 分钟，预估销售额达 1 992.17 万元，相比开播之初增长了 40 倍，最多在线人数 8.86 万。据澎湃新闻报道，直播间的火热带动了新东方公司的股价上扬。6 月 13 日，新东方在线股价暴涨，一度涨超 100%。

思考与讨论：请分析新东方从教培行业转型双语直播表现了什么思维。

以上对商务谈判思维活动的分类，从方法论的角度看，就是人们所具有的不同的思维方式，运用于实践中便形成不同的思维方法。

第二节　商务谈判中的思维艺术

在商务谈判中，概念是谈判双方交换意见的重要载体。如果没有概念或发生概念错误，我们就无法把握住对方意见的实质。

如在技术贸易谈判中，技术转让费的支付方式之一是提成支付。提成支付指在技术转让合同签订后，不支付任何费用，而生产出合同产品以后，每年按照合同产品净销售额的一定比例，提取一定的金额支付给技术转让方。这里就涉及提成基数、净销售额等概念，需要准确理解。如果我们对概念理解不清、不准，吃亏上当就在所难免。

在对概念的把握和运用上，我们应该注意把握概念的内涵、外延、全面性、确定性和灵活性。在掌握好概念的基础上，有意识地运用一些思维艺术会达到事半功倍的效果。

一、注意正确而灵活地运用各种思维方法

事实上，没有哪一种思维方式是最好的，我们使用时一定是根据各种实际情况运用最适合某种状况的思维方式。

1. 比较、抽象和概括方法的运用

比较法是在商务谈判中运用最多的一种思维方法，"不怕不识货，就怕货比货"充分说明了比较的重要性。运用比较法时首先应弄清楚两个问题：第一个问题是比什么，即比较的内容和标准是什么；第二个问题是比较的前提与条件是什么。我们在谈判中要防止对方把不可比的条款做比较或者只做部分比较，从而得出错误的结论来欺骗我方。对于比较法，我们除了强调可比性外，还强调比较内容的全面性，以保证比较结论的正确性。但是由于两样事物在其属性方面各有千秋，如两国的投资环境各有所长，如果简单地进行比较就很难做出最终的判断和评价，这就需要用抽象法来解决，即把事物的非本质、非主要因素或属性撇开，而只把事物的本质方面和主要方面提取出来进行考虑和分析，这实际上就是抓住主要矛盾。这样，问题就可以迎刃而解。

概括就是在抽象的基础上，给抽象的结果赋予普遍的意义。就投资环境的评价而言，就是要概括出一个适应于各国情况的一般的投资环境的评价分析方法。只有这样，我们才能正确地比较和把握各国投资环境。在谈判中充分发挥思维的抽象能力和概括能力，抓住主要矛盾，形成一般的理想的方案，作为实际行动的指南。

2. 归纳与演绎方法的运用

在谈判中，运用归纳法能使我们把发散式思维的成果集中起来，深入事物的本质中去说明问题，从而使论点比较可信。如在国际商务谈判中，我们要对外商的资信情况进行审查，可以调查该外商与其他公司的交易情况，如该外商与甲公司、乙公司、丙公司等许多公司的交易是诚实可靠、讲究信誉的，那么我们就可以从这一个个具体交易中得出一般性结论：该外商的信誉很好、诚实可靠。需要注意的是，我们在运用归纳法时必须扩大样本的数量，提高样本的代表性，从而提高归纳结论的正确性。

演绎法把一般性的结论作为前提来推断出个别事物也具有相同或类似的性质。在谈判中，运

用惯例来说明问题就是演绎法。在长期的经济贸易交往中，人们形成了许多惯例，如在合资企业中，根据投资比例分配董事会的席位，由投资最多的一方担任董事长，等等。在谈判中，运用演绎法应注意演绎的前提是否正确和演绎推论的事物在性质上是否与演绎前提一致。

3. 分析和综合法的运用

在谈判中，有时对方提出的某个建议或提供的某份资料比较复杂，很难直接判断其真伪，此时我们就可以利用分析法。如在技术贸易谈判中，转让方往往只报一个总价格。对于这个总价格，我们可以利用分析法，将其拆开，分解为各个单项内容的价格，如分成技术设备的价格、技术资料的价格、咨询与培训费用等。经过分解，我们就可以将各个单项内容的价格与正常的价格进行比较，从而比较清楚地看出其是否有"水分"以及有多大"水分"。这样，在要求对方让价时，就有了针对性和依据，从而避免盲目还价。

综合法强调的是对事物整体的研究，是在运用分析法的基础上，把对事物局部的认识有机地统一起来，从而形成对事物的整体认识和判断。在谈判中，谈判者必须时刻牢记应当站在取得谈判胜利的高度进行综合分析，对每一个交易条件进行比较、概括或分解分析，一定要服务于谈判总体目标，而不是局限于单个交易条件或单个交易条件中的某些部分。

案例阅读与思考

大庆油田消息的"泄露"

日本人当年最先判断出大庆油田的储量情况，以致在后来与中国谈判购买设备时占了先机，赚了中国一大笔钱。日本人究竟是怎样获得情报信息的呢？

据说，他们通过画报封面上铁人王进喜身穿大皮袄的样式，以及下着鹅毛大雪的照片，推断出大庆可能位于东三省的结论；通过《人民日报》一条新闻报道中"王进喜到马家窑，说了一声'好大的油田呀！我们要把中国石油落后的帽子甩到太平洋去！'"推断出马家窑就是大庆油田的中心；从报刊报道的大庆的设备全是肩扛人抬，又得到一个推断：马家窑离火车站不远，因为远了就抬不动了；通过王进喜参加中央委员会的报道，推论大庆已经大量出油；根据《人民日报》一张照片上钻台手柄的架势，计算出了油井的直径；根据中国政府工作报告推算，用全国石油产量减去原来的石油产量，结果就是大庆的产量。

思考与讨论：（1）你认为日本人用了什么思维方法获得了大庆油田的情报？（2）看看你身边的同学，能获得一些什么信息呢？请举例说明。

二、注意思维的艺术和技巧

现代思维具有思维方式由封闭走向开放、由单一走向多样、由静态转变为动态等特点，这些特点要求我们应注意以下几个方面。

一是促使思维发散化，力求充分发挥思维的形象力、创造力，开阔思路和视野，从多个角度和多个方向不断地对事物进行全方位的扫描。二是促使思维多样化，要从事物之间的直接联系和间接联系、内部联系和外部联系、必然联系和偶然联系，以及因果联系等普遍联系中，寻找解决问题的新路子、新方法。三是促使思维动态化，在动态中调整和优化思维。事物是不断发展的，事物之间的联系也是不断改变的。如果我们的思维是静态的，就会脱离实际。商务谈判具有复杂性和多变性的特点，我们必须紧紧抓住这种特点，迅速地调整思维的方向、重点和角度，优化思维的过程和结构。四是争取思维超前化。谈判中，我们如果能在思维上领先于对方一步，就能更好地掌握主动权。但超前思维不是一夜之间就能具备的，必须在长期的实践中经过有意识的学习、培养和锻炼并不断积累，才能日臻完善。

视野拓展

谈判思维的主要误区

1．依本性行事

缺乏谈判思维的典型表现是谈判者依照自己的喜好、行事习惯或工作方式去处理谈判事务，没有认识到谈判是一种特殊的心理、实力的博弈活动，它有自身的游戏规则和行为规律。谈判者要胜任谈判工作，必须适应和运用这些游戏规则，否则在谈判中就会处于被动地位。要认识到，谈判是一个由虚到实的过程，不仅需要真诚，也需要策略；不仅需要实在，也需要技巧。如果看不到谈判活动的特殊性，只依个人的本性行事，没有博弈思维和策略思维，就会轻易暴露己方的谈判意图，削弱自身的谈判实力，从而丧失谈判的主动权。

2．混淆商务谈判策略与一般伦理

谈判活动离不开伦理的约束，谈判的结果也应符合法律和道德的要求。但谈判活动本身就是一场心理战和信息战，需要讲究策略，影响对方的心理；需要虚实结合，调动对方的行为。如果谈判拘泥于日常生活中的伦理，一味强调"诚""实""真""善""信"等道德标准，不屑于、不习惯或不善于运用谈判规则，那么就等于放弃了谈判的主动权，听由对方左右。这就好比战争，如果把真相都告诉对方，那这个仗还怎么打？谈判不是真正的战争，但也具有战争所具有的对抗性质，目的不是为了打倒对方，而是为了谋求双方的合理利益。

3．混淆手段与实质

应该看到，谈判并不是不需要"诚"与"信"，恰恰相反，"诚"与"信"是做人、处事最根本的要求。但这种诚信主要应体现在谈判的结果和实质上，尤其是合同的履约上，而谈判的过程则充满了策略。在合法的前提下，谈判者可以运用多种手段、方法、技巧达成己方的目的，这就是谈判活动特殊的游戏规则和国际惯例。在没有签订合同前，一切都有可能；但只要签订了合同，除了法律允许的原因，就必须履约。我们强调谈判活动的博弈性、策略性，正是建立谈判思维的关键所在。谈判的目的并不是强取豪夺，而是尽力实现己方的最佳利益。

4．谈判与推销不分

一些人常常将推销与谈判混为一谈，认为谈判就是推销，推销就是谈判。用推销的原则来进行谈判，往往达不到好的谈判效果。实际上，谈判与推销既有内在的联系，又有本质的区别。谈判的产生往往需要一定的条件和时机，即双方经过一定的认知和准备后，具有谈判的意愿和必要时才会真正开展谈判；而推销则不受此种限制。在谈判中，谈判的主动权既可以在买方，亦可以在卖方；而在推销中，主动权往往在买方手中。谈判的主要目标是实现己方利益的最大化，而推销的主要目标是卖掉商品，因此谈判的重心是促使对方接受己方的条件，而推销的重心则是激发对方的购买欲望。谈判是一场心理斗争，讲求的是力量对抗；而推销是一场鼓动活动，目的是激发需求。因此在具体的方式方法上，两者亦有不同，如推销者需要主动、热情，尽量接近对方，而谈判者则未必。虽然谈判与推销有区别，但两者亦有一定的内在联系。推销常常需要谈判才能最终完成，当谈判者是推销者的时候，推销与谈判是密不可分的，推销构成了谈判的前奏。此外，无论是谈判还是推销，在手段上都主要依赖于说服艺术。

5．人与事不分

谈判活动中常常出现人与事不分的情况。谈判者都是有感情的人，难免带有主观情绪，但谈判是基于利益的合作，而非基于感情的合作。如果谈判者将人和事搅在一起，对人而不对事，甚至完全以人取代事，不仅无助于问题的解决，而且会激化矛盾。人与事不分是典型的思维错位，轻则丢了生意，重则伤了和气。理智、高明的谈判者，要学会把人与事分开，对事而不对人。对人友好，对事坚持原则，重利益而非立场。每个谈判者的经历和背景不同，价值观念和做人哲学也会有所不同，不能以自己的个人准则和情感去要求和评判对方。只有这样，才能开启谈判的成功之门。

第三节　商务谈判心理概述

谈判人员的心理直接影响其谈判决策行为。对于谈判者来讲，掌握一定的心理分析技巧无疑有助于其谈判的成功。由于心理活动对谈判有重大影响，所以对谈判心理的研究越来越深入，对谈判的心理分析逐步成为心理学的一个分支。人们处于不同需求阶段有着不同的心理活动。谈判的心理原则指的是谈判人员在谈判中应充分利用对手的心理活动因素，充分利用相关情势，从而尽可能地促成交易。

人的心理影响人的行为。商务谈判心理对商务谈判行为有着重要的影响。认识和掌握商务谈判心理在商务谈判中的作用，对于培养良好的商务谈判心理意识、正确地运用商务谈判技巧有着十分重要的意义。

一、商务谈判心理的含义

准确地把握商务谈判心理的内涵，是认识商务谈判心理的基础。

人都具有心理活动。一般地说，一个正常的人面对壮丽的河山、秀美的景色、善良热情的人们，会产生喜爱、愉悦的情感，进而形成美好的记忆；看到被污染的环境、恶劣的天气、战争的血腥暴行，会出现厌恶、逃避的心理，并留下不好的印象。这些就是人的心理活动、心理现象，常被称为人的心理。心理是人脑对客观现实的主观能动的反映。人的心理活动一般有感觉、知觉、记忆、想象、思维、情绪、情感、意志、个性等。人的心理是复杂多样的，人们在不同的活动中，会产生各种与之相联系的心理。

商务谈判心理是指在商务谈判活动中谈判者的各种心理活动。它是商务谈判者在谈判活动中对各种情况、条件等客观现实的主观能动的反映。

例如，当谈判人员在商务谈判中第一次与谈判对手会晤时，如果对方彬彬有礼、态度诚恳、易于沟通，就会对对方有好的印象，对谈判取得成功抱有希望和信心。反之，如果谈判对手态度狂傲、盛气凌人、难以友好相处，谈判人员就会对其留下不好的印象，从而对谈判的顺利开展存在忧虑。

二、商务谈判心理的特点

与其他的心理活动一样，商务谈判心理有其特点和规律性。一般来说，商务谈判心理具有内隐性、相对稳定性、个体差异性等特点。

（1）商务谈判心理的内隐性是指商务谈判心理藏之于脑、存之于心，别人是无法直接看到的。尽管如此，由于人的心理会影响人的行为，行为与心理有密切的联系，人的心理可以根据其外显行为加以推测，掌握其中的一定规律，就能较为充分地了解对方的心理状态。

例如，在商务谈判中，对方作为购买方，如果对所购买的商品在价格、质量、售后服务等方面的条件都感到满意，那么在双方接触中，就会表现出温和、友好、礼貌、赞赏的态度和行为举止；如果对方很不满意，则会表现出冷漠、粗暴、不善、怀疑甚至挑衅的态度和行为举止。

（2）商务谈判心理的相对稳定性是指人的某种商务谈判心理现象产生后往往具有一定的稳

定性。例如，商务谈判人员的谈判能力会随着谈判经历的增长而有所提升，但在一段时间内却是相对稳定的。正是由于商务谈判心理具有相对稳定性，我们才可以通过观察分析去认识它，使其有利于商务谈判的开展。

（3）商务谈判心理的个体差异性是指因谈判者个体的主客观情况的不同，谈判者个体之间的心理状态存在一定的差异。商务谈判心理的个体差异性，要求人们在研究商务谈判心理时，既要注重探索商务谈判心理的共同特点和规律，又要注意把握不同个体心理的独特之处，以有效地为商务谈判服务。

三、研究和掌握商务谈判心理的意义

商务谈判，既是商务问题的谈判，又是心理的较量。研究和掌握商务谈判心理，对商务谈判主要有以下几方面的作用。

1. 有助于培养谈判人员自身良好的心理素质

谈判人员良好的心理素质是谈判取得成功的重要基础条件。谈判人员相信谈判成功的坚定信心、对谈判的诚意、在谈判中的耐心等都是保证谈判成功不可或缺的心理素质。良好的心理素质，是谈判人员抗御谈判心理挫折的条件和铺设谈判成功之路的基石。谈判人员加强自身心理素质的培养，可以提升谈判中的心理适应能力。谈判人员对商务谈判心理有正确的认识，就可以有意识地培养自身优良的心理素质，摒弃不良的心理、行为习惯，从而把自己培养成商务谈判方面的人才。

2. 有助于对对手实施心理诱导

谈判人员对商务谈判心理有所认识，经过实践锻炼，可以通过观察和分析谈判对手的言谈举止，揣摩、弄清谈判对手的心理活动，如心理追求、心理动机、情绪状态等。谈判人员在谈判过程中，要仔细倾听对方的发言，观察其表情，留心其举止，以了解谈判对手心理，了解其深藏于背后的实质意图，识别其计谋，防止掉入对手设置的谈判陷阱，并正确做出自己的谈判决策。

人的心理与行为是相联系的，心理引导行为。心理是可诱导的，诱导人的心理，可引导人的行为。了解谈判对手心理，可以针对对对手不同的心理状况采用不同的策略。了解对手的谈判思维特点、对谈判问题的态度等，可以进行有针对性的谈判准备和采取相应的对策，把握谈判的主动权，使谈判向有利于己方的方向发展。例如，需要是人的兴趣产生和发展的基础，谈判人员可以观察对方在谈判中的兴趣表现，分析了解其需要所在；相反地，也可以根据对手的需要进行心理的诱导，激发其对某一事物的兴趣，促进商务谈判的成功。

3. 有助于恰当地表达或掩饰己方心理

商务谈判必须进行沟通。了解谈判心理，有助于表达己方心理，可以有效地促进沟通。如果对方不清楚己方的心理要求或态度，必要时，己方可以通过合适的途径和方式向对方表达，以有效地促进对方了解并重视己方的心理要求或态度。

作为谈判的另一方，谈判对手也会分析研究己方的心理状态。己方的心理状态，往往蕴含着商务活动的重要信息，有的是不能轻易暴露给对方的。掩饰己方心理，就是要掩饰己方有必要掩饰的态度、情绪、需要、动机、期望目标、行为倾向等。在很多时候，这些是己方在商务谈判中的核心机密，失去了这些核心机密也就失去了主动权。商务谈判的研究表明，不管是红白脸的运用、撤出谈判的胁迫、最后期限的通牒，还是拖延战术的采用，这些策略的成功，都是以一方了解了另一方的某种重要信息为前提的，与一方对另一方的心理态度有准确把握密切相关，因而不能掉以轻心。

为了不让谈判对手了解己方某些真实的心理状态、意图和想法，谈判人员可以根据自己对谈判心理的认识，在言谈举止、信息传播、谈判策略等方面加以调控，对自己的心理动机（或意图）、情绪状态等进行适当的掩饰。

例如，谈判人员在谈判过程中被迫做出让步，不得不在某个已经决定的问题上撤回，为了掩饰在这个问题上让步的真实原因和心理意图，可以用类似"既然你在交货期方面有所宽限，我们可以在价格方面做出适当的调整"等言辞加以掩饰。

再如，己方商务需求面临着时间压力，为了掩饰己方重视交货时间的这一心理状态，可先借助多个谈判人员提出不同的要求，以扰乱对方的视线，或在议程安排上有意加以掩饰，而在谈判过程中徐徐图之。

4. 有助于营造谈判氛围

商务谈判能顺利地达到预期的目的，需要适当谈判氛围的配合。适当的谈判氛围可以有效地影响谈判人员的情绪、态度，使谈判顺利推进。一个商务谈判的高手，也是营造谈判氛围的高手，会对不利的谈判气氛加以控制。对谈判气氛的调控往往根据双方的谈判态度和采取的策略、方法而变化。通常来说，谈判者都应尽可能地营造出友好和谐的谈判气氛以促成双方的谈判。但是，适当的谈判氛围，并不都是温馨和谐的。出于谈判利益和谈判情景的需要，谈判者也需要根据实际情况有意识地制造不和谐，甚至紧张的气氛，以对抗对方的胁迫，给对方施加压力，迫使对方做出让步。

视野拓展

在谈判的交锋过程中，有时谈判者会感到自己身处于不利的被动环境之中。例如，座位正对刺眼的阳光，看不清对方表情；会议室环境嘈杂，常有噪声干扰；对方采用疲劳战术，连夜谈判，在己方疲劳和困倦时提出一些细小但关键的改动让人难以察觉；等等。更有甚者利用外部大环境，迫使己方承受压力。当遇到"阳光刺眼"战术时，谈判者应该立刻要求拉上窗帘或更换座位，但有些谈判者往往碍于面子，默默忍受，没有及时做出改变。

第四节 商务谈判心理战术

商务谈判心理直接影响商务谈判过程和结果，经验丰富的谈判者往往善于利用商务谈判心理，并且在谈判中讲究谈判技巧的运用。

一、商务谈判期望心理的利用

商务谈判活动直接与谈判双方的商务谈判期望密切相关，商务谈判期望对谈判方谈判的积极性和谈判的策略选择均具有一定的指导意义。

微视频
商务谈判心理战术

（一）商务谈判期望的含义

商务谈判期望是指商务谈判者根据以往的经验在一定时间内希望达到一定的谈判目标或满足谈判需要的心理活动。

人的需要是多种多样的，许多时候由于主客观条件的限制，人的某些需要并不能一下子全部获得满足，但也不会因为没有得到满足而因此消失。一旦发现可以满足自己需要的目标时，人就会受需要的驱使在心中产生期望。

期望直接与人的需要相联系，也就是说期望产生于需要，也是对实现需要的期待。人的期望是有方向和目标的，期望的大小与目标价值的高低有密切的联系。商务谈判期望是谈判者根据自己以往经验对达到目标的可能性进行分析判断后形成的。达到目标的可能性越大，期望也越大。

例如，某企业商务采购采取公开招标采购商品的消息公布之后，不少企业都想参加此次投标。其中有的企业认为有可能中标，对投标抱很大的期望；而有的企业认为中标较为困难，而对此次投标抱较小的期望。

（二）有效利用商务谈判期望分析

在商务谈判中可以通过对商务谈判期望的分析，来指导谈判活动的进行。

1. 商务谈判期望水平分析

商务谈判期望水平存在高低之分。期望目标水准高称为期望水平高，期望目标水准低称为期望水平低。期望水平高低受到人的能力、经验、抱负、自我估价等多方面因素的影响。期望水平的高低反映出人的自我评价的高低。

期望水平如何直接影响期望者潜能的发挥？期望水平高，对期望者的潜能激发程度也高，成功可能性就大。专家通过研究分析表明，期望水平越高的人，所取得的成就往往会越大。他们往往会为取得较优异的成绩付出较大的意志力和耐心，不会轻易放弃自己定下的标准。而期望水平低的人，对追求的目标通常缺乏充分的信心和意志努力，所取得的成绩往往不会理想。

根据这一期望心理特征，谈判中考虑到调动己方谈判者的积极性的因素，事先所设定的谈判最高目标可以高些，以激发谈判者的想象力、创造力，充分挖掘其潜能。而对对手的谈判最高目标、一般期望目标和最低限度目标要进行预测和研究分析，使自己在谈判中能争取主动权，对出现的情况有应对的策略。

期望水平有两面性的特点。期望水平的高低，要根据实际情况来决定，要考虑人的能力、经验、实际条件和心理素质。期望水平过高，而自身能力、经验欠缺，心理素质低，不仅会因为实现期望的可能性小而造成积极性降低，而且会因为期望目标不能如愿实现而造成心理挫折，这样对谈判是不利的。

谈判是一个复杂的过程，要防止对方对己方谈判策略实行反制措施，谈判者的期望目标及其水平不宜过早暴露，在谈判中要事先适当掩饰，同时设法转移对方的注意力。

例如，己方作为买方，重视的是对方货物的价格，而对方的兴趣在己方订货的数量和交货期上，这种情况下，为了掩饰己方心理，在谈判中可先将双方讨论的问题引到货款支付方式、包装运输上，以分散对方的注意力。

考虑到人的需要不断发展变化的特点和期望心理满足方面的机制作用，在谈判过程中不要轻易许诺，且需遵循承诺就要兑现的原则。

🤓视野拓展

期望理论

美国心理学家弗鲁姆在其《工作与激励》一书中，阐述了期望理论。他认为激励程度与期望值及效价的关系可以用下面的数学模式表示：M（期望程度）$=E$（期望值）$\times V$（效价）。期望值是指对预期目标和结果的判断，可用 $0\sim1$ 之间的概率来衡量，效价就是对预期目标的重视程度。

2. 谈判中效价的分析

在商务谈判中，要利用效价和期望值对谈判行为的影响，巧妙运用谈判策略，诱导对方，并刺激和维持对方参与谈判的积极性。在谈判双方眼里，同样的东西其价值可能是不一样的，这就是我们所说的期望目标效价问题。商务谈判必须注重研究目标对象对双方的效价，并以此解决双方谈判中的利益分配问题，使商务谈判的双方共同受益，达到双赢的目的。

在谈判中，成功的商务谈判人员，能够准确判断出哪一种目标是对方最关心、最期望的，哪些是对方不那么看重的。在讨价还价中，结合商务情况和期望心理来决定自己的报价与反报价。通常与对方期望目标或期望水平偏差太大的报价，不能激起对方谈判的欲望，容易引致谈判破裂。同时注意还价也不能让对方过于失望，要讲究让步方式和幅度，不要使对方有过高的期望，否则在后来的谈判中如果做出的让步小，就会造成与对方的期望相距太远，形成"期望越大，失望越大"的心理落差，影响谈判工作的顺利进行。

一般情况下，效价高的目标对象总是比效价低的目标对象容易受到谈判者的欢迎。

此外，由于效价往往是个人主观判断，为了让对方对己方所做出的让步感到有价值，认为己方做出了重大的让步，在一开始己方就应做出十分重视的姿态，以诱导对方。

商务谈判必须注重研究目标对象对双方的效价，并且在谈判协商中根据效价去解决双方谈判中的利益分配问题，使商务谈判的双方共同受益，做到双赢。

二、商务谈判中知觉的运用

当客观事物出现的时候，人都会做出反应，这种反应就是从感觉和知觉开始的。

感觉和知觉是密切关联的两种心理现象。感觉是人的大脑凭借感官对事物个别属性（如颜色、气味、温度）的反映，是人对客观事物认识的初级阶段；知觉则是人对事物各种属性所构成的整体的反映。

（一）知觉的选择性

人的知觉对客观事物的反映不是消极的和被动的，而是一种积极、能动的认识过程。这种知觉的能动性的主要表现是知觉的选择性。在同一时间，有许多客观事物同时作用于人的感官，人不能同时反映这些事物，而只对其中的某些事物有清晰的知觉，这就是知觉的选择性。

（1）影响知觉的选择性的因素。人的知觉的选择性受客观因素的影响，同时也受人本身主观因素的影响。客观因素主要是知觉对象的特点、与背景的差别等。主观因素是知觉者的兴趣、需要、个性特征和过去的经验。

（2）知觉的个体差异。知觉的选择性使得不同的人对同一事物往往会产生不同的知觉，表现出个体差异。人们对他们喜欢的事物易形成注意，对他们讨厌和不喜欢的事物易产生回避，这会形成知觉的差异。不同神经类型的人，知觉的广度和深度有个体差异。例如多血质的人知觉速度快，但不稳定，不细致；黏液质的人知觉速度慢，但相对稳定和细致。

对某一事物有经验和无经验，人的知觉有较大的差别，"内行看门道，外行看热闹"就是一个典型的例子。

（二）知觉习惯

人的知觉有社会性，表现为对别人的知觉、对人际的知觉和对自我的知觉。人的社会知觉使人产生一些习惯行为，如第一印象、晕轮效应等。这些知觉习惯有助于提高人的知觉效率，但也会引发人的各种偏见，因此要注意防范知觉习惯的不良影响，以实现正确知觉。

1. 第一印象

和陌生人第一次见面都会产生第一印象。第一印象对商务谈判存在较大影响，因此谈判者必须十分重视谈判双方的第一次接触。

第一印象往往比较鲜明、深刻，会影响人们对某个人的评价和对其行为的解释。在许多情况下，人们对某人的看法、见解、情感、态度，往往产生于第一印象。如果对一个人第一印象好，就可能对其形成积极的态度；若第一印象不好，就可能对其形成否定的态度。第一印象是认识人的过程中出现的一种常见的现象，它有助于人们对他人的知觉，但又可能由于对他人的知觉不全面、停留在表面而不深入，形成一些影响正确知觉的偏见。第一印象的形成主要取决于人的外表、着装、言谈和举止。在正常情况下，仪表端庄、言谈得体、举止大方的人较易获得良好的第一印象，得到人们的好感。所以，谈判者要努力在初次接触中给对方留下好的印象，赢得对方的好感和信任；同时，也要注意在初次接触后对对方多做些了解。

2. 晕轮效应

晕轮效应在谈判中的作用既有积极的一面，也有消极的一面。晕轮效应也称"光环效应""成见效应"，它是指人们在观察某个人时，对于他的某个品质特征有清晰明显的知觉，这一从观察者看来非常突出的品质、特征，妨碍了观察者对这个人其他品质、特征的知觉。也就是说，这一突出的品质、特征起到一种类似晕轮的作用，使观察者看不到某个人的其他品质、特征，从而从一点做出对这个人整个面貌的判断。

如若谈判一方给另一方留下某个方面的良好的、深刻的印象，那么一方提出的要求、建议往往容易引起另一方积极的响应，提出的条件也容易得到满足；如果能引起另一方的尊敬或崇拜，那就容易掌握谈判的主动权。如若己方给对方某方面的看法或印象特别不好，即使己方提出的是对双方有利的建议也会受到怀疑，不被信任，不被赞同。

3. 先入为主

先入为主指先听进去的话或先获得的印象往往在头脑中占有主导地位，以后再遇到不同的意见时，就很难接受。先入为主直接影响人的知觉和判断。

例如，当人们在未认识某一个人时，就听到有关此人的一些传言，当见到此人时，就很可能根据传言对此人的某些言行做出相应的理解和解释。

先入为主的存在是由于人们惯于接受日常生活经验、定向思维和习惯的影响，这些影响造成了人们对新的信息的排斥。

先入为主的结果可能是正确的，也可能是错误的。先入为主会影响、妨碍人们对问题的进一步认识，是凭主观印象下结论，这在谈判中常表现为猜测对方的心理活动，自觉或不自觉地走向自己认识的误区。

由于存在着先入为主的心理，谈判者在谈判中要对此予以注意。

例如在商务谈判的前几分钟，谈判双方的交流会对谈判气氛产生重要的影响，会产生先入为主的效应。这时，在言谈举止方面要谨慎，一般来说，在寒暄之后选择有共同兴趣的中性话题为宜。

课堂互动

压力自测

4. 刻板效应

人的知觉有刻板效应，也就是说人会存在着对某类人的固定印象。这是在过去有限经验基础上对他人下结论的结果。最常见的刻板效应是在看到某个人时把他划归到某一群体之中。但通过改变知觉者的兴趣、注意力，给知觉者增加更多的感知信息，就有可能改变刻板的印记。

认识知觉的规律性，有助于提升谈判中的观察和判断能力。在商务谈判中，谈判对手是不会轻易让你了解商业秘密或某些事情的真实情况的，而且还会故意制造些假象来迷惑你。因此，就需要"眼观六路，耳听八方"。注意观察对方的言谈举止中偶尔流露出来的真实自我和一些信息，运用敏锐的洞察力，透过现象看本质，弄清对方的真实状况和意图。

案例阅读与思考

两个警察的心理战术

在某国，两个警察审讯一个犯人，希望获得更多的线索。其中一个警察黑着脸训斥、恐吓犯人，却自始至终都没"撬"开犯人的嘴。而另一个警察一进来便给犯人端了一杯咖啡，并递给他香烟，询问犯人年迈的父母和可爱的女儿是否过得好，并宣称他在很多方面都是理解犯人生活的不容易的。经过一段时间的交流沟通，犯人主动提供了更多的线索。

思考与讨论：分析这两个警察运用的心理战术。

三、商务谈判中应注意的一些心理因素

商务谈判中如果我们能发现对方的一些心理因素，有意识地去观察、利用这些因素并调整谈判策略，就会对谈判产生积极的效果。

（1）说货物好话的人一般不是买主，吹毛求疵的很可能是潜在的买主。

（2）当顾客就产品的性能、质量和规格等提出很多问题时，很可能存在着商机。

（3）当潜在的顾客开始就产品的售前、售后服务进行提问时，他很有可能要买这个产品，与他交易的时机就要到了。

（4）交易中卖方的主要任务是激发买方的购买欲望，买方要认清产品的基本功能并理性处理，才能用最少的投入获得最大的满足。

（5）在日常生活中，买方买的很多产品都毫无用处，因此买方对卖方的推销应理性对待。

（6）交易一旦达成，我们不用再去理会对方涨价或降价的要求，这纯粹是对方的侥幸心理，根本不会影响交易。

四、商务谈判的情绪调控

经济学里通常将人假设为"理性人"，认为人在谈判中纯粹是由利益驱动的，只要解决好利益分配问题，人们便会做出理性的判断。事实却并非如此，在很多谈判场景中，人的情绪是影响双方沟通品质和谈判结果的重要因素。

有专家把人的大脑划分为三个指挥中心：行为脑、情绪脑、认知脑，它们一起控制着人的反应和行为。行为脑管控人的行为。情绪脑专门控制人的情绪反应，使人在受到外界的刺激时，会立即筑起防御堡垒，并传出马上向对方展开攻击的信号。认知脑负责控制人的逻辑思维，帮助人做出理性的决策。

在大脑构造上，因为认知脑位于大脑最外层，情绪脑在大脑深处，这就导致人在遇到外界刺激时，情绪脑会比认知脑提前做出反应。这就意味着，当一件事情已经激起我们的情绪反应时，认知脑还需要一定的时间才能介入思考。因此，我们在遭遇对方的言语刺激后，很难第一时间调动出理性思维，却很容易爆发情绪，致使双方出现争执。

为了确保沟通质量，将负面情绪对谈判的干扰降至最低，我们需要根据情绪脑和认知脑的工

作规律，按照以下三步，逐渐把谈判从情绪对抗拉回对事实的理性思考之中。

（1）控制情绪，冷静一段时间。因为大脑调动理性的速度比调动情绪的速度慢，在谈判中，一旦有一方出现负面情绪，谈判者就必须尽可能地为双方争取停顿与冷静的时间，从而借助认知脑的介入，去控制情绪，重启理性思考。在负面情绪得到有效控制后，谈判双方就可以尝试让谈判重回正轨。

（2）提醒愿景，回到最初目的。所谓提醒愿景，即将谈判双方的目光拉回初始愿景上，回到双方期望通过谈判达成的最初目的上。执行这一步骤时，谈判中的一方可以参考"我们今天坐在这里谈判是为了解决……而不是为了……"这一话术，提醒对方调整状态，回到最初的愿景，重新开始沟通。

（3）优化信息传递。经过以上两个步骤，重新回到谈判桌上的谈判双方，通常情况下都能控制住自己的负面情绪。为了确保沟通品质，还需要注意在谈判沟通中优化信息传递，即将观点和事实做出区分，只传递事实，不传递观点。

所谓观点，即谈判双方在对话中传递出的带有个人价值判断的信息。观点通常是一些形容词和带有主观倾向的语句，例如"做事不认真""职位不高，脾气倒挺大""脾气太犟""小题大做"等，这些话语无疑会点燃负面情绪。所谓事实，则是一种客观观察，不为个人的主观偏好所改变。

例如，相对于"做事不认真"的观点表达，"你这次在工作上出现了 12 处数据错误，让其他同事花费了 2 个小时重新核对"则是事实陈述；再如"我们上个月从您公司购置了一台机器，在过去一个月的使用过程中，这台机器无故停摆过 4 次，我们想知道贵司如何看待和解决这个问题。"也是事实陈述。

像这样通过数据的罗列，让对方认识到当务之急是去解决问题，双方要对事实问题进行谈判沟通，而非毫无意义地相互指责。

控制情绪、提醒愿景、优化信息传递这三个步骤，可以帮助谈判双方认清事实的真相，把握谈判的方向，不被情绪和观点带偏，从而确保沟通品质。

案例阅读与思考

林肯制怒

有一次，美国陆军部部长斯坦顿来到林肯的办公室，气呼呼地告诉林肯，一位少将用侮辱的话指责他，而那位少将所说的并非真有其事。林肯并没有安慰斯坦顿，而是建议斯坦顿写一封内容尖刻的信回敬那位少将。"必要的话，你可以狠狠地骂他一顿。"林肯说。

斯坦顿立刻写了一封措辞激烈的信，然后拿给林肯看。

"对了，就这样。"林肯高声叫好，"要的就是这种效果！好好教训他一顿，斯坦顿。"

当斯坦顿把信叠好装进信封里时，林肯叫住他，问道："你想干什么？"斯坦顿有些摸不着头脑："寄出去呀。"

"不要胡闹！"林肯大声说，"这信不能发，快把它扔到炉子里去。凡是生气时写的信，我都是这么处理的。这封信写得好，写完的时候你已经消了气，现在感觉好多了吧，那么就把它烧掉。如果还没有完全消气，就接着写第二封吧。"

思考与讨论：你如何评价林肯的这种方法？

第五节　商务谈判中心理挫折的防范和应对

一、心理挫折的含义和表现

需要的存在会引发动机，动机一旦产生便引导人们的行为指向目标。人们在有目的的活动中，遇到无法克服或自以为无法克服的障碍，使其需要或动机不能得到满足的情况就是挫折。因此，心理挫折是指人们在某种动机的推动下所要达到的目标受到阻碍，因无法扫除障碍而产生的紧张状态或情绪反应。心理挫折主要表现为以下几个方面。

（1）攻击。人在受挫时，生气、愤怒是常见的心理状态。诸如语言过火、激烈，情绪冲动，容易发脾气，并伴有挑衅、煽动的动作。攻击是人在产生心理挫折感时可能出现的行为，但攻击的程度因人而异。

（2）倒退，是指人遭受挫折后，还可能会表现出与自己目前年龄、身份、地位等不相称的幼稚的、儿童化的行为。例如像孩子一样哭闹、暴怒、任性等，目的通常是威胁对方或唤起别人的同情。

（3）畏缩，是指人受挫后发生的失去自信、消极、悲观、孤僻、离群、盲目顺从、易受暗示等行为表现，这时其敏感性、判断力都相应降低。

（4）固执，即顽固地坚持某种不合理的意见或态度，盲目重复某种无效的动作，不能像正常情况下那样正确合理地做出判断。固执具体表现为心胸狭窄、意志薄弱、思想不开阔，这些都会直接影响人们对具体事物的判断分析，导致行动失误。

此外，不安、冷漠等都是心理挫折的表现。

二、心理挫折的预防和应对

谈判是一项艰辛而困难重重的工作，困难多就容易遭遇失败，有失败就有挫折。心理挫折会引发谈判人员情绪上的沮丧，从而产生对谈判对手的敌意，容易导致谈判的破裂。因此，谈判人员应做好心理准备，做好对心理挫折的防范，提前准备有效的办法应对自己可能出现的心理挫折，以及应对对方因心理挫折而影响谈判顺利进行的情况。

（一）心理挫折的预防

预防心理挫折的途径很多，重要的是以下两条。

（1）减少引起客观挫折的原因。人的心理挫折是伴随着客观挫折的产生而产生的，如果能减少引起客观挫折的原因，人的心理挫折就可以减少。

（2）提升心理素质。一个人遭受客观挫折时是否体验到心理挫折，与他对客观挫折的容忍力有关，容忍力较弱者比容忍力较强者易受到挫折。人对挫折的容忍力又与人的意志品质、承受挫折的经历及个人对挫折的主观判断有关。有着坚强意志品质的人能承受较大的挫折，有较多承受挫折经历的人对挫折有较高的承受力。为了预防心理挫折的产生，从主观方面来说，要尽力提升谈判人员的意志品质，提升对挫折的容忍力。

（二）心理挫折的应对

在谈判中，不管是我方人员还是谈判对方产生心理挫折，都不利于谈判的顺利开展。为了使

商务谈判（微课版）

谈判能顺利进行，应积极应对心理挫折。

1. 勇于面对挫折

常言道"人生不如意事十有八九"，对于谈判来说也是一样，谈判往往要经过曲折的谈判过程、艰苦的努力才能到达成功的彼岸。谈判人员对于谈判所遇到的困难甚至失败要有充分的心理准备，以提升对挫折打击的承受力，并能在挫折打击下从容应对新的环境，做好下一步的工作。

2. 摆脱挫折情境

相对于勇敢地面对挫折而言，有人认为摆脱挫折情境是一种被动地应对挫折的办法。遭受挫折后，当谈判人员无法再面对挫折情境时，通过脱离情境或转移注意力等方式，可让情绪得到修补，能以新的精神状态迎接新的挑战。美国著名心理学家卡耐基就曾建议人们在受到挫折时用忙碌来摆脱挫折情境、驱除焦虑的心理。

3. 宣泄情绪

宣泄情绪指利用合适的途径或手段将挫折的消极情绪释放出去。其目的是把因挫折引起的一系列生理变化产生的能量发泄出去，消除紧张状态。

宣泄情绪有助于维持人的身心健康，形成对挫折的积极适应，并获得应对挫折的适当办法和力量。宣泄情绪有直接宣泄和间接宣泄的办法。直接宣泄有流泪、痛哭、怨气发泄等形式，间接宣泄有活动释放、诉说等形式。

有专家认为，面对谈判对方的愤怒、沮丧和反感，一个好的办法是给对方一个能够发泄情绪的机会，让对方把心中郁闷的情绪和不满发泄出来，让对方把话说完，这样对方心里就不再留下会破坏谈判的隐患。让对方发泄情绪，可借此了解对方心理等状况，可以有针对性地开展说服性的工作。

谈判活动经常会出现马拉松式的漫长过程，出现拉锯式的僵局，出现错综复杂的局面，甚至出现令人绝望的困境，这些都会使谈判者在心理和精神上饱受煎熬。然而，有着良好心理素质的谈判者，通常都具有坚强的毅力和意志，对于谈判活动，无论其多么艰难和漫长，他们都能坚持到底，绝不轻言放弃。

📖 案例赏析

我们不明白

A国一家航空公司的三位代表同B国一家企业进行谈判。谈判从上午8时开始，B国企业的谈判人员首先介绍了他们的产品，他们做了很多图表、图案、报表，并用投影仪将其投在屏幕上，图文并茂，言之有据，以此来表示他们的开价合情合理，产品品质优良超群。这一介绍过程整整持续了两个小时。在这两个小时中，三位A国代表一直安静地坐在谈判桌旁，一言不发。介绍结束了，B国的一位主管充满期待地打开了房间的电灯开关，转身望着那三位A国代表说："你们认为如何？"一位代表礼貌地笑笑，回答："我们不明白。"那位主管顿时蒙了，吃惊地问道："你们不明白？这是什么意思？你们不明白什么？"另一个代表也礼貌地笑笑，回答道："这一切。"那位主管的心脏几乎都要停止跳动了，他问："从什么时候开始？"第三个代表也礼貌地笑笑，回答："从电灯关了开始。"

那位主管倚墙而立，气馁地松开了昂贵的领带……

三位A国代表一齐说："你们可以再介绍一次吗？"……

【案例简析】通过以上案例我们不难发现，在商务谈判过程中会面临许多意想不到的状况，挫败感随时会出现，此时，谈判者心理素质就很重要。如果谈判者心理素质差，就很容易失去主张，也很容易士气受挫，谈判就会对己方不利，反之，如果心理素质过硬，沉着应对，往往就能找到应对策略，维护自身利益。

知识巩固与技能训练

一、思考与讨论

1．请简述商务谈判思维的类型。

2．请简述商务谈判中的思维艺术。

3．分别阐述商务谈判中的心理战术。

4．说说一个你或你身边人情绪失控，使事情走向更糟的例子。

5．什么是心理挫折？心理挫折的行为表现有哪些？

6．心理挫折的预防和应对措施有哪些？

二、活动与演练

内容：情景模拟。谈判双方就学校购买价值100万元的计算机设备进行谈判。

在做了充分的谈判准备后，开始进行谈判，谈判时着重注意心理策略的运用。

目标：理解各种谈判心理，并能够灵活运用到商务谈判中，使谈判有利于己方。

实训组织：

1．将学生分为甲、乙两组，扮作买卖双方，每组四五个人，分别设定身份；

2．在做了市场调查后，直接进入讨价还价过程；

3．双方充分运用各种心理策略，力图使结果倾向于己方；

4．谈判结束，教师进行评价。

三、案例分析

某年，上海甲公司拟引进外墙防水涂料生产技术，日本乙公司与我国丙公司报价分别为22万美元和18万美元。经调查了解，两家公司技术与服务条件大致相当，甲公司有意与丙公司成交。在终局谈判中，甲公司安排总经理与总工程师同乙公司谈判，而全权委托技术科长与丙公司谈判。丙公司得知此消息后，主动大幅降价至10万美元与甲公司签约。

思考与讨论：请分析上海甲公司使用的心理战术。

第四章 Chapter 4

商务谈判沟通艺术（一）

学习目标

能应用商务谈判中叙述的有效方法；能解释商务谈判中说服的条件；能举例说明商务谈判说服的原则；能应用商务谈判中的技巧以达到谈判目的。

导入案例

供方："贵方要货数量虽大，但是要求的价格折扣幅度太大了，服务项目要求也过多，这样的生意实在是难做。"

需方："您说的这些问题都很实际。正像您刚才说的那样，我们要货量大，这是其他企业根本无法与我们相比的，因此我们要求价格折扣幅度大于其他企业也是可以理解的！再说，以后我们会成为您主要的长期合作伙伴，而且您还可以减少对许多小企业的优惠费用。从长远看，咱们还是互惠互利的。"

思考与讨论：你能总结此案例中需方用来说服供方的技巧吗？

第一节　商务谈判中的沟通

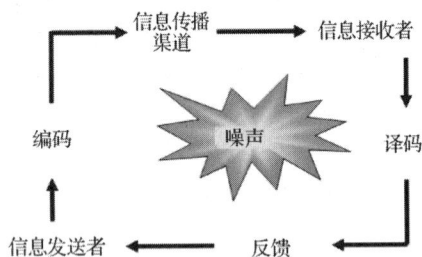

图4.1　沟通过程

沟通是指信息、思想与情感凭借一定符号载体，在个人或群体间从发送者传递到接收者，并获得理解、达成协议的过程。

沟通的过程是信息发送者通过选定的信息传播渠道将信息传递给信息接收者的过程（见图4.1）。

一、商务谈判中沟通的重要性

没有沟通就没有谈判。如果谈判双方没有任何形式的交流，也就不存在谈判。一位谈判专家曾说："谈判者不仅要说服对方，还要说服自己的拥护者。"拥护者指的便是自己的团队成员、同事以及上司等。

许多场合下，谈判都是面对面或者通过线上视频进行的。此时，人们用语言、手势及肢体动作等非语言方式传递信息，最后以握手封印交易，或合上文件结束，以此显示此为最终版本。

由此看来，谈判和沟通一样都是发送者与接收者之间的一个行为——发送信息。至于发送者想要传递的信息是否能以其期待的方式到达接收者那里，则是另外一回事。接收者往往基于自己的价值观理解信息，并以其自身视角进行解读，有时效果与发送者的预期恰恰相反。这时，再做解释和保证也已于事无补。因此，有计划性地进行沟通是非常必要的。谈判桌上的沟通十分直接，此时，关键在于沟通是否顺畅、谈判是否得以延续，这决定了之后能否阐明观点、做出让步、达成一致。沟通可以产生障碍，也可以消除障碍。只有进行专业的沟通，谈判者才有可能把握局势、达成目标。

英国人加文·肯尼迪是著名的谈判专家之一。他写了 11 部有关谈判的专著。根据肯尼迪的理论，面对面谈判中，纯粹沟通大约占 85% 的比重。就他看来，沟通包括寒暄、回答问题、针对某一特定主题的发言、就我们的理解与评论发表总结等。只有大约 10% 的谈判时间花在具体建议上，还有 5% 用来达成协议。

因此，人们通常认为一位谈判专家首先必定是一位沟通专家。

谈判是通过人际沟通进行的。沟通，是人们分享信息、思想和情感的一种过程，没有沟通，就无所谓谈判。谈判主体之间的谈判只有并且必须通过彼此之间的沟通才能进行。只有通过沟通，谈判主体才能分享信息，交流思想和情感，让对方了解己方的想法；也使自己了解对方的意图。因此，沟通是谈判所依赖的必要媒介，对谈判而言起着举足轻重的作用。

谈判的沟通过程主要是谈判主体之间在语言上及非语言上的你来我往，语言是人际沟通交流中的说、听、问、答四种基本形态的集合与互动。谈判主体表达己方的意见，倾听对方意见，提出己方的问题，回应对方的问题，是沟通过程中的通常情形。每一种情形运用如何，从不同的角度反映着谈判者的沟通水平及其对沟通技巧的掌握程度。

案例阅读与思考

"不会说话"的主人

有人请几位客人吃饭。有一位客人一直没有来，主人等得心急，便抱怨道："你看看，该来的不来。"有位客人一听："哦，该来的不来，我岂不是那不该来的了？"于是站起来便走。主人急忙挽留，可没留住。主人又说："哎，不该走的走了。"另一位客人听了，生气地说："这么说，我才是该走的。"他也生气地离开了。主人见状，觉得很委屈，便向最后一位客人诉苦："我没有说他们啊！"那位客人闻言不悦："哦，那你是在说我啦！"

思考与讨论：如果你是这个故事里的主人，你会如何说话呢？

二、商务谈判中的沟通方式

商务谈判中使用的沟通方式多种多样，可以是有声的，也可以是无声的；可以是口头语言的，也可以是形体语言的。一个动作、一个眼神、一个表情等，都可能成为双方之间信息、思想和情感的传导工具。沟通的途径也是多种多样的，可以面对面地交流，也可以以电话、亲笔信函、电子邮件或传真等形式进行交流。面对面的沟通可以使谈判主体直接耳闻目睹对方的言谈举止，感知对方的喜怒哀乐；而非当面的沟通，虽然相比较而言，拉开了双方之间的距离，使交流变得间接甚至不同步，却也给各方留了更大的余地，可以避免面对面沟通所可能带来的一些尴尬或冷场。

通常，根据不同的分类标准可以把商务谈判中的沟通方式分为面对面的口头沟通、书面沟通、非语言沟通和电子媒介沟通。每种沟通方式都有其利与弊，关键不在于何种沟通方式更为优越，而在于哪种沟通方式更为适合。

课堂互动

三个幸存者的求救

有一条船在海上遇难了，有三个幸存者被冲到三个相距很远的孤岛上。第一个人大声呼救，但周围什么也没有。第二个人也高声呼救，恰好一架飞机飞过天空，但飞机上的人听不到他的声音。第三个人在呼救的同时点燃了一堆篝火，飞机上的人发现了孤岛上的浓烟，通知海上救援队把他救了出来。

要求：三人一组，分别表演三个幸存者的言行活动，然后比较与讨论以下问题。

（1）这三人哪个人的沟通是最成功的？为什么？（2）如果你遇到这种事情，会选择上述哪种沟通方式？你还有其他什么沟通方式吗？

第二节 叙述艺术

叙述就是介绍己方的情况，阐述己方对某一个问题的具体看法，从而使对方了解己方的观点、方案和立场。谈判过程中的叙述大体包括入题和阐述两个部分。

一、入题艺术

谈判双方刚刚坐在一起，并不熟悉，难免会感到拘谨。为了消除或缓解这种尴尬的状态，谈判人员会寻找一个合适的话题开始会谈，这时候必须讲究入题技巧，采用恰当的入题方法。第一，迂回入题。例如，谈判人员可以从目前流行的事物或有关新闻、旅行见闻等题外话入题，也可以从介绍己方谈判人员或是从介绍本公司的生产、经营、财务状况入题。第二，先谈细节，后谈原则性问题。第三，先谈一般原则，后谈细节问题。第四，从具体议题入手。

此外，入题还要做到以下两点：①开宗明义，明确本次谈判所要解决的主要议题，并表明己方的基本立场。既可以回顾双方以前合作的成果，也可以展望或预测今后双方合作中可能出现的机遇或障碍，还可以表示己方可采取何种方式为双方共同获得利益做出贡献。②以真诚和轻松的方式来表达己方的观点，以创造一种和谐、友好、积极向上的洽谈气氛。"好的开始是成功的一半"就是这个道理。

微视频

叙述艺术

二、阐述艺术

阐述的艺术很多，在商务谈判中我们尤其要关注以下几点。

1. 开场阐述艺术

开场阐述的要点有：①开宗明义，明确本次会谈所要解决的主题，以集中双方注意力，统一双方的认识；②表明己方通过洽谈应当得到的利益，尤其是对己方至关重要的利益；③表明己方的基本立场，可以回顾双方以前合作的成果，说明己方在对方所享有的信誉；④开场阐述尽可能简明扼要；⑤开场阐述的目的是让对方明白己方的意图，以营造协调的洽谈气氛，因此，阐述应以诚挚和轻松的方式来表达。

案例阅读与思考

贝尔那的谈判

20 世纪 70 年代正值世界经济衰退，法国空中客车公司（Airbus）的推销相当艰难。公司派了销售部贝尔那·拉第峻去印度航空公司谈判飞机销售事宜。谈判对手是印度航空公司主席拉尔少将。贝尔那见到拉尔时说："是你使我有机会回到我的出生地"，然后简单介绍自己的身世，最后拿出一张相片，是印度有着"圣雄"之称的甘地和一个小孩。他告诉拉尔："那个孩子就是我，当年父母带我去欧洲时与甘地同乘一条船……"结果谈判非常成功。

思考与讨论：你觉得谈判成功和开局中贝尔那·拉第峻的言行有什么关系吗？

在对方开场阐述时，也有以下两点需要特别关注：一是认真、耐心地倾听，归纳并弄懂对方开场阐述的内容，思考和理解对方阐述的关键问题，以免产生误会；二是如果对方开场阐述的内容与己方意见差距较大，不要打断对方的阐述，更不要立即与对方争执，而应当先让对方说完，己方表明认同对方之后再巧妙地转开话题，从侧面进行反驳。

2. 让对方先谈

让对方先谈，以满足对方要求为前提，尽量调动对方的积极性，尽可能让对方多谈自己的观点和要求；待对方陈述完毕后，再对己方的产品进行介绍，指出产品的优点和特色、会给对方带来什么，这样就可以大大减少对方的逆反心理和戒备心理。

3. 坦诚相见

坦诚相见指谈判人员在谈判过程中以诚恳、坦率的态度向对方袒露自己的真实思想和观点，实事求是。

4. 正确使用语言的艺术

正确使用语言的艺术包括以下几点。①发言准确易懂、生动而具体、主次分明，避免令人乏味的平铺直叙，以及抽象的说教。例如："我来介绍一下我方的产品情况，它的性能符合 ISO14000 标准，产量可以达到贵方订单要求，此种产品的销售在过去的三年一直保持良好的业绩，在我公司的年报中可以反映。"②发言紧扣主题。③措辞得体，不走极端。④注意语调、语速、声音、停顿和重复。⑤适当使用解围用语。如当谈判出现困难，无法达成协议时，为了摆脱困境，给自己解围，并使谈判继续进行，可使用诸如这样的解围语："这样做，肯定对双方都不利！"不以否定性的语言结束谈判。在结束谈判之时，最好能给予谈判对手正面评价，并中肯地把谈过的内容进行归纳。例如："您在这次谈判中表现得很出色，给我留下了深刻印象。""您处理问题卓有成效，钦佩，钦佩！""今天会谈在某个问题上达成一致，但在某方面还要再谈。"

🗨 案例阅读与思考

最贵的汽车

在汽车城的某品牌展位，一位顾客用一种极其不满的口吻对汽车销售人员说："与你这款车功能相同的车中，全国就数你家最贵，你们厂家也太不厚道了！"销售人员并没有立即反驳，而是说："这位先生很在行嘛，很精通汽车啊！是的，我们这款的确是最贵的，与同类的××牌相比，约多出 5 万元，这的确是一笔不小的数目啊！不过，这款车百公里油耗比××牌省 2.5 升，按年行驶 1 万公里、现行的油价计算，每年可省 1 500 元左右。如果考虑以后油价上涨等因素，每年省下的钱还不止这么多。"听完这样的解释后，这位顾客的态度友好得多了，说道："这么一说，还真是这个理，油价涨得多降得少，油耗指标越来越重要了。下周二，我来办理购车手续吧！"

思考与讨论：如果销售人员振振有词，毫不相让，可能会出现什么样的结果？

第三节 说服艺术

说服，是指设法使他人改变初衷并接受自己的意见。说服是谈判中非常艰巨、复杂，且十分富有技巧性的工作。当你试图说服谈判对手时，常会遇到种种有形或无形的障碍。在说服艺术中，运用历史经验或事实去说服别人，无疑比那种直截了当地说一番大道理的做法要有效得多。善于劝说的谈判者懂得人们做事、处理问题都是受个人的具体经验影响的，抽象地讲大道理的说服远远比不上运用经验和例证去进行劝说。前一节提到的叙述也有说服的成分在里面。

一、说服的原则

运用说服的艺术，以下原则不容忽视。

（1）先易后难原则。把对方容易接受的、分歧较小的内容放在前面，把困难较大、双方分歧较大的内容放在后面。

（2）难易结合原则。将容易的、普遍的内容同困难的、分歧大的内容以某种方式联系起来进行说服，要比单纯进行说服困难的、分歧大的内容容易些。

（3）重复性原则。一再地重复自己的信息、观点，引起对方的注意，从而增进对方对这些信息和观点的了解，使对方更易接纳。

（4）先好后坏原则。先谈好的消息、好的事情，然后再谈坏的一面，效果比较好。

微视频

谈判中语言运用技巧示例

（5）一致性原则。强调一致性比强调差异性更容易提高对方接受说服的程度。

（6）哑铃原则。通常情况下，听者对听到内容的前、后两部分记得比较牢，对中间部分记忆一般。因此，说服时要精心准备开头和结尾。

（7）证据原则。提供能满足对方需要的数据信息，可增强说服性。

（8）结论原则。结论要明确地提出，不宜让对方去揣摩或自行下结论，否则可能会背离说服的目标。

（9）以对方为中心原则。充分了解对方，以对方习惯的、能够接受的思维方式和逻辑去展开说服工作。

案例阅读与思考

萨克斯的说服

第二次世界大战期间，一些美国科学家试图说服罗斯福总统重视原子弹的研制，以遏制德国的扩张战略。他们委托总统的私人顾问、经济学家萨克斯出面说服总统。但是，不论是科学家爱因斯坦的长信，还是萨克斯的陈述，总统一概不感兴趣。为了表示歉意，总统邀请萨克斯次日共进早餐。第二天早上，一见面，罗斯福就出其不意地说："今天不许再谈爱因斯坦的信，一句也不谈，明白吗？"萨克斯说："英法战争期间，在欧洲大陆上不可一世的拿破仑在海上屡战屡败。这时，一位年轻的美国发明家富尔顿来到了这位法国皇帝面前，建议把法国战船的桅杆砍掉，撤去风帆，装上蒸汽机，把木板换成钢板。拿破仑却想：船没有帆就不能行驶，木板换成钢板就会沉没。于是，他二话没说，就把富尔顿轰了出去。历史学家们在评论这段历史时认为，如果拿破仑采纳了富尔顿的建议，19世纪的欧洲史就得重写。"萨克斯说完，目光深沉地望着总统。罗斯福总统默默地沉思了几分钟，然后取出一瓶拿破仑时代的法国白兰地，斟满了一杯，递给萨克斯，轻缓地说："你胜利了。"萨克斯顿时热泪盈眶，他终于成功地运用实例说服了总统。

思考与讨论：这个案例中体现了说服的哪些原则？

二、说服的具体技巧

实际生活中往往会遇到这样的情况：同样的问题，让不同的人去做说服工作，会收到不同的效果。可见说服工作是一种艺术。在谈判中，说服工作十分重要，往往贯穿谈判的始终，那么谈判者应当如何说服对方呢？下面介绍一些常用而有效的说服技巧。

1. 建立信任

信任是人际沟通的基石，也是成功谈判所必备的基本要素。一般来说，当一个人考虑是否接受他人的说法前，总会先衡量一下自己与对方之间的熟悉程度和亲密程度，如果双方很熟又互相信任，则很容易接受对方的意见。因此，如果想要在谈判中说服对方，首先要与对方建立互相信任的人际关系。

谈判者应该学会利用谈判桌外的时间来增进人际关系，与对方建立友好、熟悉、相互尊重的关系，积极利用联谊活动取得对方的信任，无形中化解对方的心理警戒，从而在谈判中掌握主动权。

2. 步步为营

谈判中需要讨论的问题应该按照先易后难的原则去安排，先谈容易达成协议的问题，这样，由于双方利害冲突不大而比较容易取得初步的成效。双方从一开始就显示合作的诚意和彼此信任、理解，有助于为谈判的进展创造更加热情友好的气氛，减少双方的戒备心理，增强双方对交易成功的愿望与信心。这样，在谈判深入发展中要说服对方理解己方的意见与方案就比较容易获得成功。双方意见差距较大的问题可以放在较后的位置和安排较多的时间去讨论。这时由于前面的谈判成果已增强了双方的合作意向，谈判的困难会相对减少。

3. 先利后弊

一般来说，被劝说者接受说服者的意见会有利有弊，说服者应从这两方面来做出分析和说明。陈述的原则一般是先讲利，后言弊。一方面，说服者要向对方指出，倘若接受意见会得到什么利益，并可指出其他看法的荒谬性、片面性或错误性。另一方面，还应讲出不利的方面，这样在陈述过程中进行得失比较，指出说服者的意见利大于弊。要动之以情、晓之以理，从而说服对方接受意见。什么事情都不可能只有好的一面，说服者把好的和坏的信息传递给对方，进行阐述分析，不但会赢得对方的信任，给对方留下真诚坦率的印象，而且还会激发起对方的兴趣和热情，使谈判顺利地进行下去。

4. 强调互利

谈判中既有合作，又有冲突。没有合作就无法圆满结束谈判，没有冲突就没有谈判的必要，谈判是在双方互利的基础上达成协议的。在谈判中，不要试图掩饰所提意见对己方有利的一面，因为谈判中强调利益的一致性比强调利益的差异性更容易提高对方的认知程度和增加对方接纳的可能性。

5. 抓住时机

谈判成功的一个重要方面在于把握时机。抓住有利时机会给谈判者的说服工作增加成功的可能性。

这里所讲的时机包括两方面的含义：一是己方要把握说服工作的关键时刻，要趁热打铁，重点突破；二是向对方说明，这正是表达意见的最佳时机。人往往由于未能很好地听取别人的意见而失去机会，把道理讲透，对方就会做出抉择。在抓住时机的同时要运用实例举证，对实例的具体情节进行讲述以帮助己方证明自己观点的正确性。例如，在证明己方是否能够如期履约的问题时，只靠保证或表决心是不能让对方信服的。这时可在适当的时候，列举己方过去对某客商如期履约的实例，特别是如果能够举出己方在比较艰难的情况下仍如期履约的实例，这对说服对方相信己方是非常有用的。

6. 简化手续

为使对方接纳己方的提议，避免中途变卦，应设法简化接纳提议的手续。

例如，在需要订立书面协议的场合中，可以先准备一份原则性的初步协议书，并且这样告诉对方："您在这份原则性的协议草案上签名即可，至于正式协议书，我会在一周之内准备妥当，到时再送您斟酌。"这样就可以当即取得对方的承诺，免除细节方面的周折。

精干的谈判人员经常对有意接纳他的提议的人做追踪式的服务，他们经常说的话是："如果您有空，请给我打电话，我立即派车来接您，让您亲自考察。"他们也会说："我们明天早上八点到府上接您去实地考察，您看如何？"这些方式的运用，常常有助于提升说服效果。

7. 耐心说理

说服必须有耐心，不厌其烦、不怕挫折，一直坚持到对方能够听取建议为止。在谈判实践中，往往会遇到对方的工作已经做通，但对方基于面子或其他原因，一时还不能接纳。这时谈判者不能心急，要给对方时间，直到瓜熟蒂落。

说服工作要有耐心，但耐心不等于谈判者唠叨令人厌烦的问题，这样只能增加对方的抵触情绪，而不会收到什么好的效果。当说服的角度不对时，谈判者应及时更换角度，寻找新的方法，再把说服工作有效地进行下去。

8. 少说空话

事实是人们可以凭借感官和经验予以验证的东西。"事实胜于雄辩"。研究证明，人的一切行为均与一定的经历有关。在谈判中，有的人喜欢用空话、大话来炫耀自己的产品，什么"质量上乘""人见人爱""领导时代新潮流"，这除了给人以自吹自擂的感觉外，是不能说服对方的。为了说服对方，我们应力戒"肥皂泡"式的空话，而要注意多用确凿的和有代表性的事实说话，让对方凭借自己的实践经验和独立思考来获取结论。

案例阅读与思考

你们的产品质量怎样

一位推销员在听到顾客询问"你们的产品质量怎样"时，没有直接回答，而是这样说的："前年，我厂接到顾客一封投诉信，反映产品质量问题，厂长下令全厂职工自费乘车到100千米之外的客户单位。当全厂工人来到客户单位，看到由于产品质量不合格而给客户造成损失时，感到无比羞愧和痛心。回到厂里召开质量讨论会，大家纷纷表示，今后绝不让一件不合格的产品进入市场，并决定把接到顾客投诉的那一天作为'厂耻日'。"推销员没有直接说明产品质量如何，但这个事件让顾客相信了他们的产品质量。

思考与讨论：你觉得这个说服案例体现了哪些说服技巧？

9. 投其所好

谈判的任何一方都必然是以满足自己的需要为主要目标的，但任何一方往往都不可能全面满足自己的所有需求，而任何一方的各种需求也是有主次之分的。在说服过程中尽量去发现对方的迫切需要或第一需要。如果我们发现了对方的需要与我方的第一需求并不重合，那么我们就可以比较容易地提出一个"投其所好"的方案来达到吸引和说服对方、一拍即合的良好效果。

案例赏析

一家服装店的老板向他的供货商申请 30 天的账期，供货商在与服装店老板交谈的过程中察觉其在现金流转上遇到了一些麻烦，似乎只能在卖掉货物后才能调动现金支付。供货商答应了其要求，但要求其还款时需支付货款 30 天的利息（高于银行贷款利率）。服装店老板向银行贷款必然来不及，于是就答应了供货商的要求。

【案例简析】这个案例里的供货商算得上是"投其所好"策略的灵活使用者：他"投其急需，取我所好"。

10．及时总结

说服到了一定程度，该对问题下结论之时，就不要犹豫。与其让对方做结论，不如由己方简单明了、准确无误地陈述结论。对于那些经过双方反复讨论和修正的问题，及时做出结论是十分关键的。

案例阅读与思考

空客先生的说服

被誉为"空客先生"（Mr.Airbus）的飞机销售员雷义有一次向美国西北航空公司（以下简称西北航空）推销 A320，雷义已经按照事前的准备，把这款机型适合西北航空的原因说了一遍，譬如耗油少、机舱容量大，但对方却似乎不为所动。

雷义突然想起对方谈判负责人、副总裁奥斯汀是飞行员出身，做了 25 年飞行员才升到高管，而 A320 刚刚对驾驶舱进行了调整，操作更方便，飞行员的空间更大。于是，雷义清了清嗓子，他先和奥斯汀交流了一下自己以前当飞行员的经历，那些难熬的夜班飞行、狭窄的驾驶舱、烦人的噪声，在得到对方的认同后，就说起自家的 A320 飞行员，对操作性和舒适性都赞不绝口。最后，他突然停下来，看着奥斯汀，一字一顿地说："一款飞机省油，老板满意；机舱宽敞，乘客满意；操作方便，飞行员满意。大家都满意的飞机，有什么理由不买？"

就这样，一张 28 架 A320、价值 25 亿美元的大单就拿下了。

思考与讨论：请详细分析在这个案例中空客先生雷义使用了哪些说服技巧。

三、说服的条件

说服不同于威胁压服，也不同于欺骗，成功的说服结果必须体现双方的真实意见。采取胁迫或欺诈的方法使对方接受己方的意见，会给谈判埋下危机。因此，切忌用胁迫或欺诈的手法进行说服。事实上，这样做也根本达不到真正的说服的目的。

谈判中说服对方的基本原则是要做到有理、有力、有节。有理是指在说服时要以理服人，而不是以力压人；有力是指说服的证据、材料等有较强的说服力，不是轻描淡写；有节是指在说服对方时应适可而止，不能得理不饶人。这些原则说明：要说服对方，不仅要有高超的说服技巧，还必须运用自己的态度、理智、情怀来征服对方，这就需要掌握说服对方的基本条件。

（1）要有良好的动机。说服对方的前提是不损害对方的利益。这就要求说服者的动机端正，既要考虑双方的共同利益，更要考虑被说服者的利益要求，以使被说服者认识到接受说服者的观点不会给自己带来什么损失，从而在心理上接受对方的观点。否则，被说服者即使暂时迫于环境或压力接受了说服者的观点，也会口服心不服。

（2）要有真诚的态度。真诚的态度是指在说服对方时尊重对方的人格和观点，站在朋友的角度与对方进行坦诚的交谈。对被说服者来说，同样的话从朋友嘴里说出来他往往会认为是善意的，很容易接受；从对立一方的口中说出来则可能认为是恶意的，是不能接受的。因此，要说服对方，必须从与对方建立信任做起。

（3）要有友善的开端。谈判者要说服对方，应给人良好的第一印象，以使双方在一致的基础上探讨问题。友善的开端包含以下两点。一是要善意地提出问题，使对方认识到这是在为他自己解决困难。这就要求说服者不是随心所欲地谈自己的看法，而要经过周密思考，提出成熟的建议。二是要有友善的行为，即在说服中待人礼貌、晓之以理、动之以情，使对方自愿接受说服。

（4）要有灵活的方式。要说服对方，方式很重要。不同的人所能接受的方式不相同，只有能够针对不同的人采用不同的方式，才能取得理想的效果。

🏵 课堂互动

说服游戏

操作程序如下。

（1）2人一组，先询问对方最不喜欢做的一件事，然后尝试说服对方去做那件事或者相似的事情。

（2）时间足够的话，再换一个同伴。

要求：请思考你采用了哪些说服技巧。

第四节　辩论艺术

辩论也叫论辩，是指双方为论证自己对事物、问题的见解，或反驳他人观点说服对方，而在语言上直接对抗。在商务谈判中，辩论是常有之事，只是辩论的目的是达成交易，因此不能机械地用线性因果的思维方式去确认真理在哪一方。

一、辩论的特点

辩论主要有以下特点。

（1）观点的对立性。态度无对立就无辩论。在谈判中，由于利益的不一致性，会不可避免地出现观点的对立。这种对立可能针锋相对，也可能彼此兼容，辩论能使这种对立外现、展开。

（2）应答的及时性、巧妙性。辩论时双方短兵相接，彼此语言交流，要求瞬间做出回答，如反应迟钝，就会处于劣势。辩论中的应答也不是平淡的申明或反驳，而是选取新颖的角度巧妙地进行答辩。

（3）语言的精练性、攻击性。辩论中要使用简洁的语言，用语精练与否是决定辩论成败的重要因素。当然，为了在辩论中取胜，可能还要使语言具有一定的攻击性，攻击性语言能快速击倒对方。值得注意的是，在商务谈判中，辩论者语言攻击的目标是对方的观点，那种超出问题本身而指责他方品行、外表、人格等方面的辩论是不礼貌的。

二、辩论的原则

在辩论中，人们通常认为最重要的两个原则是事实有力和逻辑严密。

1. 事实有力

辩论不是煽动情绪，而是讲理由、提根据。在商务谈判中只有从事实出发，才能在辩论中立于不败之地。要想事实有力，必须做好材料的选择整理、加工工作。在辩论中，事实材料要符合观点的要求，否则，会给对方留下漏洞。同时，所用事实要有一定的代表性、权威性。

2. 逻辑严密

谈判者要遵守逻辑规律。辩论中的逻辑规律通常包括两个方面：一是事物本身发展的内在规律；二是思维本身应具有的规律。

思维本身具有的规律又包括同一律、矛盾律、排中律和充足理由律。同一律是指在同一思维过程中，必须在同一意义上使用概念和判断。矛盾律是指相互否定的思想不能都正确，至少有一个是错误的。排中律是指在同一时间、同一方面、同一条件下，同一问题的两个互相矛盾的思想不会同时都假，必定有一个是真的。充足理由律是指在辩论中，一个思想被确定为真，总是有其充足的理由。以上四条规律是辩论中应遵守的基本规律，如果违背了基本规律，思维的确定性就会受到破坏，进而使辩论脱离正常轨道。

📚 案例赏析

需方："用这种材料包装的商品，我们不能要！"

供方："是啊，许多人都认为这种材料包装的商品不好卖，但是如果真正认识到这种包装的好处，比如……自然会改变看法，已经有很多顾客专门提出要这种包装的商品了。"

需方："我们不需要送货，只要价格优惠！"

供方："您的意见有道理，可您是否算过这样一笔账，价格优惠的总额与送货实际上为您节省的成本相比，还是送货对您更有利。"

【案例简析】讲理由、提根据、逻辑严密，可以帮助我们在辩论中处于有理、有利位置。

三、对诡辩的识别

诡辩之"诡"含奸猾、狡黠之意，因此，诡辩有碍于沟通。商务谈判中的诡辩是指谈判主体为了达到欺骗目的而进行的违背意识和逻辑的似是而非的论证。它的基本特征和手法是通过歪曲论题论据和论证来达到目的。

诡辩是"求胜不求真"，所以它有很大的欺骗性和迷惑性。谈判者往往会从主观需要出发故意挑选个别事例或以似是而非的逻辑关系来构造虚幻的联系，以求得化劣为优等效果。因此，要揭穿并驳倒诡辩者首先要深知诡辩术的表现及相应对策。

1. 平行论证法

好的平行论证法在西方谈判术语中又称双行道战术，即当你论证他的某个观点时，他虚晃一枪另辟战场，抓住你的一个弱点进行论战，也可能故意提出新的问题，同时论证，使谈判失去方向。

例如，在某项目开始谈判时，买方让卖方介绍报价形成的基础。卖方怕过早泄露情报给买方，不对买方要求做出回答，而是说："我对贵方的用货范围的要求不了解，不好做最终报价，目前报价的可变因素很多，最好请贵方讲明用货范围。"

该例很典型，卖方避开买方的要求而提出新的论题——买方的用货范围是我方做最终报价的基础。从两个平行的论题来讲，两方均有道理。买方的代表实际一度被纠缠于对用货范围的讨论。要解除纠缠的办法就是回到推理的起点和前提。第一个论题推理的起点是卖方有目前报价而不是最终报价，买方要求的是解释目前报价，而不是最终报价。而卖方大谈买方用货范围，以便做最终报价的要求，缺乏牢固的前提。因为目前报价不讲清，买方就无法有用货意见，所以，卖方应解释已有的目前报价。从分析平行论题的内在关系出发，可使诡辩术失效。

2. 以现象代替本质

以现象代替本质是强调问题的表现形式或掩盖自己的真实意图、虚张无关紧要的利害关系的做法。在商务谈判中，以现象代替本质的理论战术屡见不鲜。

例如关于验收问题的谈判中，买方坚持在现场验收，而卖方坚持在自己工厂验收。卖方论证："我们对现场的环境条件、人员、材料不了解，即使了解了也无法控制，所以不能保证在现场验收是可行的。"

这话从表面形式上很有道理，但辩证思维判断要求透过现象看本质。

买方可论证："试车、验收材料用你的，参加验收的人是你培训的，或你方来人指导，环境条件可在设计联络时由双方商定，我方予以保证。在现场验收是可行的。"

这里，买方运用了论证的客观性和具体性原则，驳斥了卖方提出的表面理由。反过来，卖方若是诚实的商人，又确实诚心交易，会与买方讨论具体措施；若是诡辩者，那么其逃避责任的本质也暴露无遗了。

3. 以相对为绝对

以相对为绝对是一种把相对判断与绝对判断混淆，并以此去压制对方的做法。在商务谈判中用相对判断方法迫使对方接受某个立场，有时也很见效。如卖方常说："我有最先进技术""我有最先进技术并可提供……"那么按照思维惯性，自然是高技术对应高价格。怎么才能使卖方降价，买方少花钱呢？必须分析其中的相对性与绝对性。首先，"新"技术会变"旧"，从绝对概念上讲，买方得到的仍然是"旧"技术。当然，该技术在谈判时可能是先进的（有的卖方在谈判时已知即将有更新的技术问世，但不告诉买方）。其次，新技术并不一定意味着技术开发的成本高，买方即使使用了这种引进的技术也不一定能获得预期收益。这些客观判断是不应被相对的主观判断所代替的。

4. 攻其一点

谈判中，若一方抓住对方一点予以抨击甚至要挟，而不做全面、公正评价的做法就是在使用"攻其一点"法。在谈判中，买方抓住卖方报价的某个不合理点，推断整个报价都不合理，或卖方抓住买方批评中不正确的部分缠着不放都是在用这种方法。这种论证方式往往使洽谈气氛相当紧张。无论是谁，若有交易诚意，均不主张这么做。

5. 泛用折中法

在谈判发生分歧时，折中法往往被人们视为灵丹妙药。其实不然，折中法对于分歧中的双方和解是有效的，但在诡辩术的基础上，折中法只会伤及一方，有利于另一方，不会使折中真正体现出互谅互让的和解精神。

如在谈判中，合同条文有分歧了，有的谈判者喜欢对分歧点的数量进行折中，若为八个，则要求一边让四个。这里就缺乏具体的、历史的分析。如果分歧点涉及贸易惯例等，诸如价格歧视条款、限制竞争条款、产品责任条款等，则以折中方式解决抽象问题是不合理的。即使折中法用在双方的价格分歧上，也需认真分析其合理性。

举例来说，某产品的正常价为 6.5 元，卖方报价 12 元，买方还价是 4 元，差距 8 元，折中后，卖价仍在 8 元，比 6.5 元高出许多。买方不可能同意折中，若强行折中，就有失公允。正常状况是允许买方再讨价还价，在卖方主动把差距缩小到接近市场同类产品价格时，买方才可考虑接受。

6. 预期理由诱惑法

可以用预期的理由诱惑对方，比如向对方保证下半年涨价或降价，或者保证签约后不满意可以退货等。

> 某机器销售商对其买主说："我们获悉，今年年底前，我方经营设备的市价将要上涨。为使你方在价格上免遭不必要的损失，我方建议：假如你方打算订购这批货，可以在订货合同上将价格条款按现价确定下来。"

此例中的卖方就是利用了"我们获悉，今年年底前，我方经营设备的市价将要上涨"这个预期理由，设置了一个价格陷阱，然后将对手拉入陷阱。

7. 以偏概全法

以偏概全是指任意选取某一事例，用它来证明一个论题。当然所选取的事例并不一定具有代表性，也许是一个特例，即使具有代表性，也不能说没有与此相反的事例。

> 在谈判中的一方问到对方的产品质量如何时，对方在比较了其他几个厂商的同类产品质量后得出结论："我们厂的产品质量是全国最好的。"

这里所用的方法便是以偏概全，因为可能还有好多厂商的同类产品的质量更好。如果谈判者过分相信统计数字，那么有时也会作茧自缚。在谈判中，对方拿出来的统计数字可能是以随机抽样为基础的，带有极大的以偏概全的嫌疑，如果对方用这些数据来支持自己的论题，那一定得小心。

综上所述，诡辩术最根本的特征是"虚"。无论哪种表现形式，无不以虚为特征、以虚掩实。若出自无意，则是方法问题；若出自故意，则是诡辩。对付诡辩术的最有力的武器是辩证逻辑推理的三原则：客观性、具体性及历史性。在辩证逻辑推理面前能知错而退的谈判对手是仅把诡辩术当策略的谈判人员，知错而不退的谈判对手必是处于优势地位而不让人、个人修养缺乏或权力地位低下的谈判人员。在谈判中应注意避免使用诡辩的方法。

四、辩论中应避免的问题

在商务谈判中，辩论的目的是达成协议，因此通常要避免使用以下几种方式。

（1）以势压人。辩论各方都是平等的，没有高低贵贱之分。所以，辩论时应心平气和，以理服人，切忌摆出一副唯我独尊的架势，大发脾气，要权威。

（2）歧视揭短。在商务谈判中，不管对方来自哪个国家或地区，是什么社会制度、什么民族，有什么风俗传统、什么文化背景等，都应一视同仁，不要有任何歧视。不管辩论多么激烈，都不能进行人身攻击，不能在问题以外做文章。

（3）无效论据。任何辩论都应以事实为根据。特别是在商务谈判中，要注意所提论据的真实性，道听途说或未经证实的论据，会给对方可乘之机。

（4）本末倒置。谈判不是一争高低的竞赛，因此，要尽量避免发生无关大局的细节之争。那种远离实质问题的争执，不但浪费时间和精力，还可能导致不愉快的结局。

（5）喋喋不休。在商务谈判中，谈判者不要不顾实际情况口若悬河。

课堂互动

辩　　论

七八个人一大组，再细分成持对立观点的两个小组，选择下面问题中的一个进行辩论。

（1）国内谈判更难还是国际谈判更难？

（2）国际商务谈判是线上好还是线下好？

知识巩固与技能训练

一、思考与讨论

1. 请谈谈说服的原则有哪些。

2. 简述主要的说服技巧有哪些。

3. 辩论的原则有哪些？

4. 对诡辩有哪些识别方法？

二、活动与演练

你代表 A 厂介绍你们厂的某产品，目的是让听众尽量多地订购你们的产品。请做一个 4 分钟左右的发言，再接受听众的提问（可以任选产品）。

三、案例分析

中国某汽车集团与美国某汽车集团已经在华合作生产轿车多年。中方有意在当时已有的两种车型的基础上，再从美方引进两款最新车型。在筹备新车型引进的沟通过程中，美方并不愿意向中方提供这两款刚刚在欧美上市的运动型轿车的生产技术。2006 年的一次谈判前，中方负责沟通的副总裁让人从电视台复制了本年度正在进行的美国职业篮球联赛（NBA）比赛的全部录像资料，仔细观看了大部分场次的比赛录像。为了加深记忆，他还对一些竞猜场次的比分，上场的球员姓名以及他们得分情况、超常表现，甚至失误动作等一一做了记录，并烂熟于心。

当中美双方代表坐下来就新款轿车的引进开始沟通时，中方的这位副总裁却恭贺美方主谈所在的州赢得了一场美国职业篮球联赛比赛，并且说出了具体比分，评价他们比上年的状态更好！美方代表惊喜道："你也喜欢看美国职业篮球联赛比赛？我在美国可是场场不落收看实况直播，为此老婆常常抱怨。"中方副总裁也说："我老婆也因为我总看美国职业篮球联赛不理家事，差点与我离婚呢。"美方代表乐了："咱俩的爱好太相似了……"接着，中方代表话锋一转："近年来，中国的体育运动成绩骄人，广大百姓尤其是年轻的职业经理人和白领阶层，喜欢健身、郊游、远足的人越来越多。他们上网、泡吧、出国旅行，对新事物非常敏感并积极追求。正因为如此，我们想尽快引进贵公司新近推出的两款运动型三厢轿车和两厢轿车。我们希望贵公司别像德国人那样，迟迟不肯向中国转让最新的车型，结果被日本和韩国不断引进的新车型夺走不少中国的市场份额……"美方代表很认真地聆听。中方副总裁最后又说："运动型轿车在中国市场上的比重很小，只要把握时机，就能抓住赚钱的商机。"美方代表点头称是。几番磋商之后，这家美国汽车公司的代表很快与中方就新车型的引进达成了共识。

思考与讨论：中方副总裁为何能说服美方代表？

第 五 章

商务谈判沟通艺术（二）

📖 **学习目标**

能描述商务谈判中的倾听艺术；能应用商务谈判中的提问艺术、回应艺术、非语言沟通艺术。

导入案例

张强是一家建筑公司的安全检查员，督促工地上的工人佩戴安全帽是他的职责之一。在他工作的第一个月，每当发现有工人不戴安全帽时，他便会严肃地要求工人改正。其结果是，受到批评的工人虽然会勉强戴上安全帽，但等他一离开，有的工人就会把安全帽摘掉。发现第一个月的督促效果不佳后，从第二个月起，张强决定改变工作方式。当他再看见有工人不戴安全帽时，便会询问是否帽子戴起来不舒服或帽子尺寸不合适，他还用令人愉悦的语调给工人分析戴安全帽的重要性。结果，第二个月的督促效果比第一个月好了很多。

思考与讨论：你是如何理解这两种沟通效果的差异的？这说明了什么？

第一节 倾听艺术

谈判中的倾听是一方作为信息的接收者认真听取对方所发送的信息，确定其含义并做出反应的过程。

倾听是谈判主体获得对方关于谈判的观点和立场的基本途径，只有首先听到对方的表达，才能借此了解对方的态度、观点和立场，并在此基础上做出回应，形成谈判过程中所必要的你来我往。因此，没有倾听，就无所谓谈判主体双方的沟通与交流。谈判中的倾听尤其要关注以下三个方面。

一、要认真倾听

在谈判中倾听对方表达时必须集中自己的注意力。在谈判中，当没有完全集中自己的注意力于认真听取对方表达的时候，我们的思维可能正在走神，因此会错过对方所表达的许多重要的信息点；或者虽然感觉自己在听，但由于是被动地听、无所谓地听，信息在耳边"转"了一圈之后又"飞"走了。

还有些时候，我们一边听着对方讲话，一边盘算着等对方讲完后自己如何搭腔和如何回应，因而将注意力集中于整理自己的思路上，顾此失彼。这时候倾听效果也就打了折扣，听了一部分，也丢了一部分，甚至可能听到了不重要的内容，却漏掉了重要的信息。还有的时候，其他一些非谈判的因素也会严重干扰谈判主体的注意力，使其难以真正静下心来倾听。

如在谈判的开始阶段接触对方时，在对方的相貌着装或言谈举止令自己感到不舒适或不愉快的情况下，可能会降低自己对与对方沟通交流的欲望和兴趣。虽然工作本身要求我们必须坐下来与对方谈判，但是在听取对方的表达时依然会产生一种不由自主的抵触甚至排斥的心态，从而难以心平气和地认真听取对方的表达。

在进行谈判时，如果谈判主体的精神和心理状态不佳，会严重干扰其注意力使其难以做到专注倾听。

二、要听明白和理解对方表达的信息

"认真听，了解对方的意思"，是费希尔和尤瑞两位教授在《谈判技巧——利益、选择与标准》一书中所给予谈判主体的一句忠告。真正的倾听不是被动无奈地接收信息，而是具有能动性的听，是善于接收信息、消化信息并做出反应的听，从而使自己在思想上与正在说话的人融合在一起。倾听是积极的，是倾听者用自己的语言重述或解释发送者的信息。

在谈判中，积极的倾听是有压力的，也是不容易做到的，但在强调使谈判继续下去的情况下，却又是必需的。这不仅使己方能够了解对方的认识，知道对方的打算，把握对方的动机，甚至可以感受对方的情感好恶，并预测他们后面要说的话。为了避免走神现象的发生，谈判主体要集中自己的注意力，对对方传达过来的信息予以必要的互动，用目光接触来增加相互间的交流，或用点头表示赞同、微笑表示许可、摇头表示否定，等等；或者插话道"我明白，请继续"；还可以用自己的语言重述或解释对方的意思。

> 如当事人对律师陈述："当我让他还钱的时候，他竟然像没事人一样嬉皮笑脸地告诉我别这么着急上火。"律师可以询问："你的意思是说，他不仅不向你偿还欠款，而且态度也令你很生气？"或者再追问对方"我这样理解是否正确？"这是积极倾听的反应，不仅向当事人表示你明白他谈论的内容，而且也理解了他的感受。

如果有疑问或不明白的地方，可以示意或直接告诉对方自己没有听明白，请求其再重复一遍。这些实际上都是在使自己认真倾听避免走神的同时，又向对方表示自己的确是在认真倾听。这将使对方意识到：他们的讲话不是在消磨时间，不是在走过场，他们也会感到有人听与有人理解的满足。人们常说，你向对方做的最廉价的让步即让对方知道你在听讲。这种满足和好感，无疑有利于激励对方与你继续合作并谈判。

三、要掌握倾听技巧

研究结果显示，在良好的倾听技巧和工作效率之间存在着直接的关系。接受倾听能力训练的人比没有接受倾听能力训练的人的工作效率高得多。因此，倾听还应该讲求巧听、会听、有所侧重地听。倾听时应注意以下事项。

1. 注意识别对方的中心思想与支持性材料

有经验的谈判者一般会在开始的时候即用一两句话表达自己的中心思想和主要观点，之后再运用各种材料对其进行支持性的论证。倾听者应当注意识别对方的中心思想与支持性的材料，从而在头脑中把对方的表达形成一个基本的思想框架。

也有些未经过沟通方面专门训练的人在谈判中虽然特别爱说，但对于说什么和怎样说却没有特别的准备，而是边说边想，想到哪儿就说到哪儿。有时候，有的人表达一个意思要绕着弯子、兜着圈子地讲很多内容，有的内容是相关的，也有的内容是无关的，有的内容是基本的，也有的内容是枝节的；还有人会按着时间的顺序讲述很长的故事。这时，倾听者可以视情况进行必要的介入或干预，如得体地打断对方，让他先喝口水，然后适当地提出自己的问题以引导对方更简明扼要地表达。在倾听的过程中，还可以把听到的观点与自己的经验或自己所掌握的信息联系起来进行甄别、消化，预测对方接下来要说的内容。

在正式的谈判场合中，倾听对方的表达时还应当尽可能地做好笔记，有道是"好记性不如烂笔头"，以避免听后记不住的情形发生，并且也有助于识别对方所谈的中心思想及其思想框架。

但是应当注意，谈判中做笔记不应面面俱到、字字不漏，不能为了记录而记录。其实，这与在课堂上记笔记一样：同学们不能把上课的精力全都放到记笔记上去，企图记下老师所说的所有内容，那样就会使自己把注意力都放到了笔记上，忽视了老师所讲内容的含义。记录是为了更有效地倾听，而不能为了记录而忽视倾听。过于沉浸于记录，也可能会令对方产生不太舒服的感觉，甚至可能会让对方担心自己话说得不合适，被抓住把柄。因此，谈判中的记录应该是记录要点，特别是应该快速地记录并理清对方表达的中心思想、主要观点及支持性的材料，有助于己方清晰地把握对方表达的思想框架，相应地予以回应和跟进，从而可以使双方之间的沟通与交流能够扣住主题和重点，有条不紊、循序渐进地进行。此外，笔记对于日后盘点谈判情况，及时做出总结汇报，以及最终形成法律文件等亦均有裨益。

2. 注意从对方的遣词造句中识别线索

谈判中，一方表达时的遣词造句中往往蕴含着一些线索。因此，倾听时应注意从中加以识别。

一是注意倾听对方表达中的关键词。关键词中蕴含着重要的信息，倾听关键词有助于我们听懂对方的语气从而把握对方的内心真实想法。

例如，对方表示"你产品的价格定得稍微有些高"，那么在这句话中"稍微"就是一个很重要的关键词，因为对方只是表示价格"稍微"有些高，说明我方的定价基本上是接近对方内心标准的，对方认为我方的价格不是"非常"高，而只是"稍微"有点高。如果我方坚持这个价格，最终是有可能以此价格成交的，或者是在此价格附近仅适度给予对方一点儿优惠就可能成交。

二是注意倾听表达中的起承转合词。起承转合词传递着对方的真实意图，如"尽管""但是"之类的词，往往其前面的内容只是一个铺垫，而这些词后面的才是要表达的中心内容。

如在关于羊绒毛衣的交易谈判中，买方做出的表述是："你们毛衣的质地很不错，款式现在看也还可以，但是，现在快到夏天了，今年很快就穿不着了，今年秋冬的新款出来后，这些毛衣的款式很快就会过时。因此，价格上还得再便宜一些。"如果只是听前半句，会觉得对方对于毛衣的品质是持肯定态度的，但细听下去，才发现"但是"后边，对方真正的意图在于压低毛衣的价格。不过，听到客户对衣服价格的异议，应该说是一件好事，更何况他前面还对衣服的品质表示了肯定，说明真正有兴趣的客户来了。

美国著名推销专家汤姆·霍普金斯把顾客的异议比作金子："一旦遇到异议，成功的推销员会意识到，他已经到达了金矿；当他开始听到不同的意见时，他就是在挖金子了；只有得不到任何不同意见时，他才真正感到担忧，因为没有异议的人一般不会认真地考虑购买。"

在谈判中，还有些人喜欢用一种比较随意的语言说："顺便提一下……"听到这一句话，不要大意，而是要特别留意。对方所谓顺便提及的问题，未必不是对方真正想表述的重点内容。

三是倾听时注意识别对方的语气和语调。有道是"说话听声，锣鼓听音"，有经验的谈判者的陈述是经过细心推敲的，但是对方在陈述时不经意间流露出来的语气、语调，却有可能暴露对方内心的态度。如果谈判者能够对对方的表现有细腻的观察，就能听出对方话语的细微差别，就能从中了解对方的内心，抓住很多对方没有用语言表现出来的或者是刻意掩饰的信息。一个出色的倾听者，不仅会从对方的表达中听到事实内容，而且也会听到伴随着内容的感情色彩，因为很多人在叙述的时候，往往不仅说明发生的事情，而且也会夹杂事情引起的他对这件事的看法。

课堂互动

讲故事

要求：（1）两个人一小组，分别向对方讲一个故事。（2）两个小组组成一个大组，每个同学分别在大组里讲述刚才听到的同伴对自己讲的故事。讲完后，请同伴评价故事的复述是否和自己讲得一致，有哪些不一致。

第二节　提问艺术

表达与倾听，是谈判主体之间交流与沟通的基本形态。随着谈判的展开，提问和回应这两种因素，也必然或早或晚地加入谈判之中，与表达和倾听共同交织而成为双方之间交流与沟通继续进行的必备形态。

谈判中的沟通与交流是互动的，是彼此信息发出和反馈的过程，这决定了谈判的各方主体既是表达者又是倾听者，同时既是提问者也是回应者。谈判是说、听、问、答的此起彼伏与你来我往。正如俗语所说："聪明者善说，智慧者善听，高明者善问。"

视野拓展

商务谈判者应该具备的 12 种特质

关于谈判中提问的技巧有一段经典的故事。一教士问主教："我可以在祈祷的时候吸烟吗？"主教没有同意；而当另一位教士问："我可以在吸烟的时候祈祷吗？"主教认为他对上帝念念不忘，于是便欣然同意。这就是一个语言表达不同，效果不同的典型案例。

不同的提问所得到的截然不同的答案，使人们可以从中看到对提问技巧的妙用。但很多人在谈判中并不善于向对方提问，而是仅凭自己的主观猜测予以处理，结果往往是削弱了己方的谈判力量，使谈判陷入僵局或破裂。

案例赏析

美国的 A 公司和欧洲的供货商 B 公司就购买一种新的保健品配料进行谈判，双方将价格定为每千克 18 美元，每年采购 100 万千克，但是在专营权上双方产生了分歧。供货商不同意给予 A 公司专营权，即不同意将配料只出售给 A 公司。在 A 公司看来，这一产品的专营权对己方至关重要，否则的话，这种配料就有可能被竞争对手获得，而 A 公司自己又不愿意生产这种配料。为获得该产品的专营权，再三权衡之下，A 公司的谈判人员向供货商做出了最低采购额的承诺并愿意提高单价，但供货商仍然是态度坚决地予以拒绝。谈判由此而面临破裂的危险。

万般无奈之下，A 公司邀请谈判专家克里斯千里迢迢赶到谈判地点。在简短地听取了双方的介绍之后，克里斯仅用了一个词就改变了谈判的局势，这个词就是"为什么（Why）"。克里斯询问供货商在 A 公司提供的优厚条件下仍然拒绝给予专营权的原因何在。供货商回答，如果他向 A 公司提供专营权，他就违反了和他堂兄签订的一份协议。按照该协议，他目前正以每年 250 万千克的供货量向他的堂兄出售这种配料，而这种配料被用来生产一种在当地销售的产品。基于获得的信息，克里斯提出了如下方案：在供货商向其堂兄提供每年几百万千克的配料之外，供货商将专营权授予 A 公司。该方案使得两家公司解决了谈判中的障碍，很快就签署了专营权协议。

【案例简析】在这个谈判中，双方谈判一度陷入僵局的关键原因就是美方的谈判代表不善于提出疑问。面对供货商无论如何都不同意给予美国公司该保健品配料的专营权的情况，美方代表一味地揣测对方是嫌价格不够优厚，因而只是提出提高单价、加大订货量等条件以求吸引或说服对方，但结果只能是使谈判陷入焦灼状态。而化解这一危险的方法就在于千里迢迢赶来的谈判专家克里斯善于提出疑问，以了解对方拒绝的真正原因所在。

正是基于提问对推进谈判的重要意义，有观点认为，真正控制谈判局面的人是善于不断发问、诱使别人谈话的人。而老练的谈判者会先摸清对方底细，然后谨慎地解释己方的某些做法和构想，积极征询对方的意见，通过提问及对方的回答，获得更多关于对方的信息，了解对方对所讨论问题的倾向性；或者验证自己先前的假设、推理、分析是否正确，确定对方的立场和底线，同时从对方的回答中看出对方在多大程度上掌握了己方的信息，以及这些信息的真实度如何，从而有力地驾驭和推进谈判。

一、对问题应精心设计

提问是谈判中向对方提出问题，要求对方陈述或解释某个问题，以获得所需要信息的语言沟通方式。在谈判中，提问是谈判主体用来获得己方所感兴趣或所需要信息的一种直接的方式与方法，也是谈判主体把控谈判话题、调整交流方向、消除扭曲信息、澄清模糊信息，从而驾驭谈判局面的一种重要技巧。

在日常生活中，特别是在家庭成员或亲朋好友之间进行沟通时也常常提出问题，其中有很多问题的提出可能没有经过什么思考，完全是随性的，或者是可问可不问的。小孩子在成长过程中对家长或对老师也常常有问不完的问题，如"为什么……""为什么……这个应该怎么办？""那个应该怎么办？"一个接一个的问题考验着父母和老师的耐心和智慧。

如果生活中养成了不经过大脑思考随口就答的习惯，可能也会带到谈判中去。另外，由于性格的因素或习惯的因素，也有的人在日常生活中就比较少言寡语，更不愿意主动向他人提出问题，甚至担心提问会暴露自己的无知，或会使对方感到遭到了冒犯，等等，因此在谈判中往往三缄其口，不会主动提问。这些都影响着谈判中的有效沟通。

要提升谈判的能力和沟通的能力，谈判主体就应当注意既不无端滥问，又不惮于提问，对问与不问、问什么、何时问、怎样问等问题均有自己的衡量，设计、甄别和分析自己拟提出的问题，并掌握提问的技巧，做到问得必要、问得明白、问得艺术。

谈判中的提问是谈判主体积极主动的行为，是一种类似于进攻的行为。因此，对于拟提出的问题应尽可能预先准备，在统揽全局的情况下，巧妙设置问题，使问题之间有紧密的联系。由于提问的目的在于从对方处得到答案，以解除己方的疑惑，或者获得欲知的信息，因此，一般情况下，提问的态度应当诚恳平和、礼貌，避免使用充满敌意、嘲讽、刻薄意味的语言和腔调进行提问，从而创造一种激励对方做出积极诚恳回应的氛围，促进沟通的良性行进。有些人在谈话中喜欢用一种居高临下的姿态提问，这样容易引起对方的反感、抵触甚至排斥，致使其对所提的问题不屑于回答。

在己方向对方抛出问题后，既可能得到对方的直接回应，也可能得到对方非直接的回应，甚至可能招致对方的反问。因此，对于提问所可能导致的答案或者反问，也要有所考虑。

例如，某厂厂长有一次接受一位记者的采访。"你很富有，据说你的资产有 3 亿美元，这是真的吗？"很显然，这个问题的深层含义就是怀疑他有滥用职权、以权谋私的问题。厂长哈哈大笑起来，然后说："还有人说我有 6 亿美元的资产，你听说了吗？"

这种反问，实际上就是将对方的提问退回给他自己去回答，这种方式通常也是对方始料不及的。

提问还应当尽量简短明确。有的人健谈，即使在提问的时候，也喜欢发表一些意见，然后才提出自己的问题。但提问时却又一带而过，或拖泥带水，令人不得要领，或者一问就问出一串问题，而且一边问还一边发表自己的评论。这都会使对方难以把握住提出的问题到底是什么。因此，应当尽可能以简短明确的语言提问，而且最好是一个问题一个问题地问。在提问时可以使用强调的语气，有必要的话，甚至可以将提出的问题重复一遍，以确保对方听懂。因为对方只有听懂了问题，才有可能对问题做出良好的回应。

提问还应当把握恰当的度。对于该不该问、能不能问的问题有所把握。不该问的问题不问，更不能强行追问。例如在买卖交易中，买方如果一开始就问对方的底线是什么，对方往往不会说实话，这样的问题就不适宜问。对方回避或是拒绝回应己方的问题，一定有他的理由，倘若强行追问，势必会造成一种紧张感，也不利于双方关系的发展。不过，不强行追问不代表不追问，随着谈判的深入，待到时机成熟的时候，当问则问，或许有些内容在开场阶段是对方所要坚守的秘密，而到后来却成为双方可以共同分享的信息。

案例阅读与思考

提问技巧

假如你想到一家公司担任某一职务，希望月薪 2 万元，而老板最多只能给你 1.5 万元。老板如果说"要不要随便你"这句话，你听了会不舒服，你可能扭头就走。假如老板不那样说，而是说："在我们这个等级里，只有 1 万元到 1.5 万元，你想要多少？"很明显，你想要最高级别，于是你会回答"1.5 万元"，而老板这时又装作不同意，说："1.3 万元如何？"你继续坚持 1.5 万元。这时候老板让步，你就会感觉自己赢了。

思考与讨论：在这次谈判中，谁占了上风？请分析你的理由。

二、提问应把握时机

提问时机把握得当，是实现提问目的和效果的关键因素之一。恰逢其时地提问，是对谈判主体时机把握能力的一种考验。把握时机的核心点就在于在该问的时候问，在不该问的时候不问。提问是否有水平，除了看问题问的是什么之外，还要看问题是什么时候提出的，看问题提出的时机是否合适。一个很有价值的问题，如果是在不恰当的时候提出的，那么它的价值就会大打折扣。

通常，对方刚刚开始表达的时候，也是我们刚刚开始倾听的时候。在倾听的过程中，可能不时会有发现的问题出现在脑海中，这时可以先把问题记下来，待对方讲完再提出。切忌在对方讲的过程中动不动就打断对方的表达而频频提出问题。提问一定要分清楚轻重缓急，对不太重要的问题可以先记下来，耐住性子继续倾听下去，这样一是不必打断对方的表达和对方的思路；二是在对方后面继续表达的过程中，也许就回答了我们先前产生的问题，消除了我们的疑问。对于至关重要的问题，或者对于不提问会严重影响己方的倾听和彼此的交流的问题，则不必纠结，当问则问。

例如，在倾听的过程中跟不上对方的思路时，为保证倾听的效果，及时询问对方"我这样理解是否正确？你的意思是说……？"

如果有不明白的地方，可以示意或直接告诉对方自己没有听明白，请求其再重复一遍。

一般而言，提问应当在倾听完对方的表达之后进行。这样既可以使对方感受到其在表达的过程中受到了良好的尊重和认真地倾听，又可以比较全面、完整地了解对方的观点和意图，从而使自己的提问更准确、更有针对性。

当然，这种做法也并非绝对的。如果对方在语言表达方面存在一定的问题，发言过于烦琐、冗长，也可以在对方停顿或转折的时候，抓住机会，向对方提出问题。这样不仅可以及时消除自己心中的疑问，还可以借机打断对方的长篇大论或者滔滔不绝，改变对方既定的表达思路，从而引导和把控双方交流的方向及内容。为了争取己方在谈判中的主动权，在对方表达结束时，也可以及时地提出问题，使对方的发言从回答己方的提问而开始，使谈判的进程就此顺着己方所提的方向发展。

在一位女士向律师滔滔不绝地声讨其丈夫的种种不是，以及给自己所造成的身心伤害的情况下，律师先安抚她，待她平静下来后问："那你还想跟对方继续过下去吗？我怎么才能帮到你呢？"这一提问中，律师避免了直截了当地问对方"你是否要跟对方离婚，是否委托我来代理"，但同时又引导当事人的谈话走向"找律师的目的是什么"这一问题上来。

课堂互动

零售方与业务员的谈话

供方为争取一份销售合同派一名业务员前去一家零售企业洽谈。

零售方："我们目前还不需要你们的商品，××公司的货倒是很符合我们的需要。"

业务员："请问你们那么好的营业场所，柜台都摆满了吗？"

零售方："摆满说不上，但够卖了。"

业务员："你们经营的商品，看重花色、利润，还是商品的质量？"

零售方："首先是商品的销路，同时要看利润如何。"

业务员："我们的商品销路不错，无须我多说！而且我们的价格及各种优惠条件是其他公司没法比的。"

零售方："你们的优惠条件相当不错，但我还要看看质量。"

业务员："你们的营业厅面积有多大，经营品种有多少？"

零售方："营业厅面积足有五千多平方米，经营品种不多。"

业务员："看来，你们柜台陈列的商品并不是很丰富，我们的这种商品应该是可以摆得下的吧？"

零售方："摆是没有问题的。"

业务员："怎么样？对我们的商品有什么想法？"

零售方："让我考虑一下。"

零售方经过分析，认为购进这种商品有利可图，于是双方达成了协议。

要求：请演练这个谈判过程，表演过程中可以有自己的发挥。

三、应选择恰当的提问方式

谈判主体提问的水平如何，还有一个重要的衡量指标就是提问方式。选择性提问、直截了当地提问、委婉地提问等都是常用的提问方式。对同一个问题，用不同的方式提问，就可能产生不同的效应。因此，提问的方式，一定要有所讲究。

选择性提问，是有经验的谈判主体喜欢用的一种提问方式，即提问者有意识地设计一个可选择的问题，从而引导对方将回答限制在己方可控制的范围内。因为一般而言，按照人们的思维定式，对于一个选择性问题，人们往往会在给出的范围内做出回答。

有甲、乙两家相隔很近的早餐店，手艺也基本相同，经营方式也一样，但乙家的营业状况就是比甲家好。究其原因，每当有客人来的时候，甲家的老板总是问客人是否需要在早餐内加蛋，而乙家的老板却是问客人："是加一个蛋还是两个蛋？"如此一来，乙家鸡蛋的销量自然比甲家要好得多，因此也就赚得多。

可见，有目的地进行选择性提问可以给谈判主体带来取得成功更多的机会。前面提及的吸烟与祈祷的故事也同样反映了选择性提问所具有的妙用。

直截了当地提问和委婉地提问，是相对应的两种不同的提问方式。对于一般求知或解疑的问题，直截了当的提问是一种更富有效率的提问。

妈妈对孩子说："做好了作业，我们一起去××饭店吃饭好吗？"或者，买方向卖方说："我多买一些的话，你是否可以买一送一？"又或者在谈判协商中己方表达完意见后直接问对方："你的看法怎样？"或"你的意见是什么？"

直截了当地提问，避免了拐弯抹角、瞻前顾后，往往可以即时或很快得到对方的答案。但直截了当地提问并不是在所有场合都是最好的或最适宜的提问方式。如提问者遇到的可能是对方比较敏感或忌讳的问题，在不得不问而又不太好问的情形下，就应该采取委婉地提问这种较为间接的方式。这样的提问方式可给自己和对方都留下一定的余地，往往既可以解开内心所惑，又不至于令对方过于为难或尴尬从而影响双方之间的沟通。引导性提问，也是一种颇具技巧性的提问方式。提问者通过提问而给予对方一定的引导或暗示，使对方的思维和表述围绕着提问的问题而展开。

📖 案例赏析

某运输公司（承运方）为了得到一家建筑公司（托运方）的订单，派一名业务员前去洽谈。

托运方："我们不需要你们公司笨重的大型卡车，×公司的中小型卡车适合我们。"

承运方："请问你们需要的运输工具主要用来运什么？"

托运方："我们是建筑公司，当然是用来运输建筑材料，为施工服务。"

承运方："你在确定所需车辆的型号时，看重的是以下哪些方面：质量、速度、运载量还是操作灵活性？"

托运方："我们看重的是速度、运载量和操作灵活性。"

承运方："哦！原来你们喜欢速度快、运载量大、操作灵活的车辆。"

托运方："是的。"

承运方："操作灵活是我公司××大型卡车的优点之一，其他型号的车辆在这方面是无法与它相比的。"

托运方："是吗？我要亲眼看一看。"

承运方："你们每天运载货物的重量是多少？运输里程是多少？"

托运方："每天运载量大约18吨，运输里程200千米。"

承运方："在这种情况下，大型卡车每天需跑一趟，中小型卡车每天至少需要跑两趟。"

托运方："那是当然的。"

承运方："您认为每天跑一趟还是跑两趟对你们单位更有利呢？"

托运方："让我考虑一下……"

承运方："怎么样，有什么想法？"

托运方："行。"

【案例简析】在托运方一开始的否定下，业务员要想达成交易，必须使对方认识到他们确实需要的是大卡车。业务员就是采用提问法来解决这一问题的。在整个谈判过程中，业务员提出了几个问题，都让对方回答了自己的意见。

提问法的优点是可以避免与对方发生争执，是一种比较好的方法。这里需要指出的是，在使用这种方法时，首先，必须了解对方提出反对意见的真正原因和生产经营情况，然后层层深入地进行提问，这样才能取得预期的效果。其次，提问时不要以质问的方式进行，而要采用委婉的方式。

第三节　回应艺术

谈判中的回应，是一方对对方提出的问题进行回答，或者是对同一问题在对方表达完意见之后表达己方的意见。

一般而言，有问就有答，提问和回答像是一对孪生兄弟，如影随形。提问自有提问的艺术，而回答也有回答的技巧。问得好，有利于提问的一方把控谈判话题，调整交流方向；而答得好，则同样有利于作答的一方通过回应而将谈判的主动权把握在自己的手中。在谈判中，一方对某一问题表达完意见之后，可能会反问对方的意见，要求对方做出回答；有时候虽然表达完的一方没有提出问题，但对方倾听完后对该问题也有着自己的态度和看法，可能是赞赏对方的意见，也可能是持有不同的意见甚至反对的意见。在这种情况下，对方的回应自然会接踵而至。应该说，回应也是回应者再次表达的机会，将己方的观点、立场更全面、更具体、更深入、更具有说服力地阐释给另一方。同时，回应也给予了回应者借机向另一方提问、将谈判之球踢给对方的机会，从而将交流逐渐推向深处。

案例赏析

律师科文的邻居是一位农夫。有一次，这位邻居的房屋遭受飓风的袭击，有些损坏。这房屋是在保险公司投了保的，该邻居可以向保险公司索赔。他想要保险公司多赔些钱，但知道保险公司很难对付，自己又没有能力做到这一点，于是请科文来帮忙。科文问农夫希望得到多少赔偿，以便有个最低的标准。农夫回答说，他想要保险公司赔偿 300 美元。科文又问："请告诉我，这场飓风使你究竟损失了多少钱？"农夫红着脸回答："我的房屋损失在 300 美元左右，不过，我知道保险公司是不可能给那么多的！"

不久，保险公司的理赔调查员来找科文，对他说："科文先生，我知道，像你这样的大律师是专门谈判大数目的，不过，恐怕我们不能赔太大的数目。实际上，我们只能赔你 100 美元，你觉得怎么样？"多年的经验告诉科文，对方的口气是说"只能"赔多少，显然对方自己也觉得这个数目太少，不好意思开口。而且，第一次出价后必然还有第二次、第三次。所以科文故意沉默了许久，然后反问对方："你觉得怎么样？"对方愣了一会儿，又说："好吧，多一点儿，200 美元怎么样？"科文又从对方回答的口气里获得了情报，判断出对方的信心不足，于是又反问道："多一点儿？""好吧！300 美元如何？""你说如何？"最后，以邻居希望数的三倍多——950 美元了结。

【案例简析】飓风中房屋的损失很难精确计算，保险公司根据协议肯定会赔偿，但赔偿多少对于理赔调查员来说也只能估计个大概。本例中虽然未说明，但我们也能猜测到，一次飓风下来，会有很多理赔案件等待处理，理赔调查员心态会相对焦急，科文巧妙地利用保险公司必须赔偿、损失不易评估、理赔调查员需要时间处理其他理赔案件的现实，用简单的回应"你觉得怎么样？""多一点儿？""你说如何？"就以逸待劳、以静制动，将谈判之球踢给理赔调查员，最终使赔偿金额极大超过邻居的心理底线。

一、回应时要注意的问题

在人们的潜意识里或者观念中，一般会认为提问代表着进攻，回应则意味着防守。其实不然，回应也完全可以是防守中的进攻。在接过对方抛来的问题后，回不回应、什么时候回应、怎么样回应，既考验着回应者的智慧，也给予其宝贵的机会。只要善于运用回应的机会做出回应，就能利用回应打出一张好牌。

1. 回应之前要有思考

谈判中的回应不是知识竞赛中的抢答，不是答得越快得分的机会就越大，就证明能力也越强。相反，如果仓促作答，反而容易使自己陷于被动。一是有经验的谈判者在提问前都会经过严密的设计，力图以此来获得更多对方的信息，如仓促作答，容易落入对方的预设之中；二是仓促作答有可能给对方造成欠缺思考、不够成熟稳重的印象。所以，应当有意识地把控己方做出回应的节奏，虽不可过慢以使人感觉你尚未做好谈判的准备，但也绝不要过快、仓促作答，要给予己方必要的时间分析对方的问题及其提出问题的目的和真正含义，确定己方回应的目的和意义，分析己方的回应对双方会产生什么样的效果、带来什么样的影响，以及由此可能引发的其他问题，等等，从而做到心中有数，从容回应。

例如，一方代表问对方："请问……"这个问题的答案也许只有 A 和 B 两个，不论哪个，对方都准备好了应对的方案，回答方处于被动的地位。但是，有经验的谈判者却并不急于回答，而是回应："在回答您的问题之前，我能不能先向您请教个问题……"这样为己方回答这个问题赢取了更多思考的时间，也有可能会获取更有用的信息来回答这个问题。

2. 回应要给己方留有回旋余地

谈判专家特别强调："在谈判中针对问题所做出的准确回答未必就是最好的回答，有时回答越准确，就越是愚笨。回答的关键在于该说什么、不该说什么。"这实际上是在告诫谈判者回应应当给自己留下回旋的余地。

谈判中的回应虽然未必是句句千钧，但一经说出也如覆水难收，否则会使人有出尔反尔、言而无信的负面印象，破坏彼此之间信任关系的建立和维护。谈判不是谈心，谈判讲究的是信息的交流，如果回应的时候将己方的答案全盘托出，己方就缺少和对方进行信息交流的资本，要在接下来的过程中获得对方的信息将会变得很困难，己方的处境也会变得很被动。所以，在回应的时候，什么问题该答、什么问题不该答、什么问题要答到什么程度、什么问题要反问对方等，都要拿捏得恰到好处。

3. 回应中要善用技巧

在言语交锋的谈判中，巧妙的回应往往是最精彩的地方，因为其最能体现出谈判者的智慧和技巧。谈判中的回应，有些能够使谈判化险为夷、逢凶化吉，有些却使谈判如履薄冰，甚至走向彻底失败，这均与谈判主体的回应技巧紧密相关。许多经典谈判实例正是其进行过程中出现的那些睿智巧妙的回应，令人赞叹并给人以启迪。

在谈判中面对对方无理的要求或训斥时，为了维护自身的立场和利益，直言驳斥是一种既具有技巧又富有力量的回应，可以通过回应中的进攻而获得谈判中的主动权。

然而，也有很多成功案例体现了谈判者的幽默。幽默回应属于一种大智慧，其巧妙之处在于它除了能让人会心一笑外，还能借此阐明一些难以用正常话语来表达的思想、喜恶。有时候，幽默的回应可以以一种趣味、诙谐的方式，借助比喻、隐喻等方法，利用语言的博大精深，包括多音、多义等，打破僵局，化解尴尬。

另外，对于一方做出的选择性提问，回应方应当保持必要的警惕，超越对方的设定而做出回应往往可以避实就虚，出其不意地赢得主动权。

👓 视野拓展

林肯的睿智

1843 年林肯与卡特莱特共同竞选美国伊利诺伊州议员，两人的竞争非常激烈。一次，他们一同到当地教堂做礼拜。卡特莱特是一名牧师，他一上台就利用布道的机会拐弯抹角地把林肯挖苦一番，到最后他说："女士们先生们，凡是愿意去天堂的人，请你们站起来吧！"全场的人都站起来了，只有林肯仍坐在最后一排，对他的话不予理睬。过了一会儿，卡特莱特又对大家说："凡不愿意去地狱的人，请你们站起来。"全场的人又都站起来，林肯还是依旧坐着不动。卡特莱特以为奚落林肯的机会来了，就大声说道："林肯先生，那么你打算去哪儿呢？"林肯不慌不忙地回应道："卡特莱特先生，我打算去国会。"全场的人都笑了，卡特莱特窘住了。林肯既没有受卡特莱特的调动，又没有进卡特莱特的圈套，同时又以自己睿智的回应反驳了对方，从而在回应中占据了主动。

4. 利用回应之机说服对方

一方的提问也好，表达也罢，可能显示着或隐含着在观点或立场上与另一方的分歧。为了促进双方深入沟通并达成一致意见，利用回应之机说服对方放弃先前的立场和观点，接受己方的立场和观点，或者向己方靠拢，是有经验的谈判者常用的手段。谈判双方不可能是一方命令另一方："你错了，必须接受我的意见！"这种强硬的态度在谈判中不仅无济于事，而且还可能适得其反。

罗宾森教授在《下决心的过程》一书中说过一段富有启示性的话："人，有时会很自然地改变自己的想法，但是如果有人说他错了，他就会恼火，更加固执己见。人，有时也会毫无根据地形成自己的想法，但是如果有人不同意他的想法，那反而会使他全心全意地去维护自己的想法。不是那些想法本身多么珍贵，而是他的自尊心受到了威胁……"

说服是通过"说"，而使对方"信服"，这需要一方依靠理性和情感的力量去感召对方，使其心悦诚服或不得不服。

著名的苏格拉底回答法，被公认为"最聪明的劝诱法"。其原则是：与人论辩时，开始不要讨论分歧的观点，而是着重强调彼此共同的观点，取得完全一致后，自然转向自己的主张。这种先同后异的做法可以先利用共同点来维护好双方的关系，增加对方接受己方信息的可能性，并使自己站稳脚跟，之后再利用相同点来证明对方观点的伪谬之处，从而令对方接受己方的观点。

📖 案例赏析

利用回应之机说服对方案例

在电视剧《潜伏》中，潜伏在军统天津站中的余则成，与李涯的一场斗智可谓扣人心弦。我们为这场戏拍案叫绝的同时，可细细品味在谈判中抓住回应之机说服对方，从而改变局势的神奇力量。余则成反击对方的指控时，并不是简单地为己方辩解，而是采用先同后异的做法。先着重强调李涯指控自己的录音带证据与己方所掌握的可以指控李涯的录音带证据彼此的相同点，增加对方接受己方信息的可能性，取得完全一致的认识（来源不可靠，录音带可以造假）并使自己站稳脚后，再自然转向自己的主张，成功地说服了站长，排除了其对自己的怀疑。

5. 在回应中避免无谓的辩论

在谈判的回应中也可能有辩论，但其与一般的辩论应有区别。谈判中的辩论起源于每一方都试图说服对方，且其目的也在于此。谈判为谈判中的辩论框定了语境和目的，谈判中的辩论是为说服而服务的，说服是辩论的目的，而辩论则是达到说服的手段之一。

谈判中的辩论与一般的辩论之间没有不可逾越的沟壑，但有加以区别的必要。

一般的辩论主要是集中于通过逻辑和语音技巧，利用矛盾分析方法来批驳对方观点的谬误，论证己方观点的正确。简而言之，辩论就是不同观点之间的语言交锋，具有强烈的对抗性。特别是辩论赛上的辩论，各方所持观点是抽签随机决定的，辩论者为赢得比赛而辩论，其内心可能未必赞同己方所持立场。从辩论赛的结果上看，更擅长使用辩论技巧、论证更充分的一方往往就是获胜的一方，并且，辩论的输赢与各方从内心而言是否信服己方所持观点无关。

在谈判中一方对另一方做出回应之时进行辩论的确是可以的，有时也是十分必要的。但应当明白的是，谈判中的辩论不是为了辩论而辩论，而是为了说服而辩论，是为坚持自身的立场、反驳对方的观点、取得对方的认同而辩论。这不仅需要各种逻辑判断、语言技巧，而且更受关系与利益制衡因素的影响，是各种力量的综合较量。谈判中的辩论除了存在必要的对抗外，更存在相互的妥协与合作，这样才能对谈判双方产生积极的影响。谈判中辩论的结果可能与谈判者个人的辩才有关，但更与各方的谈判力以及利益关系的制衡有关。一方接受另一方的观点，既可能是基于辩论而被说服的结果，也可能是基于综合各方面的因素权衡利弊得失的考量。

区分谈判中的辩论与一般的辩论，旨在更清楚地理解谈判中的辩论所应当把握的尺度，避免在谈判中辩起来时逞一时之强，忘了辩论的目的所在，对对方穷追猛打。否则就可能适得其反，不仅未拉近彼此的距离，反而把对方推向更远的地方，加大了双方之间的分歧，激化了双方之间的矛盾。谈判中的辩论应当见好就收、适可而止，以说服对方、拉近彼此的距离和最终达成一致为基本考量。

二、针对对方反应的回应

假设你是一家制笔公司的销售员，向一位客户推销签字笔。在他思想上并不完全拒绝的前提下，他的反应大概有以下三种：①边听介绍边拿着那支笔看；②认真听但不吭声；③用语言反应，如"这支笔不错"，或"这支笔不错，但我现在不需要"，或"我不太清楚它是否像你说的那么好"等。

作为销售员，对客户的以上三种反应的回应可以是以下三种。

对"边听介绍边拿着那支笔看"这类反应，一边不断地用"效益附加句"提问，一边帮助客户查看实物，不断地增加客户对实物的感性认识和兴趣，以此来激发客户的购买欲望并最终促其实施购买行为。

对"认真听但不吭声"这类反应，不要一直跟客户说话，让客户有充分的思考时间，但要密切注意客户的目光：是有兴趣了，还是在考虑要不要。千万不要操之过急，以免引起客户的反感，否则，欲速则不达。对这样的客户，可以先建立良好的私人关系，在客户还没有接受产品的时候，让其先接受你这个人，这对一个销售员来说是至关重要的。

面对对象的反应语，除了"这支笔不错"属明显的肯定反应外，其他两句反应语都属于谈判学意义上的"类似否定"反应。对于对方的肯定反应，根据对方的兴趣进行更多的介绍并拿下订单并不难；对于"类似否定"反应又该如何回应呢？

在商务洽谈中，不管对方是哪种"类似否定"反应，都可以遵照一条守则：截取肯定点，然后加以利用。"截取肯定点"的原因有三个：第一，"否定"的部分是无法修正、无法满足他的；第二，不去理睬"否定"部分，是不想加强对方头脑中的否定面；第三，如果提及"否定"部分，可能会被对方牵着鼻子走。

专家研究指出，对方的 100 种类似否定反应中只有约 10 种才是对方所真正关切的，因此，我们必须去假存真，将无关紧要的（烟幕弹）与对方真正关切的信息分开，这样才能使洽谈成功。

案例赏析

在你介绍产品时，对方一直耐心地听着。但是，他说："你所推销的移动硬盘是一款不错的产品，但上次你们调高了价格，我认为太贵了。"

你的回答应该是："您说这是一款好产品，真是有眼光。它能装下您这台计算机上的所有资料，虽然云存储更方便，万一连不上网它可是应急的好帮手。您觉得呢？"

【案例简析】优秀的谈判人员遇到对象提出"异议"，他不会视之为"反对"，反而把它视为一个机会，从而更加详细地回应谈判对象的疑问。如果"异议"是谈判对象非常关心的内容，谈判人员应诚恳地接受并向其提供信息，告之以实情，解答完毕后设法改变话题，继续进行介绍。

三、拒绝的策略

商务谈判中，讨价还价是难免的，也是正常的，有时对方提出的要求或观点与自己相反或相差太远，这就需要拒绝、否定。但若拒绝、否定时表现得死板、武断甚至粗鲁，则会伤害对方，使谈判出现僵局，导致生意失败。高明的拒绝、否定应是审时度势、随机应变、有理有节地进行，让双方都有回旋的余地，使双方达到成交的目的。

1. 幽默拒绝法

无法满足对方提出的不合理要求时，在轻松诙谐的话语中拒绝或讲述一个精彩的故事让对方听出弦外之音，既可以避免让对方难堪，又能转移对方被拒绝的不快。

例如，某公司谈判代表轻松地说："如果贵方坚持这个进价，请为我们准备过冬的衣服和食物，总不能让员工饿着肚子瑟瑟发抖地为你们干活吧！"

2. 移花接木法

在谈判中，对方要价太高，自己无法满足对方的条件时，可移花接木或委婉地设计双方无法跨越的障碍，既能表达自己拒绝的理由，又能得到对方的谅解。

例如："很抱歉，这个超出我们的承受能力，我们只有采用劣质原料使生产成本降低 50% 才能满足你们的价位"。

这暗示对方所提的要求是可望而不可即的，迫使对方妥协。也可运用社会局限，如法律、制度、惯例等客观限制。如"在法律允许范围……如果物价部门首肯……"。

3. 先肯定后否定法

人人都渴望被了解和认同，谈判中可利用这一点从对方意见中找出彼此同意的非实质性内容，予以肯定，产生共鸣，然后借机表达实质上对己方有利的不同看法。

例如，某玩具公司经理面对经销商对产品知名度的诘难和质疑，坦然地说："正如你所说，我们的品牌不是很有名，可我们将大部分经费运用在产品研发上。生产出样式新颖时尚、质量上乘的产品，面市以来即产销两旺。市场前景好，有些地方竟然脱销……"

4. 迂回补偿法

谈判中有时仅靠以理服人、以情动人是不够的，毕竟双方最关心的是切身利益，断然拒绝会激怒对方，甚至终止交易。假使在拒绝时，在能力所及的范围内，给予适当优惠条件或补偿，往往会取得意想不到的效果。

例如，自动剃须刀生产商对经销商说："这个价位不能再降了，这样吧，再给你们配上一对电池，既可用作赠品促销，又可另作零售，如何？"

又如，房地产开发商对电梯供货商报价较其他同行高极为不满，这时供货商信心十足地说："我们的产品是国家免检产品，用优质原料，有智能化生产线，相对来说，成本确实稍高。但货比三家您会发现，我们的产品美观适用、安全节能，而且售后服务完善，一年包换、终身维修，每年还有两次免费例行保养维护，解除您的后顾之忧。相信您能做出明智的选择。"

📖 案例赏析

免遭开除的领班

一家公司想开除一位领班，但这家公司一向以人性化管理著称，因此对解雇的事非常谨慎，绝不会把某人叫到办公室告诉他"你被开除了"，而是由人事经理和将被解雇的雇员谈起"在公司范围之外的生活"及其他的事业选择，以暗示员工公司的决定。通常，员工都会主动辞职，为自己挣回面子。但是公司的人事经理在过去的一年中已经找这位领班"畅谈"了四次，每次都暗示他，公司目前已不需要他了。不过，那位领班总是抽抽噎噎、唉声叹气，把自己家里的经济困难重复一遍又一遍，搞得人事经理后来也不好意思再去找他谈了。再后来这件事就不了了之了。

【案例简析】不管他的经济困难是真是假，这位领班都成功地博得了人事经理的同情，使自己免遭解雇。

第四节　非语言沟通艺术

据研究，高达93%的沟通是以非语言形式进行的，其中55%的信息是通过面部表情、身体姿态和手势传递的，38%是通过声调传递的。

所谓非语言沟通，是指不通过口头语言和书面语言，而是通过其他的非语言沟通技巧，如声调、眼神、手势、人际距离等进行沟通。非语言沟通与语言沟通关系密切，二者相伴而生。

在非语言信息传播的领域，沟通可谓"眉来眼去传情意，举手投足皆语言"。

非语言沟通涉及沟通中的诸多方面，按照不同的标准可以分为不同的类型。

🤔 案例阅读与思考

盲人歌手的"第六感"

某城市电台的一位主持人时常经过一个地下通道，她时常见到一个男孩坐在通道的一角弹着吉他唱歌。男孩总是戴着一副墨镜，显然是个盲人。他的歌唱得很好。主持人为了听他唱歌，常常走得很慢，等他一曲唱完，便走到他跟前放下一点零钱再离开。

有一天下雨了，男孩唱的是主持人很喜欢的《光辉岁月》，她就站在那里倾听。男孩唱得很投入，她也被他的投入打动了。他唱完以后，她像往常一样，在他的琴袋里放下零钱。这时，男孩突然抬起头说："谢谢你，谢谢你多次给我的帮助。我还要谢谢你，你每一次经过的时候，都是蹲下来往我的琴袋里放钱。我在这里唱了三年的歌，你是唯一一个蹲下来放钱的人。我听得出你走路的声音，你总是轻轻地蹲下来，轻轻地离去。"她很吃惊。他摘下墨镜，露出一双很大的眼睛，里面却没有光泽。他又说："我就要离开这座城市了，今天我在这里就是为了等你来。我想在我临走的时候唱首歌给你。"

男孩调了一下琴弦，轻轻地唱起了《你的眼神》。歌声很优美，令人感动。

思考与讨论：（1）你相信这个故事的真实性吗？（2）本案例能让你感受到非语言沟通的哪些特点？

下面介绍一些常用的、具体的非语言沟通的表现形式。

一、目光

心理学家的研究证实，人的情绪变化，首先会反映在不自觉的瞳孔大小的改变上。当人的情绪从中性变得兴奋、愉快时，瞳孔会不自觉地放大。有人研究过人们打扑克牌时的瞳孔反应，发现如果一个人抓到了自己期望的好牌，兴奋度会陡然上升，并出现瞳孔放大的现象。科学家对动物的研究也证实，猫在看到感兴趣的食物和猎物时，也有瞳孔放大的反应。

更进一步的科学研究还揭示，对于令人厌恶的刺激物，人们的瞳孔反应不是放大，而是明显缩小。当人们的情绪从愉快转向低沉，或突然面对令人不快的人时，瞳孔会不自觉地缩小，并伴随不同程度的眯眼和皱眉。可见，人的眼睛是其内心状态的指示器。心理学家埃尔斯沃思等人指出，目光接触是最为重要的非语言沟通方式。许多其他非语言沟通方式，常常与目光接触有关。

首先，目光接触是沟通反馈的一种重要形式，它会使沟通成为连续的过程。众所周知，语言沟通是具有明确的信息发送和信息接收的过程，在某一个特定时刻，只能有一个人说，另一个人听。如果听的一方不能给予有效的反馈，那么说的一方就变成了无聊地自言自语，沟通显然就会出现困难。沟通过程中，听的一方提供反馈的最有效途径，就是与说话者保持一定的目光接触，显示自己正在倾听对方说话。由于目光接触，说与听、听与说从间断的沟通过程成了连续的过程。

其次，目光接触可以实现情感交流。沟通中的目光接触，可以比语言更有效地交流情感。仅在接受的维度上，人们就可以通过目光接触表示好感、接纳、喜欢、爱意、眷恋等情感，在其他情感维度上同样如此。人们可以用眼神交流愉快、兴奋、激动、幸福的感受，可以用眼神传达失落、受挫、悲伤、绝望的情绪，也可以用眼神传递惊奇、拒绝、厌恶和恐惧的信息。

再次，目光接触可以直接调整和控制沟通者之间的相互作用水平。无论是从社会规范的角度，还是从个人体验的角度来看，人们都需要与关联程度不同的人保持适度的相互作用。相互作用过多或过少、沟通信息量过多或过少，都会引起不良的后果。这种后果可以是外部的，如遭受谴责或妨碍关系的良性发展；也可以是内部的，如使人感到不适或厌烦。因此，在人际沟通过程中，需要随时调整和控制沟通者之间的相互作用水平。调整和控制沟通者之间的相互作用水平的有效途径，就是改变目光接触的次数和每次目光接触的持续时间。这种沟通调整和控制，不受情境限制。在拥挤的电梯或者火车上，人们很难保持距离，甚至无法避免与别人的身体接触，但人们却可以调整和控制目光接触来控制与别人的相互作用水平。

最后，目光接触可以传达肯定或否定、提醒、监督等信息。人们在用目光表示肯定或否定的同时，常会轻微点头或摇头。单纯的头部运动是很难具有明确意思的，点头或摇头动作只有在目光接触的辅助下才能确切地表达沟通者对事情的肯定或否定的看法。

■微视频

非语言沟通分析

视野拓展

据一位有经验的海关检查人员介绍，他在检查过关人员已填好的报关表时，还要再问一问："还有什么东西要呈报没有？"这时，他的眼睛不是看着报关表，而是看着过关人员的眼睛，如果该人不敢正视他的眼睛，那么就表明该人在某些方面可能有情况，反之，通常就没什么问题。

二、表情

表情通常指面部表情。面部表情是另一个可以实现准确地进行信息沟通的非语言途径。人的面部有数十块肌肉，可以做出上百种不同的表情，准确地传达不同的内心情感。来自面部表情的信息，更容易为人们所觉察。由于表情肌的运动是主动的，人们可以随意控制，因而也会产生虚假表情。同目光一样，表情可以有效地表现肯定与否定、接纳与拒绝、积极与消极等各种维度的情感。由于表情可以随意控制，且表情的线索容易被觉察，所以它是十分有效的非语言沟通途径。人们可以通过表情来表达各种情感，也可以运用表情表达对别人的兴趣，以及对一件事情的理解程度。

某日，李鸿章带了三个人去拜见曾国藩，请曾国藩给他们分配职务。恰巧曾国藩散步去了，李鸿章示意那三个人在厅外等着，自己走到里面。不久，曾国藩散步回来了，李鸿章禀明来意，请曾国藩考察那三个人。曾国藩摇手笑言："不必了。面向厅门、站在左边的那位是忠厚之人，办事小心谨慎，让人放心，可派他做后勤供应一类的工作；中间那位是一个阳奉阴违、两面三刀的人，不值得信任，只宜分派他一些无足轻重的工作，担不得大任；右边那位是一个将才，可独当一面，将大有作为，应予重用。"

李鸿章很是惊奇，问："还没有用他们，大人您如何看出来的呢？"

曾国藩笑着说："刚才散步回来，我在厅外见到了这三个人。走过他们身边的时候，左边的那个态度温顺，目光低垂，拘谨有余，小心翼翼，可见是小心谨慎之人，因此适合做后勤供应类只需踏实肯干，不需要多少开创精神的事情。中间那位，表面上恭恭敬敬，可等我走后，就左顾右盼、神色不端，可见是个阳奉阴违、机巧狡猾之辈，断不可重用。右边那位，始终挺拔而立，气宇轩昂，目光凛凛，不卑不亢，是一位大将之才，将来成就不在你我之下。"曾国藩所指的那位大将之才，便是日后立下赫赫战功并官至台湾巡抚的淮军勇将刘铭传。

三、人际距离

人与人所保持的空间距离，直接反映着彼此接纳的程度。对这一现象的揭示，是心理学家在人体语言学研究上的一个重要贡献。心理学家发现，任何一个人都需要在自己的周围有一个可以把握的自我空间。虽然这个自我空间会随情境、单位空间内的人员密度、文化背景及个人性格等因素发生变化，但无论是谁，只要他处于清醒状态，都会有这种拥有自我空间的需要。

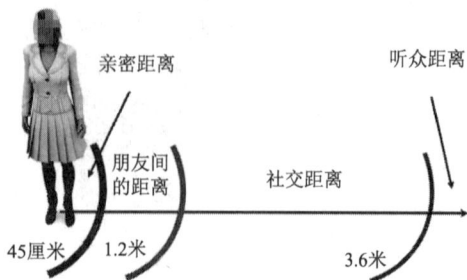

图5.1　霍尔人际距离示意

视野拓展

人类学家霍尔（1959）在其经典著作《无声的语言》中，将日常生活中人与人之间的空间距离分为四类，分别为：亲密距离约45厘米以内，朋友间的距离约45～120厘米，社交距离约1.2～3.6米，听众的距离常在3.6米以上（参见图5.1）。时间一长，每个人在某一情景下都会拥有自己固定的领域或空间。

　　一个人的自我空间只允许自己在心理上已经对其产生了安全感、在情感上已经将其接纳的人来分享。空间距离接近的容忍性与情感的接纳水平成正比例关系。情感的接纳水平越高，能够与别人分享的自我空间也越多，对空间距离接近的容忍性也越高。如果没有情感上的相应接纳，则闯入一个人的自我空间会被认为是严重侵犯，会使其感受到很大的压力并产生强烈的焦虑感。这种体验会迫使人们调整自己与别人的空间距离，直到重新有了完整的自我空间为止。

　　有这样一个例子，某研究中心主办一个讨论会，与会者都是气质儒雅的知名知识分子。但很快，讨论会的内容不再是讨论，而变成了相互排斥，甚至相互攻击。后来研究人员发现：会场的布置使与会者不能近距离地探讨观点，与会者隔着好几米的距离，发言者必须把每一句话都大声说出来，重重地抛给对方。这样，人们明显会产生一定的敌对情绪，无意中形成了他的观点、我的观点、我们的观点等不同的意识，并提高嗓门强调、捍卫自己的观点，也以同样的方式将自己的观点远远地抛给对方。大嗓门的陈述听起来是对抗、是挑战，所以讨论的气氛很快变成了自我捍卫和竭力反驳。第二次的讨论会改成了比较紧凑的圆桌会议，使人们能近距离、诚恳、充分地沟通，讨论会的气氛完全变成了另外一种样子。

　　沟通中空间位置的不同，会直接导致沟通者具有不同的影响力。心理学家泰勒（1975）等人发现，沟通情境中不同位置的作用是不一样的。有些位置对沟通的影响力较大，有些位置则影响力较小，而位居有利空间位置的人，对其他人会产生特殊的影响力。很多人都有体会，同样的发言，站到讲台上去讲和站在讲台下讲所起的作用是不同的。这是因为高高的讲台本身就具有某种权威性。在现实生活中，一个人在特定社会场合的空间位置直接与其社会身份和地位相联系。领导者、长辈、重要人物，会自然地被安排于社交场合的重要位置，而其他人在目光和姿势上，会将这一位置当成特定场合的注意中心；社交场合越正式，人的空间位置划分也就越严格。

视野拓展

　　据研究，在西方国家，感情较好的夫妇经常处在亲密距离之内进行交流；如果他们的婚姻出现问题，双方的沟通是在朋友间的距离内进行的；当他们协议离婚时，他们的沟通则是在社交距离内进行的。

四、身体运动与身体接触

　　身体运动是最容易被觉察的一种身体语言，因为身体运动最容易引起人们的注意。身体运动语言与人们日常生活的关系是很密切的，如听力和语言障碍者借助手语实现与别人的沟通。

　　第二次世界大战期间，英国首相丘吉尔发明了"V"形手势，这个手势成了世界上广为运用的代表胜利的手势。"V"是英文单词"Victory"（胜利）的首字母，中指与食指分开竖起，就成了"V"字。

　　每个人都可以列出自己习惯使用的身体运动语言清单。心理学家研究发现，人们通常使用的身体运动语言及其意义如表5.1所示。

　　手势是谈话的工具，是身体语言的主要形式。在身体运动语言中，手势使用频率最高，形式变化最多，因而表现力和感染力也最强。根据表达的思想内容，手势可分为情意手势、指示手势、象形手势与象征手势等。这些手势运用恰当会产生极大反响。例如，领导在发表重要讲话时，常常配以适当的手势，以增加话语的感染力和号召力。

表 5.1　身体运动语言及其意义

身体运动语言	意义
摆手	制止或否定
手外推	拒绝
双手外摊	无可奈何
双臂外展	阻拦
挠头皮或脖子	困惑
搓手或拽衣领	紧张
拍脑袋	自责
耸肩	不以为然或无可奈何

📖 案例赏析

不能说话的业务代表

一家汽车公司想要选用一种布料装饰汽车内部。有三家公司提供样品供汽车公司选用。汽车公司董事会在经过研究后，请三家公司一起来公司做最后的说明，然后决定与谁签约。其中一家公司的业务代表患有严重的喉炎，无法流利地讲话，只能由该公司的董事长代为说明。在介绍了产品的优点、特点后，汽车公司有关人员纷纷表示意见，董事长代为回答。而患有喉炎的业务代表则以微笑、点头等各种动作来表达谢意。结果，他博得了大家的好感。在会谈结束后，这位不能说话的业务代表居然获得了总金额为 1 600 万元的订单，这是他有生以来获得的最大的一笔订单。

【案例简析】 业务员不能说话，但是其肢体语言，如点头、微笑、鞠躬答谢，表达了他的谦恭与感谢，反而避免了侃侃而谈可能带来的消极后果。同时，董事长代为讲话，在某种程度上有一种暗示：这笔生意已经非他莫属。

五、姿势

在日常生活中，人们经常使用身体姿势进行沟通。在需要表示对别人尊敬的情境中，如与上级谈话时，坐姿要规范：腰板挺直，身体稍稍前倾；有些人则干脆正襟危坐。如果对别人的谈话不耐烦，则身体就会后仰，全身肌肉的紧张程度会明显降低。无论什么人在讲话，只要看一眼听者的姿势，通常就能知道他的讲话是否吸引听众。

📖 视野拓展
站姿透露的情绪与想法

心理学家萨宾（1954）的研究表明，姿势在沟通方面有着广泛的适用范围，有些姿势是世界性的沟通语言。在西方的电影中有用身体姿势表示欣赏、理解、困惑、接纳、拒绝、傲视、防卫、敌对等不同情绪，我们在看这些电影时也能完全理解其意义。同样，我国的绘画艺术、电影和电视作品中的各种姿势，也可以被来自其他文化背景的人理解。

需要说明的是，在人际交往的过程中运用身体姿势表达信息，往往是一个无意识的过程，而不是有意为之。即使是很有经验的人，全力投入交往的时候，其身体姿势往往也会不由自主地表露其内心的真实状态。

👐 课堂互动

快乐传话

要求： 五六位同学为一组，站成一排，所有人都背对组织者。组织者首先让第一位同学转过身来，然后给他一个词或句子，由他表演给下一位同学看。以此类推，看看最后一位同学与第一位同学所表达的意思有怎样的区别。

六、装饰

装饰所起的沟通作用是自然发生的。人们的装饰，从发型、服饰、妆容到所携带的物品，都在透露与其相关的信息。

对于许多特殊的情境，人们会注重选择服装来实现沟通的目的。一个人参加重要的社交聚会、外出演讲、洽谈生意、求职应聘时，会注意选择自己的服装，以使服装起到展示自己形象的作用。俗话说，"人靠衣装马靠鞍"，服装在人们日常生活中的重要性可想而知。

心理学家研究发现，服装不仅在人际沟通方面有展示自我的作用，而且在个人内部沟通方面也有改变个人自我概念的功能。不同的服装会向个体自身发出不同的信息，改变个体的自我感觉。心理学家曾经做过实验，考察同一群人穿着不同服装时的自我感觉。结果发现，如果人们的穿着较为高级，则人们的自尊感会得到提升，更相信自己的能力，相信自己能够给别人留下良好印象。如果穿着较为普通或寒酸，而其他人穿戴得很高级，则其自尊感会明显下降，此时他们会怀疑自己的能力，怀疑别人对自己的判断。

视野拓展

服装的色彩也会说话

两名康奈尔大学心理学家的研究显示，身着黑色球衣会使足球运动员或曲棍球运动员在赛场上的表现看上去更为野蛮。

1970—1986 年，美国足球联盟的 28 支球队所受处罚的记录表明，12 个受处罚最多的球队中，有 5 个球队的球衣以黑色为主色调。同样，这 17 年间美国曲棍球联盟 3 个受处罚最多的球队队员也身着黑色球衣。

上面的发现促使心理学家对黑色衣着进行了一系列实验。他们将两盘足球比赛的录像带放给由球迷和裁判员组成的小组观看。一盘录像带中，防守者身穿黑色球衣；另一盘中，防守者穿白色球衣。观众认为虽然动作相同，但身穿黑色球衣的防守者比身穿白色球衣的更具攻击性。心理学家推测：黑色着装的人往往给人以更具攻击性或更野蛮的感觉，而黑色着装的人也往往会变得更具攻击性。

案例阅读与思考

不修边幅的小李

小李在业务人员中学历最高，人也勤快，领导对他抱有很大期望。可是小李做销售代表半年多了，业绩却总上不去。问题出在哪儿呢？经过观察，领导发现小李是一个不修边幅的人：双手的小指和食指喜欢留长指甲，里面经常藏着很多"东西"；白衣领经常是酱黑色的；有时候手上还写着电话号码；喜欢吃大饼卷葱，吃完后也不去除嘴里的异味。还有客户反映小李喜欢抢话，经常没听懂或没听完客户的意见就急着发表看法；小李有时说话急促，风风火火的，好像每天都忙忙碌碌，少有停下来的时候。

思考与讨论：（1）从非语言沟通的角度分析小李在给人们传递什么样的信息；（2）从非语言沟通的角度思考小李该如何改进。

七、语调

人讲话的声音就像乐器弹奏出的音乐，语调就像音乐的声调。听客户的语调，商务人员就可以知道其心情及他要表达的内容；反之，客户也可以通过商务人员的语调来判断其服务是否用心。像音乐家练习曲子一样，商务工作者需要注意自己的语气和语调，如果运用不恰当，有时会令客户不满意。

句子中某个词或某组词的重音不同表示的含义就不同，如下所示。

"我知道你会亲自来谈判。"（"我"重读，表示别人不知道你会亲自来谈判）

"我知道你会亲自来谈判。"（"知道"重读，表示不要瞒我了）

"我知道你会亲自来谈判。"（"你"重读，表示别人会不会来谈判我不知道）

"我知道你会亲自来谈判。"（"会"重读，表示强调肯定）

"我知道你会亲自来谈判。"（"亲自"重读，表示你不会让别人替你做这一件事）

"我知道你会亲自来谈判。"（"谈判"重读，表示知道你会来做谈判这一件事，而不是别的事情）

语调由语速、音强、音量、态度和音调等因素组成，平时针对这些因素多加练习才能养成好的习惯。

意大利著名悲剧演员罗西有一次应邀参加一个欢迎外宾的宴会。席间，许多客人请求他表演一段悲剧，于是他用意大利语念了一段"台词"。尽管客人听不懂他的"台词"内容，然而他那动情的声调和凄凉悲怆的表情，使大家不由得流下同情的泪水。席间一位意大利人却忍俊不禁，跑出会场大笑不止。原来，这位悲剧演员念的根本不是什么台词，而是宴席上的菜单。

知识巩固与技能训练

一、思考与讨论

1. 请用实例谈谈听和倾听的区别。

2. 提问的艺术有哪些？

3. 回应应关注哪些方面？

4. 请谈谈商务谈判中应对洽谈对象反应的艺术。

5. 介绍一些普通的、具体的非语言沟通的表现形式。

二、活动与演练

模拟商务谈判磋商。

目标：掌握讨价还价、让步的策略和技巧，处理僵局的技巧，语言运用的技巧。

步骤：任务布置→任务实施→任务完成→任务考核。

内容与要求：

（1）学习小组结对，分别扮演买方企业与卖方企业；

（2）每两个模拟企业互为谈判对手，分配买方任务和卖方任务；

（3）开局后，买卖双方在融洽友好的气氛中就各项交易条件展开磋商；

（4）买卖双方围绕价格，运用相关谈判策略展开磋商；

（5）买卖双方就合同中其他交易事项展开磋商。

成果形式：填写任务表（见表 5.2），完成模拟商务谈判磋商过程。

表 5.2　模拟商务谈判磋商任务表

角色扮演	任务	完成情况
主方谈判小组	方案、计划的调整与执行	
	磋商的战术、策略运用	
	让步的方式和梯度设置	
	打破僵局的策略	
	答复、拒绝等语言艺术运用的技巧	
	磋商的场景演练	

续表

角色扮演	任务	完成情况
客方谈判小组	方案、计划的调整与执行	
	磋商的战术、策略运用	
	让步的方式和梯度设置	
	打破僵局的策略	
	答复、拒绝等语言艺术运用的技巧	
	磋商的场景演练	

三、案例分析

买方审阅了卖方一个报价单后说："我看了你们的报价，在研究成交细节前，你能否更完整地解释一下，价格上涨了50%，是用什么方法计算出来的？"这是一个很难应付的试探，答不好，可能为买方压价提供许多的攻击点，而这正是买方提问的动机所在。

思考与讨论：如果你遇到这种事情，你认为可以如何妥当地回答？

第六章
Chapter 6
商务谈判中的礼仪与道德伦理

📖 **学习目标**

　　能描述商务谈判中礼仪的重要性；能应用商务谈判的个人礼仪、社交礼仪与商务谈判相关活动的礼仪；能辨别谈判中出现的有违道德伦理的行为；能设计应对对方欺骗的策略；能运用正确道德观下的正确谈判技巧。

📎 **导入案例**

　　一位企业家对竞争对手拥有的一家公司很感兴趣，想要收购它。可是，竞争对手并没有卖掉公司或者与别的公司合并的意愿。为了获得竞争对手公司的内情，这位企业家雇用了一位熟悉竞争对手的顾问，让他想办法从对手公司那里打探公司近况。如果对手公司遇到了严重威胁公司生存的问题，这位企业家就能利用这些信息来挖走对方的员工或者想出一些办法来逼迫对手卖掉公司。

　　思考与讨论：这种做法道德吗？如果你是这位企业家，你会这样做吗？

第一节　礼仪在商务谈判中的作用

　　孔子说："不学礼，无以立。"这句话说的就是人不懂礼仪文化就无法立身处世。历史发展到今天，礼仪文化不但没有随着市场经济和科技的发展而被抛弃，反而更加受到人们的重视。

　　商务礼仪源于一般礼仪，其实质是商务交往中应该遵守的交往艺术，它是无声的语言，是体现商务人员素质与企业形象的重要标准。商务礼仪具体表现为礼貌、礼节、仪表、仪式等。

🤔 **案例阅读与思考**

舞会上的礼仪

　　在一次商务活动的社交舞会上，A男士看准了他的营销对象——某公司老总的夫人。于是，A男士急步走到夫人面前，微笑着弯腰90度，双手放在膝盖上，毕恭毕敬地低着头说："我可以请您跳舞吗？"夫人望了望身边的丈夫，停顿片刻说："对不起，我累了……"过了一会儿，又来了一位B男士，姿态端庄地微笑着，彬彬有礼地走到夫人面前说："夫人，您好！"然后又转向夫人的丈夫，友好地说："您好！先生，我可以邀请您的夫人跳一支舞吗？"这位公司老总微笑着看了看夫人说："你请便吧。"然后B男士转向夫人，同时掌心向上伸出右手，手指向舞池并说："我可以请您跳舞吗？"夫人欣然同意，两人共同步入了舞池……

　　思考与讨论：（1）你觉得A男士和B男士的礼仪如何？（2）你觉得公司老总和夫人的礼仪如何？（3）在沟通礼仪中，你觉得自己最接近上面哪一位人士的做法？

商务礼仪在商务谈判中的作用主要有以下几点。

一、能塑造良好的个人形象

商务礼仪与个人形象密切相关，用商务礼仪规范个人的仪容仪表、言谈举止是展示良好个人形象的有效途径。

一次形象设计的调查结果显示，有76%的人会根据外表判断他人，有60%的人认为外表和服装反映了一个人的社会地位。

（1）给人留下良好的第一印象。第一印象主要是由人的相貌、仪表和言谈举止等方面综合形成的。第一印象在商务谈判中起着重要作用，会直接影响商务谈判的进程。

（2）展示良好的个人素养与风度。美丽的容颜、矫健的身姿和华丽的服饰等，都是表象的东西，是一个人的外在美；而只有将外在美与内在美结合起来，才更有素养与风度。商务礼仪正是衡量商务人员素养与风度的一把标尺，它要求商务人员讲究礼貌、仪表整洁、敬老敬贤、礼让他人等，以展示良好的个人素养与风度。

案例阅读与思考

活泼可爱的女职员

某公司一位女职员，她有很好的学历背景，常为客户提供很好的建议，在公司里的表现一直很出色。但当她到客户的公司提供服务时，对方主管却不太重视她的建议，她发挥才能的机会也就不大了。一位时装设计师了解了她的情况：她29岁，身高156厘米，体重49千克；在着装方面，她爱穿牛仔裤、旅游鞋，束马尾辫，常背一个双肩书包，充满活力，看起来机敏可爱，像个小女孩。时装设计师建议她在外形方面做出改变，并且给出了具体建议。女职员照办了，结果，客户的态度有了较大的转变。后来她成为公司的董事之一。

思考与讨论：（1）女职员为什么在为客户服务时得不到对方主管的重视？（2）你认为时装设计师给女职员的建议有哪些？为什么？（讨论完之后向老师询问参考答案，看看参考答案与你们的讨论的异同）

二、能塑造良好的企业形象

塑造企业形象是指通过得体而诚挚的商务谈判、宴请和馈赠等活动，为企业树立高效率、讲信誉、重礼仪、善待商业伙伴的良好形象。礼仪是企业文化、企业精神的重要内容，是塑造企业形象的重要工具。企业最终要通过员工的言谈举止来表现企业形象。商务礼仪更多的是通过形式规范的礼仪来表现企业员工的素质，从而体现该企业的整体素质和形象。无论是领导者还是员工，都应有强烈的形象意识，良好的形象可以给组织带来巨大的经济效益。

美国纽约州立大学曾对《财富》前1 000名公司的执行总裁做过调研，结果显示，这些总裁普遍认为如果公司员工能展示给客户良好的形象，公司可以从中受益。员工的形象往往代表公司的形象，公司的形象直接影响着公司的效益，因此保持优秀的公司形象是管理者努力争取的目标之一。

三、具有较强的沟通作用

商务谈判是一种双向交往活动，交往的成功与否，首先取决于沟通效果的好坏，或者说是否取得对方的理解和认可。商务谈判实质上是一种交际活动，由于双方的文化背景、观点往往是不同的，商务谈判的沟通往往不是那么容易的，而且经常会产生误解。商务人员学习和掌握商务礼仪，有助于交往双方的顺利交流和沟通，有助于双方相互理解和认可，从而使商务谈判顺利进行。

四、具有协调关系的作用

当遇到沟通不畅、谈判不顺等问题，如果处理不当，就会激化矛盾或导致小事变大事，影响商务谈判的正常进行，甚至会破坏企业的形象。而通过一定的商务礼仪的巧妙应用，则有助于化解矛盾、消除分歧、相互理解、达成谅解，缓和紧张的关系，从而妥善地解决纠纷。在这里，商务礼仪是一座桥梁，同时还能起到润滑剂的作用。

案例阅读与思考

礼仪的作用

日本有一家叫木村事务所的企业想扩建厂房，欲购买一块近郊的土地。董事长木村前后多次上门，费尽口舌，但该土地的所有者——一位老太太，无论他们如何谈，她都不卖。一个下雪天，老太太进城购物时顺便来到木村事务所，她本想告诉木村先生死了这份心。老太太推门刚要进去，突然犹豫起来，原来屋内整洁、干净，而她脚下的木屐沾满雪水，肮脏不堪。正当老人欲进又退之时，一位年轻的女职员出现在老人面前："欢迎光临！"这位女职员看到老太太的窘态，马上回屋想为她找一双拖鞋，不巧正好没有了，她便毫不犹豫地把自己的拖鞋脱下来，整齐地放在老人脚前，笑着说："很抱歉，请穿这个好吗？"老太太犹豫了："你不在乎脚冷？""别客气，请穿吧！我没有什么关系。"等老人换好鞋后，这位女职员才问道："夫人，请问我能为您做些什么？""哦，我要找木村先生。""他在楼上，我带您去。"这位女职员就像女儿扶母亲那样，小心翼翼地把老太太扶上楼。于是，老人就在要踏进木村办公室的一瞬间改变了主意，决定把地卖给木村事务所。那位老人后来告诉木村先生："在我漫长的一生中，我遇到的大多数人都是冷酷的。我也去过其他几家想买我土地的公司，他们的接待人员没有一个像你这里的职员这么好。真的，我不缺钱花，我不是为了钱才卖地的。"就这样，一个大企业家倾其全力交涉半年也没有谈成的事情，因为一个女职员有礼而亲切的举动无意促成了，真是奇妙至极。

思考与讨论：上述案例体现了哪些优秀的商务礼仪，以及商务礼仪在谈判中的哪些作用？

第二节　商务谈判的个人礼仪

在谈判过程中，谈判双方必须遵守一定的礼仪规范，这样才有利于形成和谐统一的谈判进程，并体现出谈判人员的修养、素质。

个人礼仪是商务谈判礼仪的基础，主要包括仪容、服饰和仪态等礼仪，它反映一个人的基本修养，关系到个人和所在单位的形象。

一、仪容礼仪

仪容礼仪主要包含以下几个部分。

1. 脸部

脸：洁净；女性施粉适度，不留痕迹。
眼睛：无眼屎，无睡意，不充血，不斜视；眼镜端正、洁净明亮；室内不戴墨镜或有色眼镜。
耳朵：内外干净，无耳屎。

鼻子：鼻孔干净，不流鼻涕，鼻毛不外露。

下巴：如留须，建议留型，但最好不留长胡子，一般不宜留八字胡或其他怪状胡子。

嘴：牙齿整齐洁白，口中无异味，嘴角无泡沫，会客时不嚼口香糖等食物；女性不用深色或艳丽口红。

2. 头发

洁净，整齐，无头屑，不粘连，无异味，不做奇异发型；男性不留长发，女性不用华丽头饰。

3. 手

洁净，无汗渍，无异味，保持手部皮肤柔软光洁；指甲整齐，不留长指甲，指甲内部不能有污垢，不戴结婚戒指以外的戒指。

二、服饰礼仪

古今中外，服饰都体现着一种社会文化，体现着一个人的文化修养和审美情趣，是一个人的身份、气质、内在素质的无言的介绍信。在不同场合，穿着得体、适度的人，会给人留下良好的印象；而穿着不当，则会降低人的身份，损害自身的形象。在商务谈判活动中，谈判人员着装要严肃、庄重和大方。一般来讲，选择正装时可入乡随俗选择对方习惯的正装，或选择国际通行的西装。

（一）西装的穿着

西装以其造型设计美观、线条简洁流畅、立体感强、适应性广泛等特点而越来越深受人们青睐，尤其是在重要的商务和政务场合中，几乎成为世界性通用的服装，可谓男女老少皆宜。西装的穿着和搭配是很有讲究的。

1. 西装

在商务谈判活动中，最好选择以深色调为主、无明显图案但面料高档的单色西装。西装的整体协调很重要，要使西装与人的身份、年龄、性格，以及场合、季节等相吻合，要使西装、衬衫、领带、皮鞋、袜子等相互协调。男士的西装一般有单排扣和双排扣之分。双排扣西装，通常情况下纽扣全部扣好。单排扣西装，一粒扣的，扣子应系上；两粒扣的，只系上面一粒；三粒扣的，系上面两粒或只系中间一粒，不能全系。

2. 衬衫

商务谈判人员应尽量选择属于正装的长袖衬衫。衬衫领口的大小要根据脖子的粗细选择，以扣上时能伸进两个手指为宜，内衣也不要穿太多，穿得过分臃肿会破坏西装的整体线条美。正式场合男士不宜穿色彩鲜艳的格子或花色衬衫。西装的袖长以能到手腕为宜，衬衫的袖长应比西装袖口长出 1～2 厘米，衬衫的领口也应高出西装领口 1～2 厘米。衬衫的下摆要均匀地掖进裤腰中。

3. 领带

在正式场合穿西装必须打领带，其他场合不一定都要打领带。打领带时，衬衫领口的纽扣必须系好；不打领带时，衬衫领口的纽扣应解开。西装、衬衫和领带是同一色系时，要求衬衫颜色最浅，领带的颜色最深。系领带时，领带的长度以触及皮带扣为宜，领带夹戴在衬衫第二、三粒纽扣之间。

4. 鞋袜

穿着西装时推荐配以黑色皮鞋，并保持鞋面整洁，不允许穿运动鞋、凉鞋或布鞋。穿深色西装时不要穿白袜子和尼龙袜，推荐选择纯棉、纯毛制品，以深色、单色为宜，以与西装同色为宜。

5. 西装穿着的注意事项

西装袖口的商标应摘掉，否则不符合西装穿着规范，高雅场合会让人笑话。西装的口袋往往只是装饰性的作用，里面一般不要放置物品。穿着西装要讲究"三色"原则，即全身颜色不能多于三种，其中同一色系中深浅不同的颜色算一种颜色。皮鞋、腰带和公文包要同一颜色，腰部不要挂东西。

（二）西装套裙的穿着

西装套裙能体现女性的秀美和端庄，是女士参加商务谈判场合的推荐选择。

1. 套裙

套裙应选择质地匀称、平整、光洁、柔软、挺括的上乘面料，并且弹性好、不起褶皱，推荐选择素色面料。在选择丝、麻、棉等薄型面料或浅色面料的套裙时，必须加一条衬裙。套裙应上下颜色搭配，可选择淡雅、庄重的颜色，以冷色调为宜，以体现商务女士的端庄和稳重。女士在穿着套裙时对于上装和裙子的长短有严格的要求，不宜过长和过短。上装最短以向上伸出手臂不露出裙腰为限，最长可以盖住臀部；裙子最短不能短于膝上 10 厘米，最长不能长于小腿中部，较适合的长度是膝上 5 厘米。

2. 鞋袜

穿着套裙时，应当搭配黑色或白色的高跟或半高跟皮鞋，也可以选择与套装同色的皮鞋。穿着套裙应当搭配肉色的高筒袜或连裤袜，不能搭配色彩艳丽的袜子，也不能选择中、低筒袜，以免出现三截腿现象。

📖视野拓展

着装的 TPO 原则

TPO 是英文 Time、Place、Object 三个词首字母的组合。T 代表时间、季节、时令、时代；P 代表地点、场合、职位；O 代表目的、对象。着装的 TPO 原则是世界通行的着装打扮的最基本的原则，它要求人们的着装要与时间、时令、时代相吻合，要与所处的场合、环境相吻合，要与个人身份、年龄、职业、肤色、体形等相吻合。总之，着装最基本的原则是力求和谐，体现和谐美。

（三）饰物礼仪

饰物指对服装起修饰作用的与服装搭配的其他物品，主要有领带、胸针、帽子、丝巾、首饰、手提包、手套等。在商务谈判活动中，饰物要与自身特点和着装巧妙搭配、整体协调，以衬托仪表，体现个性。佩戴的饰品不可太多、太豪华，全身饰品不得多于三件，要真正起到点缀的作用，展示谈判人员内在的气质和高雅的品位。总之，饰物的选用也应遵循 TPO 原则，重要的是以和谐为美。

饰物主要用于女士，但是女士在佩戴饰物时，要注意两类饰物最好不戴：一是贵重的珠宝饰物，这与商务谈判人员身份不符合；二是过分展示性别魅力的首饰，如胸针、脚链等，这会分散对方的注意力。男士饰物一定不宜太多。太多则会少了阳刚之气和潇洒之美。一条领带、一枚领带夹，某些特殊场合，在西装上衣胸前口袋上配一块装饰手帕就够了。男士在带公文包时，注意公文包与皮鞋的颜色要相近。

三、仪态礼仪

仪态礼仪常常指站姿、坐姿、走姿、手势、目光等方面的礼仪。

1. 站姿

优美挺拔的站姿能够显示个人的自信、气质和风度，给他人留下美好的印象。正确的站姿是昂首、挺胸、收腹，双手自然下垂，双脚与肩同宽，脚尖成外八字。应注意避免不良的站姿：一是身体东倒西歪，驼背弓腰，眼睛斜视；二是双腿随意乱动，双臂随意摆动；三是双手叉在腰间或交叉环抱在胸前，盛气凌人；四是双手插在口袋里，玩弄小物品。

2. 坐姿

端庄典雅的坐姿可以展现商务谈判人员的气质和良好的修养。正确的就座要点是轻入席、雅落座、慢离身。轻入席是指先将椅子轻轻地移到欲就座处，然后从椅子的左边入座。女士应用手把裙子向前拢一下。入座时声音要轻，动作要柔和。应注意在地位高者未坐定之前不宜先就座。落座时要文雅，面带微笑，脊背要和椅背有一拳左右的距离。在正式场合或有地位较高的人在座时不要坐满座位，一般只占座位的 2/3。脊背要直，挺胸收腹，上身正直，抬头，目视前方，双肩持平，略向后展，双手放于膝上或扶手上，双膝、双脚并拢，双腿不能过于前伸，也不能过于后展，更不能腿脚摇晃。离座时要轻轻起身，从椅子的左侧离座。

3. 走姿

商务谈判人员的行走应从容稳健，这样可以增强自信，使谈判对象产生信任感。在行进中，保持目视前方，上身正直不动，两肩持平不能随意晃动，两臂自然协调摆动。两腿伸直但不僵硬，膝关节与脚尖正对前进方向，步幅均匀。切忌两脚尖向内或向外歪，大摇大摆，摇头晃肩，双手或单手插兜等不良姿势。

4. 手势

手势是常用的体态语言。谈判人员要能够恰当地运用手势来表达真情实意。含蓄、彬彬有礼、优雅自如的手势，会强化口头语言的效果，促进谈判的顺利开展。

介绍某人或给对方指示方向时，应掌心向上，四指并拢，拇指张开，以肘关节为轴，前臂自然上抬伸直；指示方向时上身稍向前倾，面带微笑，自己的眼睛看着目标方向并兼顾对方是否意会到目标。向远距离的人打招呼时，伸出右手，右胳膊伸直高举，掌心朝着对方，轻轻摆动，不可向上级和长辈招手。应避免出现的手势有：搔头发、掏耳朵、抠鼻孔、剔牙、咬指甲、挖眼屎、搓泥垢、修指甲、揉衣角、用手指在桌上乱画、玩手中的笔或其他工具，等等。切不可用手指指人、乱做手势或指指点点。

5. 目光

目光是由眼神和视线组成的。在商务谈判中，眼神要平和热情，视线要平视，目光注视对方的正确做法是将目光注视范围控制在对方胸部以上、额头以下部位，这样既显真诚，又不会使对方不自在。在正常情况下，视线接触对方脸部的时间应占全部谈话时间的30%～60%，超过或不足都不合适。同时，要正确把握对视的时机，对视一般视交谈内容而定。当强调某一问题与恳请对方时，或当对方注视自己发出交流信号时，可与对方对视。目光注视对方时要慎用瞪与盯，勿斜视或东张西望，避免让人觉得自己心不在焉，甚至误解为是不礼貌的行为。

第三节　商务谈判的社交礼仪

　　商务谈判是一种社交活动，谈判各方从最初见面到最后成交，为了树立自身良好的形象、营造良好的谈判氛围，必须遵守商务谈判过程的社交礼仪。同时也要注意，下面介绍的社交礼仪通常遵循我国习俗，或者遵照国际惯例，如果在一些地区遇到不同的礼仪习惯，属于正常现象，通常的应对方式是入乡随俗，应该依据当地的习俗行事。

一、迎送礼仪

　　迎来送往是常见的社交礼仪之一。在商务交往中，对来访的客人，通常都要视对方的身份和访问性质等因素安排相应的迎送活动。对应邀前来的访问者，无论对方身份如何，在他们抵离时，均应安排相应身份人员前往抵达和离开地点迎送。这就需要遵守一定的规格和标准。

1. 确定迎送规格

　　确定迎送规格，主要依据来访者的身份和访问目的，适当考虑双方的关系，同时要注意惯例，综合平衡，确定哪一级人员出面迎送。

　　谈判是平等的沟通，根据惯例，主要的迎送人员通常要与客人的身份相当，同客人对口、对等为宜。但实际中由于各种原因，往往做不到完全对等。如果遇到特殊情况，如当事人不在当地、身体不适等不能出面时，则可以由职位相当的人员或副职人员出面迎送。同时，应主动向对方做出解释并真诚地表示歉意。如果事关重大，如双方准备建立长期业务关系或进行重要交易的谈判中，安排规格较高的迎送也是可以的。但是，要注意，一方面要正确表明己方的态度，不要因此而使对方轻视己方；另一方面不要给其他同等人员留下厚此薄彼的印象。

2. 掌握抵达和离开的时间

　　为顺利迎送客人，迎送人员应该准确掌握客人乘坐交通工具的抵离时间。由于天气变化等意外原因，飞机、火车、船舶可能不准时，迎接人员应在客人抵达之前到达机场、车站、码头，不能出现让客人等候的现象。如果安排献花，则花束要整洁、鲜艳，并且献花者通常为儿童或年轻女性。献花应安排在迎接的主要领导人与客人握手之后。送行人员应在客人启程之前到达，如有欢送仪式，应在欢送仪式之前到达，直到客人乘坐的交通工具看不见时离去。

3. 迎送工作中的具体事务

　　首先，如果被迎送者是身份高的客人，则应该事先在机场（或车站、码头）安排贵宾休息室，并准备饮料等其他必需物品。

　　其次，安排车辆，预订食宿。如果条件允许，在客人到达之前可以将车辆和房间号码通知客人，也可将房间和车辆安排表打印出来，在客人到达时及时发到每个人手中，或通过对方的联络秘书转达。这样既可避免混乱，又可以使客人心中有数，主动配合。

　　最后，指派专人协助办理出入境手续以及行李提取或托运等事宜。如果对方是重要的代表团，由于人数众多，行李也会较多，这时应先将主要客人的行李取出（最好请对方派人配合），及时送往住处，以便更衣。另外，客人抵达住处后，一般不要马上安排活动，应让对方稍作休息，至少给对方留下更衣时间。

二、会见礼仪

会见是谈判过程中给对方留下良好印象的重要机会，商务谈判人员对见面的礼仪规范应予以特别的重视。

（一）称呼

称呼也叫作称谓，即在与对方谈话前所使用的用以表示彼此身份与关系的名称。在商务谈判过程中，选择正确、适当的称呼能够反映自身的修养和对对方的尊敬。

1. 正式称呼

在商务谈判过程中，正式的称呼有三种。

（1）行政职务。可以只称呼职务，如董事长、总经理、主任等；也可以在职务前面加上姓氏，如王董事长、张总经理、李主任等。

（2）技术职称。可以只称呼职称，如工程师、会计师等；也可在职称前加上姓氏，如王工程师、张会计师等。

（3）泛尊称。一般对男子称"先生"，对女子称"夫人""女士"，这些称呼均可以冠以姓氏、职称和职务等。在我国，对德高望重的女士，有时也称"先生"。对年纪较大的人，习惯上不直呼其名，而应称"×先生""×老"等，以示特别尊重。

2. 称呼顺序

与多人见面打招呼时，称呼对方应遵循先上级后下级、先长辈后晚辈、先女士后男士、先疏后亲的顺序，这样做比较礼貌、得体和周到。

（二）介绍

介绍是双方谈判人员见面时相互认识的重要环节，是谈判活动的起点，因此，商务谈判人员要重视介绍礼仪。

1. 自我介绍

自我介绍是指主动向他人介绍自己或应他人的请求对自己做介绍。介绍自己时要不卑不亢，面带微笑，陈述要简洁清楚。在商务谈判活动中，应首先问候对方，然后介绍自己所在企业的名称、自己的姓名和身份，并表达出希望和对方结识的意愿，如，"您好！很高兴认识您！我是××公司××部经理，我叫×××。请多关照！"

2. 介绍他人

介绍他人是指为彼此素不相识的双方相互介绍、引见。在商务谈判活动中，通常由双方的谈判负责人充当介绍人，如果双方负责人互不认识，也可以由中间人或礼宾进行介绍。介绍他人时，要将被介绍人的姓名、身份、单位（国家）等情况做简要说明，更详细的内容根据被介绍人的意愿去介绍。同时，要有礼貌地以手示意，正确的手势是：四指并拢，拇指张开，手心朝上，手指向被介绍者。切记不要用手指指点被介绍者。

介绍他人有先后之别，要注意介绍的顺序，一般的介绍顺序是：把职务、身份较低的先介绍给职务、身份较高的，把年纪轻的先介绍给年纪大的，把男士先介绍给女士，把客人先介绍给主人。在正式场合介绍某一方时，要按照一定的顺序介绍，先后顺序的原则是：职务高者、长者、女士享有优先知情权。被介绍时，除女士和年长者外，一般应起立面向对方；但在宴会桌或会谈桌上可不必起立，被介绍者只要微笑点头有所表示即可。

（三）握手

握手是会见中常用的见面礼节，在全世界被广泛地使用。人们在相互介绍和会见时握手，在谈判成功和告别时也以握手为礼。

握手的力量、姿势和时间长短往往能表现出一方对另一方的态度，影响谈判的成功。在问候之后或互致问候之时，双方各自伸出自己的右手，彼此之间保持一步的距离，手掌略向前下方伸出，四指并拢，拇指张开，手臂弯曲，与对方相握。握手时间不宜超过 3 秒，用力要适度，上下抖动 3~5 下，不要左右摇晃。同时，还要注意上身稍向前倾，头略低一些，双目注视对方微笑致意，不要看着第三者握手。男士与女士握手时，往往只握一下女士的手指部分。

握手也有先后顺序，应由主人、身份高者、年长者、女士先伸手，客人、年轻者、身份低者、男士见面先问候，待对方伸手再握。握手顺序的原则是：身份高者、年长者、女士享有优先选择权。年轻者对年长者，身份低者对身份高者还应稍稍欠身，双手握住对方的手，以示尊敬。多人同时握手致意不要交叉，待别人握完再伸手。男士在握手前应先脱下手套摘下帽子；女士身着礼服礼帽时，与他人握手可以不摘下手套。军人戴军帽与对方握手时，应先行举手礼，然后再握手。

此外，某些国家还有一些传统的见面礼节起着握手的作用，如东南亚某些国家是双手合十致意，日本是行鞠躬礼，我国旧时传统是抱拳。对这些礼节应有所了解，在一定场合也可使用。在西方，亲人、熟人之间见面多是拥抱、亲脸、贴面颊等，夫妻之间是拥抱吻，父母与子女之间是亲脸、亲额头，兄弟姐妹等平辈的亲友之间是贴面颊；一般在公共场合，关系亲近的妇女之间是亲脸，男子之间是抱肩拥抱，男女之间是贴面颊，长辈对晚辈一般亲额头，男士对尊贵的女宾往往亲一下手背（手指）以示尊敬；在一些欢迎、祝贺或感谢的隆重场合，在官方或民间的仪式中，也有拥抱的礼节，有时是热情友好的拥抱，有时则纯属礼节性的拥抱。这种礼节，一般是两人相对而立，上身稍向前倾，右臂偏上，左臂偏下，右手环拥对方左肩部位，左手环拥对方右腰部位，按各自的方位，彼此头部及上身向左相互拥抱，然后再向右拥抱一次，最后再向左拥抱一次，礼毕。

（四）名片

虽然微信、QQ 等即时通信软件的盛行在一定程度上弱化了名片的使用，但是在商务场合，名片依旧是一种重要的自我介绍的工具。双方初次见面常常互换名片。同时，名片也是身份和地位的象征，能够体现出一个人的尊严、价值和修养。

1. 名片的递送

首先要把自己的名片准备好，整齐地放在名片夹或盒中，要放在易于掏出的口袋或皮包里，最好是单独存放，不要把自己的名片和他人的名片或其他杂物混在一起，以免掏名片时手忙脚乱或掏错名片。递送名片要注意顺序，地位较低的人、年轻人或是客人要先递出名片。如果对方的人较多，应先与主人或地位较高的人交换。递送名片时最好站起来，手指并拢，将名片放在掌上，用拇指夹住名片的左端，恭敬地送到对方的胸前，或弯曲的食指与拇指夹住名片递上，或双手的食指和拇指分别夹住名片的左右两端奉上。让名片文字正面朝向对方，以便对方阅读，同时目光注视对方，微笑致意，可顺带一句"这是我的名片，请多多关照"。不要递送破损的、不整洁的、修改过的名片。

2．名片的接受

接受名片时，应该起身，面带微笑，注视对方，最好用双手去捧接。拿到对方名片时，首先仔细地读一遍，表示对对方的尊重，同时也确认一下对方的姓名职务等。与对方交换名片时，可以右手递名片，左手接名片。接过他人名片时要妥善存放，不要在手中把玩、弃之桌上、随便装入衣袋、交予他人、随便在对方名片上记录备忘事情等。

课堂互动

制作与交换名片

要求：（1）为自己制作一张五年后的简单名片；（2）和同伴完成握手、交换名片等练习。

三、会谈礼仪

会谈是商务谈判活动的中心环节。恰当地、有礼貌地会谈不仅能增进双方的了解、信任和友谊，而且能促进谈判更加顺利有效地进行。所以，遵守会谈礼仪具有十分重要的意义。

（一）会谈位次

在商务活动中，位次的排列往往备受人们的关注，因为位次是否规范、是否合乎礼仪要求，不仅反映了商务人员自身是否具备修养、阅历和见识，也反映了对交往对象是否尊重和友好。在不同的商务场合中，位次的具体排列要求是不同的，但是我国基本遵循"面门为上、以左为尊、居中为重、前面为大"的原则（一般而言，面门、居中最被人看中，左右常被人忽视；西方多以右为尊）。举行正式谈判时，对各方在谈判现场具体就座的位次，同样有很高的礼仪要求。会谈通常采用长方形、椭圆形或四方形桌子，按照谈判桌形状和摆放位置划分，正式谈判的座次有横桌式、竖桌式、并列式和圆桌式四种。

（1）横桌式座次（见图 6.1）是指长方形或椭圆形谈判桌在谈判室内横着摆放，客方人员面门而坐，主方人员背门而坐，双方主谈者居中就座，各方的其他人员则依其身份和地位的高低，各自按先左后右、自高而低的顺序分别在主谈人员两侧就座。

（2）竖桌式座次（见图 6.2）是指长方形或椭圆形谈判桌在谈判室内竖着摆放，以面门的方向为准，客方人员在左侧，主方人员在右侧，双方主谈者居中就座，各方的其他人员则依其身份和地位的高低，各自按先左后右、自高而低的顺序分别在主谈人员两侧就座。

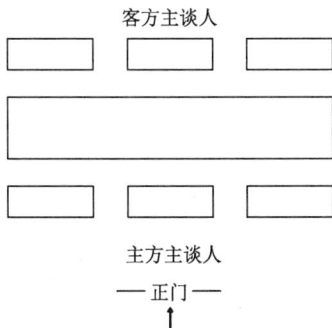

图 6.1　横桌式座次

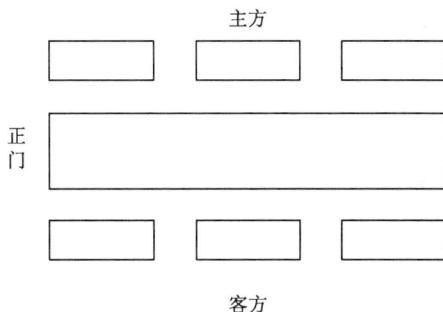

图 6.2　竖桌式座次

（3）并列式座次（见图 6.3）是指宾主并排而坐，中间可设谈判桌，也可不设谈判桌，直接在中间长沙发上落座，客人在主人的左边，双方其余人员分坐两边，呈马蹄形。这样双方交谈比较随和友好，谈判气氛轻松，但是这种落座方式只适用于小范围谈判，较为正式的谈判不宜采用。

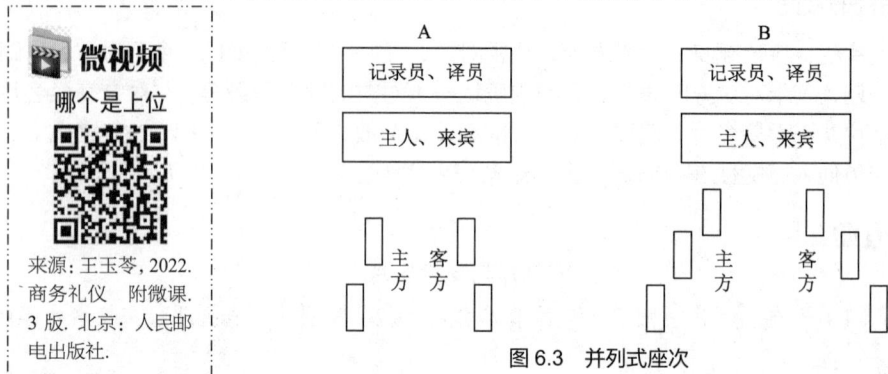

来源：王玉苓，2022. 商务礼仪 附微课. 3 版. 北京：人民邮电出版社.

图 6.3 并列式座次

（4）圆桌式座次适用于三方或三方以上的多边谈判。为了尽量避免座位主次的安排，则以圆形桌为布局，谈判各方围圆桌而坐，称为"圆桌会议"。在圆桌会议中，通常以门作为基准点，比较靠里面的位置是主要座位，其他位次可以不必拘泥。

（二）谈判语言礼仪

商务谈判实质上是谈判双方交谈的过程。在商务谈判过程中，交谈并非只限于谈判桌前，还有如谈判中的休息时间、谈判桌外的社交场合等。交谈的话题也并非只限于和谈判相关的问题，还可能是生活中的方方面面。所以，谈判人员一定要注意谈判语言礼仪，以免产生一些不必要的麻烦，甚至使谈判破裂。

1. 以礼相待

商务谈判双方是平等的合作关系，以礼相待，不仅能显示出自身的人格尊严，还可以满足对方的自尊需要。因此，谈判中要随时随地有意识地使用礼貌语言，这是商务谈判人员应当具备的基本素养。当对方发言时，要认真倾听，不要插嘴、干扰和打断对方；当发表己见时，不能强词夺理、自以为是。在交谈中，只有尊重对方、理解对方，才能赢得对方的尊重和信任，谈判才有可能成功。

2. 话题合适

双方交谈时，不要涉及令人不愉快的内容，如疾病、死亡、荒诞和淫秽的事情等。话题不要涉及他人的隐私，如年龄、婚否、衣饰价格、履历、工资收入、家庭财产、个人的宗教信仰和政治信仰等。对方不愿回答的问题不要追问，对方反感的问题应表示歉意或立即转移话题。一般谈话不批评长辈、身份高的人员，不议论东道国的内政，不讥笑、讽刺他人，更不能出言不逊、恶语伤人。

3. 专注交谈

交谈时要专心致志，不要东张西望、左顾右盼，更不应看书报和手机，或者面带倦意、哈欠连天，也不要做一些不必要的小动作，如玩弄指甲或衣角、搔脑勺等。这些动作显得猥琐、不礼貌，也会使人感到自己心不在焉、傲慢无礼。交谈时每一方都要参与，不能只听别人讲话，也不能只顾自己发表意见，而不愿听别人讲话。多人交谈时，应不时与在场所有人交谈几句，不要冷落任何人；双方交谈时要掌握各自所占时间，不要出现一方独霸的局面。

4. 用语准确

用语指在洽谈中如何选择词语表明自己的立场、观点、态度。用语既要准确明白，又要文雅中听，表达自己的不同意见要留有回旋余地，不能伤害对方的自尊心。同时，在洽谈中尽量使用平稳中速的正常语调，保持能让对方清晰听见而不引起反感的高低适中的音量。

四、签字礼仪

签字是谈判的最后阶段，是谈判成功的标志。为了体现合同的重要性，在签署合同时，往往举行签字仪式。签字仪式虽然时间不长，但是程序规范，场面隆重而热烈，需要遵循一定的礼仪规范。

（一）签字仪式准备

1. 人员确定

正式出席签字仪式的一般是参与谈判的各方全体人员，有时为了表示对所签协议的重视，还可以邀请更高级别或更多的领导人出席签字仪式。双方参加人员，特别是签字人的身份应对等，人数最好大体相等。

2. 签字细节的准备

在签字仪式之前，应做好签字文本的准备工作，包括定稿、翻译、校对、印刷、装订等。不能出现协议不完整，有矛盾、漏洞或含糊之处的现象，也不能存在文本翻译不准确、印刷和装订不好、正本数量不够的问题。还需准备好签字用的文具，如果是国际商务谈判，还要准备好国旗。同时，与对方商定助签人员的安排和签字仪式程序等其他细节，助签人员要做好准备。

3. 签字厅的布置

可将会议室、洽谈室、会客厅临时用作签字厅。一般将长方形签字桌横放在签字厅内，双方签字人员面对房间正门而坐，其他人员并排站立在签字者身后。通常，面对房门，左侧是客方，右侧是主方。如果是国际商务谈判，左右互换，还需要在签字桌上摆放旗架，悬挂双方国家的国旗。

（二）签字过程

签字仪式开始，双方参加签字的人员按照礼宾次序进入签字厅。签字人员入座后，其他人员按身份顺序排列于己方签字人员的座位之后，助签人员分别站立在己方签字人员的外侧，协助翻文本及指明签字处。在签完本方保存的文本后，由助签人员传递文本，再在对方保存的文本上签字，然后由双方的签字人员交换文本。签字之后，双方签字人员握手，全场人员热烈鼓掌，以表示祝贺。此时，可以安排礼仪人员分别为双方的签字人员或全体人员呈上香槟酒，双方干杯、祝贺、道谢。最后，一般还要在签字厅合影留念。

案例阅读与思考

签字厅里的意外

张先生就职于某大公司销售部。一次，公司要与美国某跨国公司就开发新产品问题进行谈判，公司将接待安排的重任交给张先生负责，他为此也做了大量的、细致的准备工作，经过几轮艰苦的谈判，双方终于达成协议。可就在正式签约的时候，客方代表团一进入签字厅就转身拂袖而去，是什么原因呢？原来在布置签字厅时，张先生错将美国国旗放在签字桌的左侧。项目告吹，张先生也因此被调离岗位。

思考与讨论：你认为签字仪式前需要做好哪些准备？

第四节　商务谈判相关活动的礼仪

在商务谈判过程中，伴随着谈判活动的进行，为了加强双方的关系、增进双方的了解，谈判双方会举办某些活动。这些活动虽然与谈判内容没有直接的关系，但是对谈判的顺利发展会产生重要的影响。因此，商务谈判人员必须了解和遵循谈判相关活动的礼仪。

一、宴请礼仪

宴请是加强谈判双方的关系、联络谈判双方感情的常见的交际活动之一，商务谈判人员必须了解宴请相关的礼仪和礼节。

（一）宴请形式

宴请的形式较多，目前常用的宴请形式有宴会、招待会、茶会、工作餐等，谈判人员可以根据活动目的、邀请对象以及经费开支等各种因素来确定采用何种宴请形式。

1. 宴会

宴会指比较正式、隆重的设宴招待，是宾主在一起饮酒、吃饭的聚会。正式的宴会，一般来说，都要事先安排好座位，座位有主次之分，按专门设计的菜单依次上菜，有餐前讲话、席间致辞、祝酒词等，因此参加宴会要有所准备。

2. 招待会

招待会是指各种不备正餐、较为灵活的宴请形式。在招待会上一般备有食品、酒水，但不安排席位，中间可以自由活动。常见的招待会形式有冷餐会、酒会，规格、隆重程度可高可低，常用于官方正式活动，以宴请众多的宾客。这种宴请形式的特点是不排席位，举办时间一般在中午十二时至下午二时、下午五时至七时。菜肴以冷食为主，也可用热菜，连同餐具陈设在菜桌上，供客人自取，客人自由活动，并多次取食，酒水陈放在桌上或者由招待员端送。冷餐会通常会在室内或院子里、花园里举行，可设小桌、椅子，自由入座，也可以不设座椅，站立进餐。

3. 茶会

茶会是一种简便的招待形式，举行的时间一般在下午四时左右（亦有上午十时举行）。茶会通常设在客厅，不用餐厅。厅内设茶几、座椅，不排席位。如果为某贵宾举办活动，入座时应有意识地将主宾同主人安排坐到一起，其他人随意就座。茶会，顾名思义是请客人品茶。因此，茶叶、茶具的选择要有所讲究，或具有地方特色。一般用陶瓷器皿，不用玻璃杯，也不用暖水瓶代替茶壶。亦有不用茶而用咖啡者，其组织安排与茶会相同。

4. 工作餐

工作餐是现代交际中经常采用的一种非正式宴请形式。按用餐时间，工作餐可分为工作早餐、工作午餐和工作晚餐，利用进餐时间，边吃边谈。在代表团访问中，往往因日程安排紧张而采用这种形式。此类活动一般只邀请与工作有关的人员。双边工作进餐往往排席位，用长桌更便于谈话。如用长桌，其座位排法与会谈席位安排相仿。

（二）宴请的组织

由于宴请形式较多，不同的宴请组织工作有很大差别。工作餐较简单，而正式宴会，特别是国宴，组织工作则相当复杂，有很多惯例和礼仪要求，需要高度重视和认真筹划。

1. 确定宴请目的、名义与对象

宴请名义和对象的确定主要根据主客双方的身份，也就是说主客身份应该对等。例如，作为东道国宴请来访的外国代表团，主人的职务和专业一般同代表团团长对口、对等，身份低使人感到冷淡，规格过高亦无必要。通常如果请主宾携配偶赴宴，主人一般以夫妇名义发出邀请。在我国，大型正式活动以一人名义发出邀请，日常交往小型宴请则根据具体情况以个人名义或以夫妇名义发出邀请。

2. 确定宴请范围与形式

宴请的范围指请什么人士，请到哪一级别，请多少人，主人一方请什么人出席作陪。这需要综合考虑多方面因素，如宴请的性质、主宾身份、惯例、与己方的关系等。

宴请采取何种形式，在很大程度上取决于当地的习惯做法。一般来说，正式、规格高、人数少的宴请以宴会为宜，人数多则以冷餐会或酒会更为合适，妇女界活动多用茶会。

目前各国礼宾工作都在简化，宴请范围趋向缩小，形式也更为简便。

3. 确定宴请时间、地点

宴请的时间应对主、客双方都合适。驻外机构举行较大规模的活动，应与所在国对应部门商定时间。注意不要选择对方的重大节假日、有重要活动或有禁忌的时间。

小型宴请应首先征询主宾意见，最好口头当面邀请，也可用电话联系。主宾同意后，时间即被认为最后确定，可以按此邀请其他宾客。

宴请地点要按活动性质、规模、宴请形式、主人意愿及实际情况而定。官方正式、隆重的活动一般安排在宾馆内举行，选定的场所要能容纳全体人员。

举行小型正式宴会，在可能的条件下，宴会厅外要另设休息厅（又称等候厅），供宴会前简短交谈用，待主宾到达后一起进宴会厅入席。

4. 发出邀请

正式宴请活动，一般均发请柬，这既是出于礼貌，亦对客人起提醒、备忘之用。便宴经口头约妥后，可发亦可不发请柬。工作餐一般不发请柬。请柬一般提前一至两周发出，以使被邀请人及早安排。国际习惯通常是一对夫妇只发一张请柬，我国传统是在凭请柬入场的场合夫妇每人一张请柬。但随着互联网的发展，二维码的使用越来越普及，越来越多会议入场采用扫二维码的形式。

请柬内容包括活动形式、举行的时间及地点、主人的姓名（如以单位名义邀请，则用单位名称）等。请柬行文不用标点符号，所提到的人名、单位名、节日名称都应用全称。中文请柬行文中常不提被邀请人姓名（其姓名和职务写在请柬信封上），主人姓名置于落款处。中外文本的请柬的格式与行文差异较大，注意不能生硬照译。请柬可以印刷也可以手写，注意手写字迹要美观、清晰。

国际上，已经口头约定的活动，仍应补送请柬，在请柬右上方或右下方注上"To remind"（备忘）字样。需安排座位的宴请活动，为确切掌握出席情况，往往要求被邀者答复能否出席。此时，

请柬上一般用法文缩写注上"R.S.V.P."（请答复）字样；如只需不出席者答复，则可注上"Regrets only"（因故不能出席请答复），并注明电话号码。也可以在请柬发出后，用电话询问能否出席。

5. 订菜

宴请的酒菜根据活动形式和规格，在规定的预算标准以内安排。选菜不应以主人的爱好为准，而应主要考虑主宾的喜好与禁忌，后者尤其重要。如果宴会上有个别人有特殊需要，也可以单独为其上菜。菜肴道数和分量都要适宜，宜用有地方特色的食品招待。无论哪一种宴请，事先均应开列菜单，并征求主管负责人的同意。讲究的宴请每人一份菜单，一般宴会至少每桌一份。

6. 席位安排

正式宴会一般均排桌次和席位，也可只排部分主要宾客的席位，其他人只排桌次或自由入座。无论采用哪种做法，都要在入席前通知每一位出席者，使大家心中有数。现场还要有人引导。大型的宴会，最好是排席位，以免混乱。

礼宾秩序是排席位的主要依据。除此之外，在具体安排席位时，还需要考虑其他一些因素，如客人之间的政治关系、语言沟通和专业志趣等。桌次高低以离主桌位置远近而定，左高右低（西方右高左低）。桌数较多时，最好摆桌次牌。同一桌上，席位高低以离主人的座位远近而定。我国习惯按个人职务排列，以便于谈话。比如邀请的是男宾，其携夫人出席，这时通常把女方排在一起，即主宾坐男主人左上方，其夫人坐女主人左上方。西方习惯，男女穿插安排，以女主人为准，主宾在女主人右上方，主宾夫人在男主人右上方。译员一般安排在主宾右侧。

以上是一些通用的席位安排规则，如遇特殊情况，可灵活处理。席位排妥后着手写座位卡。我国举行的宴会，座位卡通常中文写在上面，外文写在下面。便宴、家宴可以不放座位卡，但主人对客人的座位要有大致安排。

课堂互动

安排宴席

要求：2～3 人一组，假设你们班周末有聚餐，邀请学院领导和老师来参加，安排他们坐一桌。请给他们写请柬和安排座位。

7. 现场布置

宴会厅和休息厅的布置取决于活动的性质和形式。官方正式活动场所的布置应该严肃、庄重、大方，不要用霓虹灯装饰，可以少量点缀鲜花等。

宴会可以用圆桌，也可以用长桌或方桌，桌子之间的距离要适当，各个座位之间也要距离相等。如安排有乐队演奏席间音乐，不要离得太近，乐声宜轻。宴会休息厅通常放小茶几或小圆桌，与酒会布置类似，如人数少，也可按客厅布置。

冷餐会的菜台用长方桌，通常靠四周陈设，也可根据宴会厅情况，摆在房间的中间。可摆四五人一桌的方桌或圆桌供大家坐着用餐与交谈。座位要略多于全体宾客人数，以便客人自由就座。

酒会一般摆小圆桌或茶几，以便放花瓶、干果、小吃等。也可在四周放些椅子，供女士和年老体弱者就座。

（三）宴请程序

非正式宴请无须讲究程序，只要双方能彼此呼应就行。正式宴请可分为迎宾、致辞、席间交流和送别四个部分。

1. 迎宾

宴请时，主人一般在门口迎接客人。官方活动，除男女主人外，还有少数主要领导陪同主人排列成行迎宾，通常称为迎宾线。其位置宜在客人进门存衣以后进入休息厅之前。相互握手后，由工作人员引进休息厅，休息厅内应有相应身份的人员照料客人。如无休息厅则直接进入宴会厅。主宾到达后，由主人陪同进入休息厅与其他客人见面。如其他客人尚未到齐，由迎宾线上其他领导代表主人在门口迎接。

2. 致辞

主人陪同主宾进入宴会厅，全体客人就座，宴会即将开始。正式宴会由主宾双方致辞，致辞时间一般安排在主宾双方入座之后，西餐一般在热菜之后、甜食之前。非正式宴请通常由主客双方代表以敬酒方式简单说几句即开始就餐。

3. 席间交流

按照商务惯例，主、宾致辞后，大家彼此先敬酒、用餐。席间正式讲话通常是主人先发言，宾客后讲，也可安排即席发言。席间，主人与客人之间互相碰杯，互相祝愿。在就餐时，一方面要注意调节用餐气氛，另一方面需注意相关礼仪。

4. 送别

一般在吃完水果后，主人应向宾客示意，让其做好离席的准备，然后从座位上起立，这是全体离席的信号，即意味着宴会结束。主宾告辞，主人送至门口。主宾离去后，原迎宾人员顺序排列，与其他客人握手话别。

（四）应邀赴宴

接到宴会邀请，能否出席要尽早答复对方，以便主人安排。一般来说，在西方对注有"R.S.V.P."字样的，无论出席与否，均应迅速答复；注有"Regrets only"字样的，则不能出席时才回复，但也应及时回复。经口头约妥再发来的请柬，上面一般都注有"To remind"字样，只起提醒作用，可采用不必答复。答复对方，可采用打电话或便函的形式。

应邀出席一项活动之前，要核实宴请的主人、活动举办的时间和地点、是否邀请了配偶，以及主人对服装的要求。出席宴请活动，抵达时间迟早、逗留时间长短，在一定程度上反映对主人是否尊重，应根据活动的性质和当地的习惯掌握。迟到、早退、逗留时间过短被视为失礼或有意冷落对方。身份高者可略晚到达，一般客人宜略早到达，但也不要过早，以免给主人增加麻烦。一般客人要等主宾退席后再陆续告辞。

出席宴会，各地习惯略有不同，一般正点或晚一两分钟抵达都是可以的；在我国则最好正点、提前两三分钟或按主人的要求到达。出席酒会，可在请柬上注明的时间内到达。确实有事需提前退席，应向主人说明后悄悄离去，也可事前打招呼，届时离席。

抵达宴请地点，先到衣帽间脱下大衣和帽子，然后前往主人迎宾处，主动向主人问好。如果是节庆活动，应表示祝贺。参加外事庆祝活动，可以按当地习惯及主宾间的关系，赠送花束或花篮。参加家庭宴会，可酌情给女主人赠少量鲜花。

1. 入座

进入宴会厅之前，应先了解自己的桌次和座位，入座时注意桌上座位卡是否写着自己的名字，不要随意乱坐。如果邻座是年长者或妇女，应主动协助他们先坐下。坐下后主动与周围的人打招呼，并进行必要的自我介绍。无论自己的身份是主人、陪客还是宾客，都应与同桌的人交谈，特别是左右邻座。不要只同几个熟人或只同一两个人说话。

2. 进餐

大家入座后，主人招呼客人用餐，在东方多以男主人为主，在西方多以女主人为主。招呼的方法是将餐巾拿起来，意思为"可以开始用餐了"。餐巾应铺在膝盖上，进餐时姿势要端正。取菜时，不要盛得过多。盘中食物吃完后，如不够，可以再取。如由招待员分菜，需增添时，待招待员送上时再取。如果是本人不能吃或不爱吃的菜肴，当招待员上菜或主人夹菜时，不要拒绝，可取少量放在盘内，并表示"谢谢，够了"，勿显露出难堪的表情。

进餐要文雅。闭嘴咀嚼，喝汤或吃食物不要发出声音。如汤、菜太热，可稍待凉后再吃，切勿用嘴吹。嘴内的鱼刺、骨头不要直接外吐，用餐巾掩嘴，用手（吃中餐可用筷子）取出，或轻轻吐在叉上，放在菜盘内。

除喝汤外，不用汤匙进食，汤用深盘或小碗盛放，喝时用汤匙由内往外舀起送入嘴里。吃带有腥味的食品，如鱼、虾等，均配有柠檬，可用手将汁挤出滴在食品上，以去腥味。

喝茶、咖啡时，通常牛奶、白糖均用单独器皿盛放，可自取加入杯中，用小茶匙搅拌后，将茶匙放回小碟内。喝时右手握杯把，左手端小碟。

吃梨、苹果时，不要整个拿着咬，应先用水果刀切成四或六瓣，再用刀去皮、核，然后用手拿着吃。削皮时刀口朝内，从外往里削。香蕉先剥皮，用刀切成小块吃。橙子用刀切成块吃，橘子、荔枝、龙眼等则可剥了皮吃。其余如西瓜、菠萝等，通常都去皮切成块，吃时可用水果刀切成小块。

在宴会上，上鸡、龙虾、水果时，有时送上一小水盆（铜盆、瓷碗或水晶玻璃缸），水面上漂有玫瑰花瓣或柠檬片，供洗手用。洗时两手轮流沾湿指头，轻轻搓洗，然后用餐巾或小毛巾擦干。吃剩的菜，用过的餐具、牙签，都应放在盘内，勿置桌上。嘴里有食物时，切勿说话。剔牙时，用手或餐巾遮口。

🙌 课堂互动

进餐礼仪

要求：两三个人一组，要求有男生，也有女生，表演进餐礼仪。（细节可自定，例如去的是西餐厅，例如某一方是主人，例如天气很热等）

3. 祝酒

作为主宾参加外地举行的宴请，应了解对方祝酒习惯，即为何人祝酒、何时祝酒等，以便做必要的准备。碰杯时，主人和主宾先碰，人多可同时举杯示意，不一定碰杯。祝酒时注意不要交叉碰杯。在主人和主宾致辞、祝酒时，应暂停进餐，停止交谈，注意倾听，也不要借此机会抽烟。奏国歌时应肃立。主人和主宾讲完话与贵宾席人员碰杯后，往往到其他各桌敬酒，遇此情况应起立举杯。碰杯时，要目视对方致意。小宴会上相互敬酒表示友好，活跃气氛，但切忌喝酒过量。喝酒过量容易失言，甚至失态，因此饮酒量必须控制在本人酒量的三分之一以内。

4. 宽衣

在社交场合，无论天气如何炎热，不能当众解开纽扣脱下衣服。小型便宴，如主人请客人宽衣，客人可脱下外衣搭在椅背上。

5. 纪念物品

有时主人为每位出席者备有小纪念品或一朵鲜花，宴会结束时，主人招呼客人带上。遇此，可说一两句赞扬小礼品的话，但不必郑重表示感谢。除主人特别指明作为纪念品的东西外，各种招待用品，包括糖果、水果、香烟等，都不要拿走。在出席私人宴请活动之后，往往在三日内致以便函或名片表示感谢。

6. 餐具的使用

中餐的餐具主要是碗、筷，西餐则是刀、叉、盘子。通常宴请外国人吃中餐，亦以中餐西吃为多，既摆碗、筷，又设刀、叉。就餐时按刀、叉顺序由外往里取用，讲究吃一道菜换一副刀叉。每道菜吃完后，将刀、叉并拢摆放在盘内，以示吃完。如未吃完，则呈八字形摆放在餐盘上，刀口应向内。吃鸡、龙虾时，经主人示意，可以用手撕开吃。

案例阅读与思考

宴会中的柯马·伊鲁斯

1962 年，在英国伦敦一个著名贵族举办的豪华宴会上，一名中年男子出尽了风头。他优雅的举止、迷人的言谈，不但令在场的所有女士都对他倾心，所有的男士也都对他抱着极大的兴趣和好感。人们私下里纷纷相互打听，都想认识他并和他成为朋友。而那位男子，在这次宴会上也收获颇丰，不仅签下了 40 多单生意，结交了很多朋友，还找到了他的终身伴侣。这名男子就是当时著名的房地产新秀柯马·伊鲁斯。

思考与讨论：（1）你相信这则故事会真实发生吗？（2）你如何看待他能收获颇丰的原因？

二、馈赠礼仪

馈赠是商务活动中的一项重要内容。在商务活动中，礼品是谈判的"润滑剂"，有助于加强双方的交往，增进双方的感情，巩固彼此的交易关系。

（一）馈赠礼品礼仪

1. 礼品的选择

礼品是感情的载体，正确地选择礼品，对促使谈判成功往往有意想不到的效果。礼品的选择首先应体现自己的心意，并使受礼者觉得礼物非同寻常、倍感珍贵。其次，礼品也要突出纪念意义，越是具有民族特色和赠礼人自己特点的礼品，越有其独特的纪念意义和礼品魅力。选择礼品还要考虑赠礼的场合、赠礼的对象、礼品的观赏性和实用性等。总之，礼品的选择是复杂、敏感和困难的过程，它检验一个人是否有敏锐的观察力和记忆力，也考察一个人是否有创造性和想象力。

赠送礼品应轻重适宜。一般来讲，礼物太轻没有意义，很容易让人误解为瞧不起他。但是，礼物太重，又会使受礼人有接受贿赂之嫌。因此，礼物的轻重选择应以对方能够愉快接受为尺度。一般情况下，欧美地区在送礼方面，较注重礼品的意义价值，而不是礼物的货币价值，因此，在选择礼物时，其货币价值不要过高。相对而言，亚洲和中东地区的客商，较注重礼物的货币价值，对这些国家的客商赠送的礼物可适当贵重一些。

📖 案例赏析

千里送鹅毛①

据传，唐朝时，回纥国（一说云南少数民族首领缅氏）为了表示对大唐的友好，特意选了一批珍奇异宝去拜见唐王。在这批贡物中，最珍贵的要数一只罕见的珍禽——白天鹅。

护送使者缅伯高最呵护的也是这只白天鹅，生怕意外发生。但是意外还是发生了：放白天鹅出来在河边喝水时，它一扇翅膀飞上了天。缅伯高向前一扑，只拔下几根羽毛，眼睁睁看着它飞得无影无踪，一时间，缅伯高捧着几根雪白的鹅毛，直愣愣地发呆，脑子里来来回回地想：怎么办？进贡吗，拿什么去见唐太宗？回去吗，怎么见回纥国王？思前想后，缅伯高决定继续东行。他拿出一块洁白的绸子，小心翼翼地把鹅毛包好，又在绸子上题了一首诗："将鹅贡唐朝，山高路遥遥。沔阳湖失去，倒地哭号号。上复唐天子，可饶缅伯高。礼轻情意重，千里送鹅毛。"

缅伯高披星戴月，赶到了长安。唐太宗接见了缅伯高，缅伯高忐忑地献上鹅毛。唐太宗读了那首诗，又听了他的诉说，非但没有怪罪他，反而重赏了他。从此，"千里送鹅毛，礼轻情意重"的故事广为流传。

【案例简析】 这个故事里，缅伯高不仅做人真诚，也很有才气，如果换了其他人，这个故事的处理方式及结局也许会大相径庭。鹅毛和鹅相比，自然价值要小很多，但配上了缅伯高的诗还有缅伯高的诚意，鹅毛的价值就无限放大了。

赠送礼品要注意对方的宗教信仰、风俗习惯、生活方式和文化修养等社会文化因素。谈判人员由于所属国家、地区有较大的差异，社会文化背景有所不同，其爱好和禁忌必然存在差异。而礼品往往具有一定的含义，必须认真挑选，不要因送礼而造成误解。

一般认为不能以酒作为馈赠穆斯林的礼物，而英国人大多讨厌带有送礼单位或公司标志的礼品，据说法国人通常讨厌别人送菊花，日本人不喜欢有狐狸图案的礼品，中国人通常忌讳送钟等。

这些都是由不同的习俗和文化造成的。因此，送礼时一定要考虑周全，以免适得其反。

2. 赠礼时机

赠礼的具体时间是一个需要特别注意的问题，尤其是在国际商务活动中。一般而言，当作为客人拜访他人时，最好在双方见面之初向对方送上礼品，即所谓的"见面礼"。当作为主人接待来访者时，则应该在客人离去的前夜或者举行告别宴会上，把礼品赠予对方。

考虑礼品的赠送地点时要注意公私有别。一般而言，公务交往中应该在公务场合赠送礼品。在谈判之余、商务活动之外或私人交往中，则应在私人居所赠送礼品。

3. 赠礼方式

赠礼通常要重视礼品的包装，包装盒的颜色和图案要考虑受礼人的习俗和禁忌。赠送礼品时要附上赠送者写的卡片，在卡片上可注明礼品的含义、具体用途及其特殊之处，这样可以更加突出礼品的意义和赠礼人的用心。注意在欧洲，把名片放在礼物中是失礼的行为，如果需要加放名片，则要放入精致的信封与礼物一并交给受礼人。赠送礼品时，如果允许，一般应由单位最高领导或公司最高代表亲自赠送，并应先赠予对方职务最高者。同时，还要注意赠送礼品时的措辞。首先注意不要漏掉任何人，还要注意对方的职务，并根据职务的重要性来决定说话时的顺序。先

---

① 编辑注：本故事梗概载于南宋罗泌所编《路史》和明朝徐渭所编《青藤山人路史》，各方转载细节、诗文略有差异，编辑未仔细考证。

向最重要的人说，而且明确表示对他的感谢，也可说明送礼的原因和赠礼人的美好愿望。在现代社会，礼物可以不是实物，如组织客户旅游观光等，也可以起到同赠送实物一样的作用。

（二）收受礼品礼仪

除馈赠礼品外，商务谈判人员也会遇到受礼问题。对于赠送的礼品是否可以接受，谈判人员要心中有数，接受礼物必须符合国家和企业的有关规定与纪律。受礼者在收受礼品时，一般双手接过礼品，并向对方真诚地表示感谢，同时应赞美礼品的精致、优雅或实用，或赞扬赠礼者的用心、周到和细致。受礼后还有还礼的问题。还礼可以是实物，一般为对方礼物价值的二分之一；也可以在适当时候提及，表示记得和再次感谢对方。

另外，在不能接受礼品时，要委婉地向赠送人解释不能接受的原因（如公司规定等），同时表达对赠送人的谢意。

三、参观礼仪

参观，是指因工作需要，有计划、有准备地实地考察特定的项目。在商务谈判中，东道主安排来宾参观本方的企业，有助于对方正确认识企业的管理能力、技术水平和员工素质，增进相互了解，增强对方与己方合作的信心。参观礼仪不仅包括东道主组织和陪同参观的行为规范，也包括参观者的参观行为要求。

（一）东道主礼仪

1. 优选参观项目

参观项目一般应由双方共同确定为宜，但当参观者不太了解情况时，也可由接待方根据情况先行确定。无论哪种方式，都应坚持如下原则：①根据参观的性质和目的确定参观项目，以使参观项目的安排具有一定针对性；②根据参观者的意愿和兴趣确定参观项目，要尽最大可能让参观者感到满意；③参观任何项目都要符合国家法律和企业的规定；④参观项目的安排，要考虑参观的费用、时间、路途及近期工作等各种因素，同时确保不受气候、交通等客观条件的影响。

2. 做好参观前组织工作

项目确定之后，要制订参观计划，具体内容包括参观项目、参观人数、负责人和工作人员、起止时间、饮食住宿、交通工具、安全保卫、费用预算等。参观计划应该向东道主，特别是接待单位，以及全体参观人员进行传达，以便大家做到心中有数。整个参观活动的组织工作要严密、具体、细致、周到。

3. 精选陪同人员

陪同人员包括与参观者职位相当的领导、解说员、资料采集员（摄像摄影人员）、引导员或导游人员，如果参观者是外宾还应包括翻译人员。

陪同人员的人数不宜太多，形象气质应当高雅，以彰显接待方的整体素养。

所有陪同人员应当是熟悉相关情况的人员，并做好相应准备，以便接受参观者的垂询，应对各种可能出现的问题。

4. 参观中认真的介绍

所有陪同人员都应具有较强的表达能力，要认真地做好介绍。要主动把接待方需要向社会宣传，而参观方还不够了解的内容主动介绍给来宾。在参观方不反对的情况下，可加大介绍宣传的力度。

5. 参观中充分的组织工作

整个参观过程中，应设立总负责人和分项负责人，以做好协调工作。如果参观路途时间较长，还应在交通工具上组织开展一些联谊活动，以使参观者能始终保持热情。对于参观过程中可能出现的问题，要有充分的思想准备，并要及时地加以解决。

（二）参观方礼仪

依照参观礼仪的基本规范，在外出参观之前和参观中，参观人员应当重点做好以下几点。

1. 了解参观项目的背景

在参观前参观者有必要了解参观项目的背景，以对参观项目有初步的认识，避免在参观时信口开河，提出不必要、不适当甚至令人见笑的问题。

在国内参观需要了解的背景材料是：参观项目的历史、现状、发展前途，参观项目的主要特色、优点与不足，参观项目在本地区、本行业及国内外的地位与反响等。

在国外参观时，除对参观项目的背景要有所了解之外，还应进行外事纪律教育，并学习参观项目所在国的政治、经济、文化、习俗等方面的常识。

2. 对参观者进行合理的分工

为了使参观顺利进行和取得实效，参观方在参观之前对全体参观者进行必要的分工，把领队、带路、接待、应酬、翻译，以及交通、膳食、安全、记录录音、拍照等各个方面的具体工作，都落实到个人，使每件事情都有专人负责。

3. 做好必要的礼仪准备

参观者在参观时，不可避免地要与出面接待的东道主之间发生交际应酬关系。因此，参观者，尤其是参观团队的负责人，应提前为此做好必要的准备，以免在参观中失礼于人。具体来讲，要安排专人，负责在礼仪性场合的工作，包括主动向对方问好；通报参观团的情况；向对方做自我介绍后，把参观团的主要成员也介绍给对方，使对方对参观团及其成员有一个大致的了解，从而保证参观活动顺利、有序地进行。

4. 做好记录

参观访问是工作需要，参观人员要专心致志，力求有所收获。因此参观的时候，要看好、听好、记好。在规定允许的前提下，参观者应当尽自己的一切可能，以笔记、绘画、录音、拍照、摄像等各种形式，为自己的参观做好记录，不能走马观花，更不能中途退出。

5. 服从组织安排

在参加集体性的参观活动时，必须注意个人服从集体。整个参观过程中，每一个参观者都要服从命令、听从指挥，不允许随意走动，尽量不要在集体参观时个人独自行动。

6. 遵守参观的具体规定

参观者特别是领导干部在参观之时，其身份往往代表着国家和企业的形象。为维护国家和企业的形象与声誉，参观者要认真遵从东道主方面有关参观的具体规定，绝不能明知故犯，如违反时间规定、服饰规定、物品规定、路线规定等，也要注意个人的言谈举止，严禁大声喧哗、随地吐痰、乱扔垃圾、乱刻乱画等。

第五节　商务谈判中的伦理道德

在谈判行为中是否存在或者应该存在公认的伦理道德标准这个问题受到越来越多研究人员的关注。事实上，伦理道德问题是每场谈判都会出现的基本问题。

微视频

商务谈判中的伦理道德

一、谈判中的边缘伦理策略

为何有些谈判者会选择使用一些可能不合伦理道德的策略呢？

许多人所能想到的第一种答案是：这些谈判者腐败、堕落或者不道德。事实上，这个答案太过于简单了。据专家研究，很多时候，人们倾向于使用"边缘伦理策略"。

（一）边缘伦理策略的含义

边缘伦理策略即伦理上模糊的策略，即有专家指出的"那些经过个体的伦理推理过程后，发现有可能恰当也有可能不恰当的策略"。

谈判中所涉及的大多数伦理道德问题都是与实事求是的标准相关的，即谈判者的诚实、坦率和公开程度应当达到什么水平。在这里我们更多关注的是谈判者所说的（沟通内容）或者是他们说自己将会做的事情（他们是如何说的），而不是他们实际做的（尽管谈判者可能做出不符合伦理的行为）。有些谈判者可能会欺骗（违反正式或非正式的规则，如谎称有关最后期限或程序的规则不适用于他们）或者盗窃（如闯入对方或竞争对手的数据库或总部来获取秘密文件和简要备忘录），但是人们对谈判者伦理关注最多的还是说谎行为。

大多数谈判者可能会很重视自己在诚实方面的声誉。诚实的含义表面来看答案非常简单明了，但实际上却不是很明确。首先，一个人对真实性的定义是什么？是遵守了一套明确的规则，还是遵从组织团体中的社会契约，还是凭良心来做事？其次，人们应该如何界定与真实之间的偏差？无论与真实之间的偏差多小也都算是谎话吗？最后，给这些问题添加一个相对维度，即一个人应该时时刻刻都讲真话吗，或者有时候不讲真话也是可以接受的（甚至是必需的）行为？这些问题对于那些想要确定什么能说、什么不能说，并且还要保证行为符合伦理的谈判者（古老时代的哲学家）来说，都是应该考虑的主要问题。

美国《商业周刊》杂志刊登的许多文章都是关于商业欺骗方面的伦理问题。

一位名叫卡尔的商人曾在《哈佛商业评论》上发表了一篇有争议的文章，题目是"商业欺骗符合伦理吗？"。他指出商业策略与扑克牌游戏中的策略很类似。文章声称，在玩扑克牌的过程中只要没有采用直接的欺骗手段（例如在扑克牌上做标记或把"A7"藏在袖子里）就可以，商人就应该和玩扑克牌一样地做生意。扑克牌玩得好的人，经常要隐藏信息和虚张声势（以使对方相信你手中有牌，尽管实际上你并没有），在许多商业交易中也需要如此。有时，很多经理人会发现，当自己迫于实现个人或者公司的利益，与客户、供应商、工会、政府官员及其他重要经理人打交道时，就得采取一些欺骗性的做法，通过有意识地错误陈述、隐瞒相关事实或者虚张声势来说服对方同意自己的看法。卡尔称，如果经理人拒绝偶尔的虚张声势，如果他感觉自己有责任说真话，并且是说出全部实情，一直都没有假话，那么他可能会错过在商业规则下的许多机会，并且也可能在商业交易中完全处于下风。

卡尔主张，对个体和公司而言，为了实现自身利益最大化，虚张声势、夸大其词隐藏或者操纵信息都是可采用的合法手段。采用这种手段既有有利的一面，也有不利的一面。

在与公司的重要员工进行合同谈判时，经理人可能以资金不足为借口而为公司节约了大量资金。然而，这种成本削减手段可能会导致经理人在公司产品的安全性和质量方面管理失利，最终将造成严重的长期后果。卡尔的观点在《哈佛商业评论》的读者中引发了争议。许多评论家批评了卡尔的观点，并指出应该用更高的伦理行为标准来要求个体商人和公司。

关于谈判中实事求是的伦理标准问题一直存在着争论。谈判是基于信息依赖性的，即有关谈判双方的真实偏好以及优先事项等信息的交流。能不能达成清晰、准确、有效的谈判协议取决于各方是否愿意分享有关自身的偏好、优先事项以及利益的准确信息。同时，由于谈判者也可能对实现自身利益最大化感兴趣，所以他们希望尽可能少地披露有关自己立场的信息，尤其当他们认为操纵了向对方泄露的信息后就能获得更好的结果时。然而，这样会令谈判陷入信任困境和诚实困境中。信任困境是指谈判者完全相信对方所说的话，会被对方的不诚实行为所操纵。诚实困境是指谈判者把自己的需要和局限如实告诉对方，但最后的谈判结果却只能达到底线要求，绝不会比这更好。想要维持谈判关系就得在对一切开诚布公和对一切隐瞒欺诈之间选择一条中庸之路。

对于商业欺骗问题，除了伦理以外，还有法律方面的要求。谈判中的欺骗行为可能会上升为法律中的欺诈。关于这方面的法律，就像其他大多数方面的法律一样，非常复杂，而且一般也难以定罪。

欺骗和伪装在谈判中可能会呈现出多种形式。很多年以来，研究人员持续努力地寻找这些策略的本质及基本结构。研究人员分析调查问卷的结果后，发现这些策略可以被分为六类。这些分类的详情请参见表6.1。

表 6.1　谈判中边缘伦理策略的分类

分类	实例
传统的竞争型谈判	不透露底价，给出一个夸大的初始报价
情绪操控	假装生气、害怕和失望；假装得意、满意
误传	在向对方描述时扭曲信息或谈判事件
向对方的关系网误传信息	在对方的同僚中破坏其声誉
收集不正当的信息	行贿、渗透、安插间谍等手段
虚张声势	虚假的威胁或承诺

非常有趣的是，这六种分类中的"传统的竞争型谈判"和"情绪操控"两类策略，一般被认为是基本恰当的和可以被使用的。因此，这两种策略尽管在理论上也有略微不恰当，但在一些成功的谈判中则被看作恰当和有效的。其他四类策略——误传、向对方的关系网误传信息、收集不正当的信息以及虚张声势，则被视为谈判中不恰当和不合伦理的行为。

微视频

当你不确定该做还是不该做时

（二）使用边缘伦理策略的结果分析

研究表明，谈判中存在一些被默认的游戏规则。在这些规则中少数的虚假行为，如向对方误传自己的真实立场、虚张声势和情绪操控，可能在伦理上被一些谈判者认为是可以接受和符合规则的（但也有谈判者不这么认为）。

相反，直接的欺骗和弄虚作假则通常被认为是不符合规则的。

然而，专家也就这些结论告诫大家。

首先，这些结论是在庞大群体（大部分是商科学生）评价的基础上得出的，因此他们不可能预测到某一特定谈判者对这些策略是如何看待和使用的，或者经历过的人会如何评价这些策略。

其次，这些观察结果基本上是根据人们嘴上说将如何做而得出的，并不是根据他们的实际行动得出的。当谈判各方在真实的环境中做出决策时，其感知和反应与在调查问卷中对这些策略做出评价时可能完全不同。

再次，我们对边缘伦理策略进行研究，以及对研究成果做出报告，并不意味着我们的本意是认可任何边缘伦理策略的。我们的目标是准确聚焦谈判者对此问题的争论，试图分析何时使用这些策略是恰当的。

最后，西方的观点是由个人决定哪些策略在伦理上是能被接受的，但有些文化中，如亚洲文化，伦理问题则是由群体和组织来确定的；在有些国家或地区，伦理对谈判交易的限制可能很低或者难以清晰划分界限，行政当局不得不用"请购买者提高警惕"的模式提醒消费者。

谈判者采用边缘伦理策略后产生的结果主要是由三方面因素决定的：①有效性，即策略是否有效；②他人的反应，即其他人，如委托人和旁观者如何评价该策略；③自身的反应，即谈判者自己如何评价该策略。

1. 有效性

很明显，一种策略是否有效可能会对今后是否运用这种策略有影响。如果采用某种策略能使谈判者得到好的结果，而这种好的结果又是符合伦理的策略所无法得到的，以及如果不符合伦理的行为没有受到别人的惩罚，那么谈判者就可能会增加使用不道德行为的频率，因为他认为自己可以逃脱惩罚。因此，采用该策略后产生的真正结果——使用或者不使用这种策略后得到的奖励和惩罚，不仅会对谈判者的当前行为产生影响，也将会影响他将来在类似情况下使用类似策略的倾向性。

这些倾向还没有在谈判情景中得到验证，但是已经在其他有关伦理决策的研究中得到了广泛检验。例如，当研究参与者参加模拟回扣试验时，如果他们预期做出不合伦理的决策可以获得酬劳，那么他们不仅会参加该试验，而且也表示如果将来还有机会仍然愿意参加。此外，当对被试者施加压力，使他们之间相互竞争，例如宣读每个人的任务完成情况并给得分最高者颁发奖品，不符合伦理的行为的出现频率会进一步提升。

2. 他人的反应

采用边缘伦理策略所产生结果的好坏还取决于该策略应用对象、委托人或旁观者对此的看法。谈判者根据这些人对该策略是否认可，以及是否认为该策略是恰当的，可以获取大量的反馈。

如果策略应用对象没有意识到对方对其使用了欺骗策略，那么除了因为输掉谈判而沮丧外，可能不会有其他反应。然而，如果策略应用对象发觉自己被欺骗，则其反应可能会很强烈。当人们发现自己被骗或者被人利用时，通常都会格外愤怒。他们除了输掉谈判外，可能还会因为被对方操纵或欺骗而感到自己很愚蠢。受骗者不可能再信任这个行为不合乎伦理的谈判者了，而且还有可能会在将来的交易中进行报复，并把自己的谈判经历告知他人。

西方一项研究表明，在以下情况下消极后果会非常明显地表现出来：当受害者与实施欺骗策略的人关系密切或者涉及的信息非常重要，或者说谎对于他们之间的关系来讲是一种无法接受的行为时。

大量的案例研究发现，谎言的存在是导致谈判双方关系破裂的重要原因，而且在多数案例中，都是由受害者提出终止关系的。策略的欺骗性越严重、越针对个人、对彼此之间的关系越重要，那么对双方之间关系的破坏性就越大。同时也有证据表明，采取欺骗手段的个体会被人们认为是不诚实的人，而且人们将来也不愿意再与之交往。研究表明，只要在不可靠的行为中不包含欺骗，那么它对一个人可信度的影响就可以通过以后的诚实行为来弥补。但如果关系的破裂是由欺骗引起的，那么想要通过道歉行为来修复可信度是没有用的。

总之，尽管不合乎伦理的策略可能使谈判者取得短期成功，但也很可能给对方留下一个不良的印象，给自己树立一个不可信任的印象甚至会导致对手伺机报复。

3. 自身的反应

在某些条件下，如当对方真正遭受损失时，谈判者可能会有一些不安、内疚或者懊悔的感觉。这就会导致谈判者寻求方法来减轻精神上的不适感。在一项模拟商业谈判的研究中，向对方说谎的个体随后会以做出更大的让步作为补偿。在研究参与者中，把自己评价为"道德品质良好"，以及声称自己是"在商业交易中以公平和诚实为荣"的个体，对先前说谎进行补偿的现象会特别普遍。

当然，认为使用欺骗策略没什么大不了的人，以后可能还会继续使用这类策略甚至会考虑如何使这种策略更有效。一方面，尽管使用存在伦理问题的策略可能会对谈判者的声誉和诚信产生严重影响，但是短期内似乎很少有谈判者会考虑这些影响。另一方面，特别是当这种策略起作用时，谈判者可能会为这种策略的合理性和正当性寻找借口。

案例阅读与思考

告知还是不告知

一对有意购买一套住房的夫妇几乎对交易的所有方面都了如指掌。房产经纪人意识到这对夫妇可能很想买住房 B，而这套房子已经在上个月卖给别人了，因此，当这对夫妇正在选购房屋的时候，这套房子并没有在市场上出售。该经纪人就带这对夫妇看了住房 A，而这对夫妇提出了购买的报价，并被接受了。而在住房 A 的交易就要完结之前，住房 B 又由于一些完全无法预见的情形上市交易了。这位经纪人知道住房 B 现在又在市场上出售了，但是在对住房 A 签约之前并没有告知这对夫妇。而该经纪人在合同达成（并且佣金已经到手了）之后才告知这对夫妇住房 B 现在在市场上销售了。

思考与讨论：这位经纪人的行为是否不道德？

（三）解释和证明

当谈判者采用边缘伦理策略时，他通常要做好向自己（如"我认为我很正直，然而我已经决定要做一些事情了，尽管这些事情可能会被认为不合伦理"）、向受害方、向对此表示关切的委托人和旁观者做好解释的准备。这些解释和证明的主要目的是使这些行为看起来合理，为这些行为找借口——描述一些好的方面，为采用这种策略的必要性找到合适的理由。以下是这些人常用的一些理由。

（1）采用这种策略是不可避免的。谈判者经常声称当时的情景迫使他们不得不这么做，以此来合理化自己的行为。谈判者可能感觉自己不能完全控制自己的行为，或者没有其他选择了，因此自己不应该承担责任。或许谈判者不想伤害任何人，但采用这种策略是迫于某人的压力。

（2）采用这种策略并无害处。谈判者可能会说他所做的事情是琐碎的小事，并不重要。人们一直都在讲些善意的谎言。例如，你可能会问候你的邻居说"早上好，很高兴见到你"。而实际上那并不是一个美好的早晨，你的情绪很糟糕，也不想遇到你的邻居，因为他的狗整晚都在狂吠，影响了你休息。夸大事实、虚张声势或者偷看对方的私人秘密，这些在谈判中都可以被轻易地解释为无害行为。然而值得注意的是，这种理由是从实施策略的人的角度来解释其危害的，受害方可能并不这样认为，受害方可能认为自己受到了严重的伤害或者付出了代价。

（3）采用这种策略有助于避免消极的后果。在这种情况下，辩护理由是采用这种策略可以避免更大的伤害。当谈判者以这种理由为自己辩护时，实际上是在争辩为了达到目的可以不择手段。同样，如果讲真话不能使他们达到更理想的结果，谈判者也可以认为说谎（或者其他不择手段的策略）是正当的。

（4）策略会产生好的结果。采用这种策略会产生好的结果，或者采用这种策略并不是受私心驱使的。这种理由依然是为了达到目的可以不择手段，但这是从积极方面来说的。按照功利主义原则来行事的谈判者是以结果来评判策略是否正当的——行为的好坏是由其结果决定的。功利主义者可能会辩护道，某种谎言或策略是正当的——不择手段是恰当的，因为它能使人获得更大的利益。例如曾经有强盗打着劫富济贫的旗号去抢劫，美其名曰抢劫富人来让穷人过得更好。在现实中，大多数谈判者使用欺骗策略都不是为了其他多数人的利益，而是为了自身利益。

（5）他们自找的。"他们自找的"，或者"他们活该"，或者"我只是得到了我该得到的东西"。这种采用说谎和欺骗策略进行辩护的理由，或者是为了报复曾经欺骗过自己的人，或者是反对某种权力的。

（6）先下手为强。"他们无论如何也会这么做的，所以我先下手了。"有时谈判者采用某种策略是因为他们预期对方也倾向于使用类似的策略。有研究表明，当谈判对手具有不道德的名声时，人们最愿意使用欺骗策略。还有一项研究把人们愿意采用欺骗策略的倾向性与他们对对方的诚实判断联系起来。个体越相信对方会误传信息，也就越倾向于采用误传信息的策略。因此，个体自己误传信息的倾向性使他产生了自我实现的逻辑，即谈判者认为自己必须误传信息，因为对方也很有可能会这么做。同时，在这项研究中，谈判者往往把自己评价为比对方更符合伦理的人，这就表明人们倾向于从积极的方面来理解自己，却从消极的方面揣测对方和对方可能采取的行为。

（7）以牙还牙。"是他先这么做的。"这种说法是上一条理由的变异。在这种情况下，采用欺骗策略的理由是对方已经违规了，因此我也就有权利不按规矩办事。这样的话，为了以牙还牙、找回平衡，或者让对方自食其果，谈判者便采用了不符合伦理的策略。

（8）当时是公平的。"在当时的情况下，这种策略是公平的或者恰当的。"这种解释是以道德（情境）相对主义来作为理由和证明的。在大多数社交情境（包括谈判在内）中，恰当的行为和举止都是由一套被普遍认可的规则所主导的。

上述对自己的行为做出的合理化解释都是服务于自身利益的，这些解释能让谈判者使得他人，尤其是受害方，相信在特定情形中通常被认为错误的行为成为可接受行为。解释和证明也有助于使人们认为自己的行为是合理的。但也存在风险，我们认为如果谈判者越多地使用服务于自身利益的解释，就越会使他们对伦理标准和价值观的评判产生偏差，降低他们发现事实的能力。谈判中所涉及的这些策略最初可能是为了获得谈判力，但是如果经常使用，那么谈判者就可能会渐渐地丧失谈判力。这些谈判者会被视为低诚信或不正直，而且也会被当作一旦有机会就会剥削别人的人。

二、应如何应对对方的欺骗策略

（一）减少对方欺骗己方机会的策略

有专家提出可以预防对方欺骗或者察觉对方欺骗的一些策略。

1. 提出尖锐的问题

许多谈判者没有提出足够的问题。实际上，通过提问可以发掘出大量的信息，其中也可能含有对方故意隐瞒的信息。尤其是如果不确定对方是不是一个说谎的人，那可以考虑问对方一个你已经知道答案的问题。如果对方闪烁其词或者回答具有欺骗性，你对对方及对方的可靠性就有了一个重要的了解。

在一个买卖计算机的模拟谈判实验中，分两次进行：一次是有人鼓励买方对计算机的状况问题向卖方提问，另一次是没人鼓励买方提问。全面观察结果表明，向卖方提问计算机的状况会减少卖方的欺骗性描述（蓄意说谎）。

因此，尖锐的提问能帮助谈判者辨别对方是否在实施欺骗。

2. 以不同的方式来表述问题

罗伯特·阿德勒是位法律和伦理学家，他指出谈判者所使用的欺骗策略并不是完全的谎言，相反，"他们闪烁其词、躲避，围绕真相迂回，并假定他们的陈述会被曲解而且不会得到挑战"。某种提问题的方式可以引出一个技术上的正确答案，但是却绕过了质问者想要发现的真正实情。

例如作为一个潜在的房子买主，你提问："供暖系统怎么样？"卖主回答说："系统良好。"所以你下结论说系统没有问题。作为一种选择，你也可以问："供暖系统的最后一次检测是在什么时候，结果怎么样？"（也可以问更深层次的问题，以及要求看一下检测的书面文件）。你可能会了解到尽管系统现在工作状况比较好（系统良好），但是检测揭示供暖系统已经处于应用的最后阶段了，明年就需要更换了。

问不同的问题会得到不同的答案，而且还会避免对方回避问题。

3. 迫使对方说谎或退缩

如果你怀疑对方在某个问题上欺骗你，但他又没有用很直接的语言表述出来，那么你就提出问题来迫使他直接说谎（如果他所说的是假话），或者证明他所说的话。

例如，如果某产权的卖方向潜在的买方暗示还有别人出价购买，那么买方就应该明确地对那些另外的报价提问，并要求卖方对此给出明确的回答。

这之所以是一种有效的策略，是因为研究表明，人们更倾向于无意说谎而不是有意说谎。有些人擅长闪烁其词或误导对方，但当他们直视别人的眼睛说谎时，就会良心不安。撇开良心的谴责不谈，这种直接提问并要求做出明确回答，会使对方因为欺骗行为所应承担的责任而感到不安。因此，及时向对方提出尖锐、直接的问题会使对方退缩而不是当面撒谎。

4. "挑明"策略

当对方一开始说谎，你就指出你知道对方是在虚张声势或者说谎，巧妙并坚决地挑明真相，并表明你的不快。同时，也可以讨论你的所见所闻并使对方变得更加诚实。这样做是为了令对方确信：从长期来看，讲真话比虚张声势或欺骗策略更有可能满足需要。

当欺骗所涉及的问题是谈判中的次要方面时，你也可以采取不予计较的策略：有些人可能会如所预期的一样说谎或虚张声势，他们应该会认为这只是谈判中的惯例和插曲，而不是对伦理和道德的损害。谈判者有时会做不明智的保证——做出他们之后会后悔的承诺，在这时可以为对方的利益着想，帮助他"逃避"承诺、挽回面子。当对方的动机是质朴的而不是险恶的时，你不妨采取相似的做法——让它过去吧，不要让对方感到尴尬，还是继续合作下去。当你让对方觉察到你的这种善意，他们通常倾向于不再欺骗。

案例阅读与思考

立体声音响推销

为了给即将到来的海外旅行筹资,小李打算把自己的立体声音响卖出去。这套音响质量很好,而且有位玩转高级音响的朋友告诉他,如果在市场上购买这些设备,这位朋友会出 5 000 元。几天后,一位潜在顾客来看这套音响,他仔细地听了音响的效果并询问了一些有关音响状况的问题。小李向顾客保证,这套音响的质量非常好。当问及开价多少时,小李告诉他已经有人出价 5 200 元而自己也不想卖。这位顾客最后用 5 500 元买走了音响。

思考与讨论:如果你是这位潜在的顾客,你如何做可以减少对方对你的欺骗?

(二)应对欺骗的策略

研究者发现,谈判者可以使用一些策略来确定对方的行为是不是欺骗行为(见表 6.2),如果对方实施了欺骗,可以以此为参考来应对。

表 6.2　应对欺骗的策略

策略	解释和示例
恐吓	恐吓对方,以使他承认自己使用欺骗策略,并说出真相;严厉地指责对方、批评对方;利用比较具有针对性的问题来打击对方;装作对对方所说的话并不在乎("我对你所说的话根本不感兴趣")
指出欺骗的无用性	向对方强调欺骗是没有用的,而且继续欺骗下去会招来危险,"真相迟早会浮出水面的""不要再试图隐瞒了,那样只会让娄子越捅越大""隐瞒会让事情越变越糟的""欺骗会让你孤立无援"
解脱	向对方陈述"改过自新""洗心革面""重新做人",有助于令对方减轻因被人揭穿而带来的紧张感和压力
虚张声势	告知对方你已经看破他的骗术了,也可以表明你知道他所了解的事情,但不去讨论
文雅地刺激对方	鼓励对方一直说下去,以使他透露信息来帮助你区分事实和欺骗;让对方对正在讨论的问题做详细阐述;向对方提问但要表明你提问的原因是"别人想知道";与对方唱反调并提一些可笑的问题;称赞对方并给他信心和支持,从而令他能够共享信息
把影响减至最小	帮助对方找到他之所以采用欺骗行为的借口;最小化欺骗行为的后果并表明其他人这样做后果更糟,同时把责任推给别人
寻找矛盾	让对方讲述整个故事,从而帮助你获得更多的信息来发现他的陈述和报告中的矛盾;指出其中明显存在矛盾的地方并要求做出解释;多次提问对方同一个问题,寻找其回答中的矛盾所在,再就此矛盾之处提问并要求对方对此做出解释;给对方制造压力,以使他说漏嘴或说出他本不想说的事
变换信息	变换信息并诱导对方揭示自己的欺骗行为;尽量夸大你认为对方欺骗你的部分,希望对方能立即纠正其陈述;询问对方一个含有错误信息的问题,并希望他能改正你的陈述
由点及面	尝试令对方就有关信息承认其中存在一些小谎言,并以此迫使对方承认还有更大的谎言:"如果你对如此小事都说谎,那我怎么相信你在其他事情上没有说谎呢?"
自我披露	披露一些有关自己的事情,也可以包括自己不诚实的方面,利用这种方法来让对方开始信任你并且也告诉你一些他不诚实的地方
指出欺骗细节	指出你察觉对方在说谎的一些行为:流汗、紧张、变声、不敢与自己进行眼神交流等
关心	表明你对对方的利益是真正关心的,"你对我来说很重要""我很关心你""我能感受到你的痛苦"
维持名誉	劝告对方为了维持他的好名声要诚实以待,利用他的自豪感和希望保持好名声的愿望,对他说:"如果您这么做了,人们会怎么想?"
直接揭穿	"只要简单地告诉我事实就行""诚实点吧""你不介意告诉我你所知道的事情吧"
沉默	创造一个"一言不发"的环境,让对方感到不舒服,以使他透露一些信息。当他说谎时,只需保持沉默,盯着他即可

三、商务谈判者道德观的确立

道德观的模糊和混乱是影响谈判者理性运用谈判原则、技巧和导致某些不正当竞争行为的重要原因。道德观的确立应该以什么为标准，它的产生背景是什么，谈判领域的道德观与人们认识中的社会道德规范有什么样的关系，这是谈判者必须清楚的。

商务谈判者在确立自己的道德观时，必须先对自己所属的社会、自己的信仰、自己的奋斗目标有一个比较清晰的认识，努力使自己的道德准则合乎所在社会的道德准则，即合乎所在社会的社会规则。这个问题的解决，便为谈判者在谈判过程中正确地运用谈判原则和技巧、正确地看待并处理好与自己具有不同道德观的谈判对手的相互关系打下良好的基础，使自己既不致被对手的指责迷惑，又不致犯以己度人、强加于人的错误；既能正确看待并应对对手的某些不道德做法，又能坚定并有效地实施自己的谈判计谋，而不致为某些偏执的伦理观念所困。

（一）提倡动机与效果的统一

谈判目标的设定和修正受到谈判者动机与需要的变化影响。无论谈判者对问题的见解如何，只有通过与对手的交流、沟通，才能促进彼此的理解或认同。只要不是强加于人的东西，无论对手怎么理解你的见解都是可容忍的，它不应该成为你怀疑自己甚至改变自己见解的理由。

谈判目标既可能是确定的、清晰的，也可能是变化的、模糊的。有的谈判，尽管事先谈判者已经有了一个确定的、清晰的目标，但为了利益上的考虑，绝大多数谈判者会在谈判过程中以较大的水分、虚数来掩饰这个目标，他们会设置障碍阻止对方前进，以保持自己在实现目标上的优势。

（二）制约商务谈判者道德观的因素

商务谈判者道德观的建立不是孤立的过程。在商务实践中，一个商务谈判者奉行的谈判道德不仅是他自己意识的产物，也是他所生活和工作环境的产物。商务谈判者要受到上级、下级、同事和对手的约束，因此，任何商务谈判者都不可能离开具体的商务环境和目标抽象地建立起道德观。

1. 上级的意志和制度导向对商务谈判者道德观的制约

谈判者如果是下级，他所执行的任务来自上级的命令和授权，因此谈判者个人的道德观会受到上级的意志和考核这些任务完成情况的制度导向的影响。在强调执行力的组织里，谈判者的道德观会以实现组织谈判目标、完成上级指令等强制性要求为第一价值标准，将自身的道德观从属于这个标准。

因此，当我们执行任务或看待对方执行任务的行为时，不可断然将这个行为的原因归结为个人道德，有时上级和组织的作用比谈判者个人的作用更强。

2. 下级的想法和条件限制对商务谈判者道德观的制约

谈判者如果是上级，他的指令需要下级的配合才能实现。下级的能力、品质、个人判断力等都会对上级的指令产生某种修正作用。在特定制度安排下，下级还会根据制度对其约束后果的机会成本进行估计，做出执行、不执行、变通执行、变相不执行的选择。因此，谈判者即使有自己的道德判断，也不可能完全控制或左右谈判方向、进程和结果。

一个谈判团队的人员结构、知识结构、经验差异、价值观的一致性等，都会对作为上级的谈判者的道德观和行为产生制约。

3. 同事的分工协作和配合默契程度对商务谈判者道德观的制约

由于职能分工协作的差异，同事在配合谈判的过程中，会根据职能工作的配合目标和效果对他们自身的影响、对组织的影响、对本方谈判者的影响、对对手的影响等进行评估，并做出积极或消极的行为选择。这些不动声色的选择，对谈判者的道德观的制约是无形的。

4. 谈判对手的道德表现对商务谈判者道德观的制约

谈判者受到相互性原则的影响，会根据谈判对手的行为来决定自己的行为。谈判者彼此间如果具有相同或相近的伦理道德观，他们就容易在谈判的游戏规则上取得共识，在遵守这些规则方面也较为自觉。一旦各方认同了这些规则，就可以在其约束范围内各自采用不同的谈判谋略或专业技巧去争取对自己更为有利的条件。

商务谈判遵循市场的一般法则，自愿公平、诚实守信的游戏规则是得到了尊重还是遭到了破坏，都会在谈判者身上产生相应的反应。以礼相待，就可能换来诚恳坦荡；出尔反尔，就可能换来尔虞我诈；急功近利，就可能换来信用风险。

（三）要主动消除妨碍谈判的道德障碍

社会伦理对人的行为的调节主要是通过人与人之间的约束来进行的，这种约束既可以是以主动的形式（自律）实现的，也可以是以被动的形式（他律）实现的。

主动的约束是指谈判者从自身修养和对伦理的认识出发自觉约束自己的谈判行为。凡是谈判者自己认为合乎道德的做法，他通常会毫不犹豫地坚持，不会受外部因素的干扰。

一个高明的谈判者既懂得如何在遵守谈判伦理道德规范的前提下尽量发挥自身在谈判技巧运用方面的独特之处，又知道怎么以这些谈判伦理道德规范去制约和影响对方。他会判断哪些规范是敏感的、容易引起对方或社会反应的，哪些规范是不敏感的、可供自己合理运用的，甚至在必要时，为了赢得结局上的优势，谈判者可能选择那些在认识上还存在模糊、分歧的道德规范作为自己突破僵局、解决纠纷、赢得时间、调整战略的支撑。

在国际谈判活动中，谈判者所遇到的道德障碍更多地来自各自所遵从的社会伦理道德观的冲突，来自各自的文化观念的冲突，来自各自的价值观的冲突。为了避免或减少这些冲突对谈判者运用谈判手段的不利影响，谈判者应当主动地消除妨碍谈判的道德障碍。谈判者通过与对手在认识上的沟通、消除各自在谈判原则问题上的分歧（这些分歧的相当一部分是由于误会所致），可以有效地清除那些妨碍其采取行动的障碍。

四、要敢于运用合乎伦理道德的谈判手段

谈判者采用的谈判手段在战略与战术上会表现为各种各样的原则与技巧。无论这些原则与技巧的进攻性或防御性如何，都可能成为对手指责的对象。

例如，谈判对手或许会以"缺乏诚意""条件缺乏可信性""人品问题"等向你施压。谈判者必须认识到这种以伦理道德问题为武器的攻击手段带来的危险，必须小心地将具体的做法与伦理道德标准（多半是对手赋予的）分离开。在手段上被动并不可怕，可怕的是在伦理道德上陷入困境，这样的话，防线就可能被一再突破。因此，谈判者应当变"希望对方理解自己的伦理道德观"为"坚持自己的伦理道德观"，只要这些观念是合乎自己所在社会的道德观的。在与不同社会文化环境的谈判对手交流中，对伦理道德观的沟通是必要的。但决不可强求一致。

在谈判手段上，凡是"讲礼仪、有诚意、重信誉"的做法都是具有良好职业道德的。在这个前提下，谈判者完全可以从维护和争取本方的利益出发，采取具有进取性的谈判技巧。

首先，谈判者要在利益上敢于争取、善于争取。要理直气壮地向对手陈述自己的理由，不要因为对手的指责而怀疑自己的正确性，要认真分析对手指责的真实动机。在争取利益的过程中，

将问题与人区分开，努力保持与对手个人间的良好关系，为进取创造条件。

其次，要敢于向对手施加压力或影响，不要因为对手的抵抗而停止前进。有时可以用"最后的建议""最后的时间""最后的条件"来影响对方，也可以用"关系到对方信誉""关系到谈判能否继续""关系到今后的双边关系"等威胁来调动对方，还可以通过"向对手上级发出通报""向对手的主管部门施加压力"等来制约对方。

再次，要采取必要而实际的步骤对谈判对手的无理行为进行反击。谈判桌上如果对手是讲仁义的，谈判者就应当有君子气度；如果对手是"小鬼"，谈判者就不妨做"钟馗"。单方面、无条件地讲道德对谈判者无疑既是幼稚可笑的，又是极其被动和危险的。任何时候谈判者都没有必要迁就低素质、无修养、不讲信誉的谈判对手。谈判者对这种人可多做评论性的、正面的反应，少做情绪性的、非理智的反应，更不要轻易抛出实质性的条件。

最后，谈判者还应当注意手段的合法性，绝不要因为在某些问题上占有道德上的优势而采取过火的、违法的行动，导致失去谈判桌上的有利地位，甚至导致自己走向被动。

👓 视野拓展

很多谈判中不道德的做法其实也是欺诈性的做法。有几个关键的因素来判定欺诈。①有关事实的内容没说。②错误陈述事实，或者误导性陈述，也包括不做任何努力去考证一些很容易就能得到的事实真相。③对方的决策在很大程度上依赖于你的错误陈述事实，或者因此受到很大影响。

例如以下情境。

问：我卖二手车，明知换过发动机，我说没换过，还是原来那个发动机，是欺诈吗？

答：是欺诈。

问：我出售一个公司，去年公司赢利。我告知了潜在买方，并预期公司继续赢利。现在我看到了公司最新的财务报表，上半年公司亏损。我能说公司赢利情况很好吗？我需要告知对方公司不赢利了吗？

答：明明知道而不说是不对的。

问：我出售一个公司，去年公司赢利。我告知了潜在买方，并预期公司继续赢利。我感觉公司上半年经营情况不好；公司最新的财务报表在案头，我不看，但是我也不告知谈判对手，算欺诈吗？

答：算。

知识巩固与技能训练

一、思考与讨论

1．简述商务谈判中迎送礼仪的注意事项。

2．试述商务谈判中的服饰礼仪。

3．就餐时应注意哪些礼仪？

4．馈赠礼品时应注意哪些问题？

5．谈判者如何应对对方的欺骗策略？

二、活动与演练

四五个人一组，自定商务谈判背景，每人均按该背景编写欢迎词、欢送词、介绍词和解说词并进行表演，要求语言、动作、表情相结合，声音洪亮，表达流畅，神态自然。组内其他成员参照表6.3给表演者打分（实际得分取均值）。

表 6.3　考核表

考核项目	考核内容	分值	实际得分
仪容仪表	衣着整齐	5	
	仪容整洁	5	
	服饰规范	5	
举止动作	站姿规范	5	
	手势准确	5	
	走路优美	5	
表情神态	眼神到位	5	
	保持微笑	5	
	表情自然	5	

三、案例分析

某年夏天，H 市木炭公司经理助理柯女士到 G 市金属硅厂谈判其木炭的销售合同。H 市木炭公司是生产木炭的专业厂家，想扩大市场范围，对这次谈判很重视。会面当天，柯女士脸上粉底打得较厚，脸上涂着腮红，戴着垂吊式的耳环、金项链，右手戴有两个指环、一个钻戒，穿着大黄衬衫、红色大花真丝裙。G 市金属硅厂销售科的马经理和秘书小李接待了柯女士。马经理穿着布质夹克衫、牛仔裤，皮鞋较旧，蒙着车间的硅灰，脸上留着胡茬。柯女士与马经理在会议室见面，互相握手，马经理伸出大手握着柯女士的手，却马上收回并抬手检查手上情况。原来柯女士右手的戒指扎了马经理的手……

思考与讨论：请分别评价马经理与柯女士的见面礼仪。

第七章

Chapter 7

商务谈判前期准备

学习目标

能设计商务谈判前的可行性分析方案；能说明知己知彼的重要性，以及能够分析如何才能做到知己知彼；能确定商务谈判的目标；能制订谈判方案；能设计模拟商务谈判方案。

导入案例

赵杰是某医药网站的广告文案撰稿人，她觉得自己得到的报酬过低。她在公司工作了5年，得到了几次提升，职位头衔是副编辑，而事实上她所做的工作与文案撰稿人（级别更高些）的工作是一样的。赵杰每年的薪水是15万元，她怀疑这份薪水要比其他职位相似的人所领到的薪水少得多。于是她决定做些调查。她上网看了一下，找了一些网站，将自己的报酬与工作头衔和自己差不多的人进行了一番比较。结果不出所料，在就业市场中，与她职位相似的人每年能有18万～20万元的收入。所以，她决定和经理谈一谈。在谈判中，赵杰向经理详细阐述了自己所搜集到的职场薪资情况。结果她不仅得到了自己期望的职位头衔，而且经理还在她所提议的薪资范围内给她加薪了。

思考与讨论： 此案例说明了谈判前准备工作的重要性，请结合案例说说你觉得商务谈判前要做哪些准备工作。

第一节　商务谈判前的可行性分析

谈判准备阶段的可行性分析主要指做好以下几个方面的工作。

一、信息收集、整理与研究

对与谈判有关的信息资料的研究是建立在对有关信息资料的收集与整理的基础上的。掌握的信息资料越全面、分析得越充分，谈判成功的可能性就越大。在信息的收集过程中，应坚持"快"和"多"的原则，面对信息的质量和价值，则应在信息整理过程中研究。信息对谈判者而言，是一种宝贵的资源。在谈判中，即使谈判的标的和目标很明确，往往也会受到来自各方面因素的干扰。因此收集一些必要的信息，是必不可少的，这些信息主要包括以下各个方面的内容。

（1）政治、法律环境。政治、法律环境对谈判的影响是全过程的，既影响谈判的结果，又关系到谈判协议的履行效果。

（2）市场环境。市场环境主要是分析市场行情走势、市场供求状况等。

（3）自然环境。自然环境的不同，决定了产品的原材料供应、运输方式、储存条件及商品的包装、装饰等多方面的差异。

（4）文化环境。不同国家、地区的商人有各自不同的商业习惯、宗教信仰、社会风俗等。实践证明，如果谈判者在谈判前对谈判对手的文化背景、宗教信仰等文化环境方面有所了解，非常有利于谈判的成功。

（5）谈判者的自我评估。谈判者要正确评估自己的实力，了解自己的弱点，明确自己的利益目标。正确的自我评估，可以使谈判者保持清醒的头脑，在谈判的适当时候避实就虚，以己之长补己之短。

二、方案的比较与选择

在可行性分析阶段，需要拟订出谈判的各种方案进行比较和选择，看哪一种方案更能获取最大利益，并能让对方接受，同时要研究对方可能提出的方案和这些方案对本方的利益影响及应对方法。另外，方案的比较与选择还包括己方将派出什么人员、采取哪种手段、运用何种方法等。

三、谈判价值构成的分析

谈判价值构成是谈判者讨价还价的依据，也是研究、选择方案的基础。谈判准备阶段要研究的核心问题就是分析预测双方谈判的价值所在，以及起点、界点、争执点，进而分析双方是否存在谈判的协议区、幅度多大，并由此决定谈不谈和如何谈的问题。如果谈判者不想因盲目谈判而给己方造成不良后果，就应重视对谈判价值构成的分析。

四、预测各种主客观情况

谈判者要对各种可能发生的情况进行预测，从而为比较和选择方案、考虑应对的方法提供依据。从某种意义上看，情况的预测工作往往决定了谈判的方案比较与选择工作的成败。

五、综合分析后做出结论

综合分析就是在信息资料的收集、方案的比较与选择、谈判价值构成的分析和各种主客观情况预测的基础上，进行总体研究，得出结论，并确定谈判方案。这是谈判准备阶段可行性分析的归宿和结晶，但这时的结论或方案还仅是初步的，还应随着谈判进程不断加以补充和修订。

视野拓展

信息收集方法主要有以下几种。

查找法：通过查找企业内部的和外部的相关资料而获取信息的方法。

索取法：向占有信息资料的相关单位和个人无偿索要信息资料的方法。

购买法：通过付出一定量的资金向有关单位和部门购买所需资料的方法。

交换法：与信息机构和其他单位之间进行对等信息交换的方法。

第二节　商务谈判前的知己知彼

谈判前，多搜集对方资料，可以在谈判中处于主动地位，使自己赢得谈判。事实上，只有在谈判前充分准备，才能更好地看清自己、了解对方。看准谈判中各方的关系，才能找到谈判的突破点，驶向成功的彼岸。

一、商务谈判前的"知己"

"知己"就是了解自己，这里指谈判者所代表的组织及己方谈判人员的相关信息。

古人云："欲胜人者，必先自胜；欲论人者，必先自论；欲知人者，必先自知。"没有对自身的客观评估，就不会客观地认定对方的实力。只有正确地了解自己，才能在谈判中确立正确的地位，采取相应的对策。

1. 评估己方状况

在谈判前的准备中，谈判者应该了解和评估自身的状况，主要包括以下方面。

（1）对己方经济实力的评价。己方经济实力主要包括己方产品及服务的市场定位、财务状况、销售情况、企业有形资产和无形资产的价值、企业经营管理的水平及决策的成败记录等。

（2）对己方谈判人员的实力评价。内容包括己方参加谈判人员的知识结构心理素质、个人经验、合作能力、士气状况以及以往参加谈判的经验等。

（3）谈判项目的可行性分析。进行项目可行性分析需要对项目涉及的资金、原材料、技术、管理、销售前景及其对企业综合实力的影响进行全面的评估。

（4）己方谈判目标定位及相应的策略定位。谈判的目标定位包括最低目标定位和最高目标定位，即预先设定商务谈判的成果和争取点。己方的谈判方案及相应策略也需要进行可行性分析。

（5）了解己方各种相关资料的准备状况。内容包括：拥有相关资料的齐全程度，特别是对核心情报的掌握程度；己方谈判人员对资料的熟悉程度，如哪些资料可以在谈判中作为背景资料提供给对方，哪些资料在关键场合发挥独特的作用；等等。

只有对自己熟悉，才能全面地分析自己的优势和劣势，正确地评估自己，然后才能满怀信心地坐在谈判桌前。

2. 确定己方底线

在谈判之前，谈判者还要确定己方的底线，因为双方一旦超越各自的底线，谈判就无法进行。在谈判中，谈判者经常遇到的就是价格方面的问题，这也是谈判双方利益冲突中的一个比较大的问题。假如你是买方，你希望价格更低；反之，你是卖方，就会希望价格更高。不管是低价还是高价，你都需要确定底线。

首先，这个底线必须是合理的，要建立在正常的市场范围之内，不可过高或过低。如果买方把底线定得太低，或者卖方把底线定得过高，都会造成谈判冲突，最终导致谈判失败。

因此，在确定底线的时候，一定要符合实际情况，应该在己方能接受的最低价和对方能够接受的最高价之间开价。这样，双方才会有谈判的欲望。总之，对己方有利的价格不一定适合对方。所以，在设定底线的时候，也要考虑对方的需求，要多方面考量，确保价格处于双方的临界点，并且给对方留有还价的余地。当意识到己方的底线不适合对方的时候，可以在开价后做出让步。

在确定谈判底线的时候要注意下面几点。

（1）底线的设置要保证在最小的损失下获得最大的利益，这里的利益主要指公司利益。如果底线设置没有使公司获得利益，那么这样的底线就没有什么意义。

（2）在设置底线的时候，要考虑到对方的接受程度。一次顺利的谈判，一定是双赢的结果，只有双赢的谈判才可以继续合作下去。所以，当设置底线的时候，不但要考虑自己的利益，还要考虑对方的利益。假如只考虑自己，谈判就会陷入僵局。

（3）要将底线坚持下去。一旦设置好底线，就要坚持下去，哪怕对方提出非常苛刻的条件，甚至使谈判陷入僵局，也要尽可能地坚持底线。对于超出底线的谈判，宁可谈判失败、失去客户，也不能放弃自己的底线。因为即使放弃底线，对方也可能会要求再三让步。

给自己确定底线，但是不要轻易说出底线。谈判高手都知道，在谈判的时候不能轻易地说出自己的底线。想要满足底线要求，就要提出高于底线的条件。假如我们想得到 100 元，那么可以提出 150 元的要求；如果提出 100 元的要求，那大概只能得到 80 元。因此，在谈判报价的时候，要有一定的技巧，既要超出底线，又要保证对方有继续谈判下去的兴趣和信心。让步的时候，要有目的、有技巧，不能使对方有"给一点压力就能获得一点让步"的想法。

二、商务谈判前的"知彼"

（一）谈判前获取对手信息的方法

如果想取得谈判的胜利，那么在谈判之前，就要有所准备，除了对自己和自己的产品有深刻的认识之外，还要了解对手。只有掌握了对手的情况，对他们的信息了如指掌，我们在谈判的时候才会得心应手。谈判中，我们了解对方的信息越多，获胜的机会也就越大。

案例阅读与思考

幕后的第三方

李斯科是一家化学公司的销售经理。有一件事令他十分费解，有笔交易的报价已经十分诱人，但一个新客户的采购代表却还不停地提要求。李斯科想看看幕后是否存在第三方，于是他提了一些问题，"我发现，原来他的老板正在监视他，而且经常在事后批评他。"李斯科说。在李斯科的帮助下，这位采购代表让其老板看到了行业标准以及他们的需求得到满足的过程。"他告诉他的老板，这是他所能达成的最有利的交易。"李斯科说。最后对方同意了协议。

思考与讨论：请从这个案例分析商务谈判中"知彼"的含义。

要想做到比较准确地了解对手的需求和意图，方法及其途径主要包括如下内容。

（1）直接派人去对方企业进行实地考察，收集资料。在现实经济生活中，人们把实地考察作为收集资料的重要形式，企业派人到对方企业，通过对其生产状况、设备的技术水平、企业管理状况、工人的劳动技能等各方面的综合观察、分析，可以获得有关谈判对手生产、经营、管理等方面的第一手资料。在实地考察之前，应有一定的准备，带着明确的目的和问题，才能取得较好的效果。

（2）通过各种信息载体收集公开情报。企业为了扩大自己的经营，提高市场竞争力，总是通过各种途径进行宣传，这些宣传都可以提供大量的信息。如企业的文献资料、统计数据和报表，企业内部报纸和杂志、各类文件，广告、广播宣传资料，用户来信、产品说明和样品等，从对这些公开情报的收集和研究当中，就可以获得所需要的情报资料。

（3）通过对与谈判对手有过业务交往的企业和人员的调查了解信息。任何企业为了业务往来，都要收集大量的有关资料，以准确地了解对方。因此，同与对手有过业务交往的企业联系，会得到大量有关谈判对手的信息资料。向与对手打过官司的企业与人员了解情况，会获得非常丰富的情报，他们会提供许多有用的信息，而且是在普通记录和资料中无法找到的事实和看法。

（4）通过专业组织和研究机构获取调查报告。随着经济的发展，出现了许多专业性的组织和研究机构，它们通过收取一定费用或者义务服务的方式为委托人完成特定目的的调查，并将调查结果以调查报告的方式呈交委托人。这可以节省委托人的时间，调查得更为专业，弥补自己调查经验不足等问题。

（5）电子媒体收集法。电子媒体是指运用电子技术、电子技术设备及其产品进行信息传播的媒体，其中包括互联网、广播、电视等。随着信息技术和网络的发展，通过电子媒体收集信息的作用越来越重要。

（6）观察法。观察法就是指调查者亲临调查现场收集信息。亲自观察得到的信息真实可靠。但是由于观察者自身的局限，难免受主观和其他问题的影响而效率低或带有偏见。

（7）实验法。实验法即对调研内容进行现场实验的方法，如采用商品试销、试购以及谈判模拟等方法来收集市场上的动态信息。用这种方法可以发现一些在静态时不易发觉的新信息。

视野拓展

20世纪80年代，我国光学冷加工的水平较低，为改变这种状况，国家决定为南京仪器仪表机械厂引进德国劳尔光学机床公司（LOH）的光学加工设备。南京仪器仪表机械厂的科技情报室马上对劳尔光学机床公司的生产技术进行了情报分析。在与劳尔光学机床公司进行谈判时，该公司提出要对我方转让24种产品技术，我方先前就对其产品技术进行了研究，从24种产品中挑选了13种产品引进，因为这13种产品已经足以构成一条完整的生产线。同时，我方也通过对国际市场情况的掌握提出了合理的价格。这样，我们既买到了先进的设备，又节约了大量的外汇。

对于收集到的对方资料，一定要客观地分析和利用。通常通过以上对谈判双方情况的综合分析，就可以对双方实力加以判定，进而拟订己方的谈判策略，使谈判朝着有利于己方的方向发展。但是，我们同时也要对谈判这个动态过程的复杂性有心理准备，要知道完全按照前期收集到的信息行事不一定就符合此次谈判的情况。

（二）"知彼"的关键点

1. 抓住对方的需求

谈判的目的是成交，而成交的核心在于抓住对方的需求。只有探明对方的实际需求，才能知道如何满足其需求，从而实现成交。怎样才能在谈判前获知对方的需求，以便在谈判过程中做出有针对性的策略呢？我们不妨先看一个案例。

A需要采购一批树苗，找到了B公司。B公司把树苗的品种和价格告诉了A，可A迟迟没有采购。B公司联系A，A说还需要考虑。B公司不想穷追猛打，也不想拖下去，以免竞争者乘虚而入。于是，B公司派人找到与A关系很好的C，向他了解A买树苗的真正需求。于是B公司代表与C就有了下面的对话。

B："你知道A采购这批树苗是想干什么吗？"

C："听他说是想把家里的荒山给种上树苗。"

B："他有想要的树种吗？是要大苗还是小苗？"

C："常规的树苗他不想要，至于树苗的大小，好像都可以。"

B："树栽下去后，他准备派人管理吗？"

C："他经常在外面出差，家里也没有人替他管理。我估计他不准备派人管理。"

B："地方有多大。"

C："大概两三亩地，还没有具体量。"

……

通过一番对话，B公司代表终于明白了之前A迟迟不来采购的原因——之前报过去的树种、价格等各方面并不适合A。于是，B公司根据所了解到的信息，向A提供了新的树苗品种和价格，并且这种树苗种下去不用专人精心管理。很快，A 就同意签订购买协议了。

通过这个案例，我们可以发现了解对方的需求有多么重要。很多人可能觉得，了解对方的需求非常简单，只要在谈判的时候直接问对方便可知道。殊不知，等到谈判的时候再去问对方，就没法提前做好有针对性的谈判策略了。而且很多时候，对方并不一定会实话实说。要知道，在谈判桌上大家都想为己方争取最大的利益，有时候甚至会刻意隐藏己方的真实需求和谈判意图。所以，单靠谈判时提问来了解对方的需求是不现实的。

2．了解对方的动机

谈判前了解对方的动机一定会为自己加分的。毫无疑问，我们之所以要进行谈判，是为了满足我们的要求和需求。当然，不可否认的是，在人类的许多活动中，要求和需求的满足都可以被理解为是单方面的，即人们之所以会发起和完成某项活动，是为了满足自身的若干需要。而一场好的谈判应该能满足双方的需要。谈判双方都要有所收获，都希望在谈判前能够得到对方的更多信息，这样就可以更准确地了解对方，在谈判桌上获得更大的胜利。

3．确认对方的底线

那么，如何才能准确地了解对方呢？

实际上，准确地了解对方并不是一件容易的事情，没有哪一次谈判可以轻而易举地把合同拿下。谈判本来就是连续的过程，有时，不经过一段时间的磨合，是无法真正了解对方底线的。

📖 案例赏析

奥康的成功

意大利 GEOX 曾用了两年时间对中国市场进行调研，先后考察了 6 家中国著名的鞋业公司，为 2003 年最终坐到谈判桌前进行了周密的准备。谈判中，波莱加托（GEOX 谈判代表）能把几十页的谈判框架、协议条款熟练背出，令在场的人大吃一惊。波莱加托的中国之行安排得满满的，去奥康考察只有 20% 的可能，谈判成功概率很低，合作机会也很小。但奥康的宗旨是：即便只有 0.1% 的成功机会也绝不放过。奥康为迎接波莱加托一行进行了周密的准备和策划。首先，他们通过一名翻译全面了解对手公司的情况，包括对手的资信情况、经营状况、市场地位、此行目的，以及谈判对手个人的一些情况。其次，为了使谈判对手有宾至如归的感觉，奥康专门成立了以总裁为首的接待班子，拟订了周密的接待方案。从献给刚下飞机的波莱加托一行鲜花，到谈判地点的选择、谈判时间的安排、客人入住的酒店预订，整个流程都是奥康精心策划和安排的。谈判对手一直很满意，谈判最终获得成功，外界很是惊讶。而奥康后来一度发展成为中国皮鞋行业的标志性品牌。2009 年奥康品牌价值达 66.88 亿元。

【案例简析】此案例中谈判双方的行为完全诠释了商务谈判前期准备的重要性，也告诉我们商务谈判前期该如何做。

第三节　商务谈判目标的确定

在谈判中，无论是单枪匹马，一对一地与对方谈判，还是以团队的形式与对方谈判，都必须先明确目标，再去谈判，才能以不变应万变。尤其是以团队的形式谈判时，团队内部必须先达成共识，才能确保在谈判中口径一致，不致被对方抓住漏洞，陷入被动的局面。

明确统一的目标不仅是谈判的前提，还可以使我们在谈判中明确自身定位，处于主动地位。这其中包括两个步骤，首先是确定主题，然后是确定具体的目标。

一、确定谈判的主题

谈判的主题是指参与谈判的目标，谈判目标是谈判主题的具体化，整个谈判活动都是围绕主题和目标进行的。在实践中，一次谈判只为一个主题服务，因此在制订谈判方案的过程中要以主题为中心。谈判的主题必须简单明确，为确保全体谈判人员能牢记谈判的主题，在表述上应言简意赅，尽量用一句话来进行概括和表述，例如"以最优惠的条件达成某交易"等，至于什么是最优惠的条件和如何达成这笔交易则不是主题的问题，而是谈判目标的问题。谈判方案中的主题应是己方可以公开的观点，不必过于保密。另外，谈判主题不一定要和对方经过磋商的谈判主题完全一致。

二、确定谈判的目标

在谈判的主题确定以后，接下来的工作就是将这一主题具体化，即确定谈判目标。谈判目标是对主要谈判内容确定期望水平，一般包括技术要求、考核或验收标准、技术培训要求、价格水平等，当其他条件满足时，则以价格为其代表。谈判的具体目标体现着参加谈判的基本目的，整个谈判活动都必须紧紧围绕这个目标进行，都要为实现这个目标服务。

达到商务谈判目标是商务谈判的最终结果之一，商务谈判目标的内容因谈判类别、谈判各方的需求不同而异。如果是为了获取资金，则以可能获得的资金数额作为谈判的目标；如果是为了销售产品，则以某种或某几种产品可能的销售数量和交货日期等作为谈判目标；如果是为了获取原材料，则以满足本企业对原材料的需求量、质量和规格要求等作为谈判追求的目标。还有一些谈判以实际价格水平、经济利益水平等作为目标。因此，商务谈判的目标因谈判的具体内容不同而有所区别。

由于谈判的目标是一种主观的预测性的决策性目标，所以还需要参加谈判的各方根据自身利益的需求、他人利益的需求和各种客观因素来制定谈判的目标系统和设定目标层次，并在谈判中经过各方不厌其烦地讨价还价来达到某一目标层次。

谈判的具体目标可分为最高目标、实际需求目标、可接受目标和最低目标四个层次。

1. 最高目标

最高目标也称最优期望目标或理想目标，它是己方在商务谈判中的最高追求，也往往是对方能忍受的最大限度。如果超过这个目标，往往就要面临谈判破裂的危险。在实践中，最高目标通常是可望而不可即的理想方向，实现的可能性很小，因为商务谈判是双方利益分配的过程，没有哪个谈判者会心甘情愿地把自己的利益全部让给他人。同样，任何谈判者也不可能指望在每次谈判中都独占鳌头。尽管如此，这也并不意味着最高目标在商务谈判中没有价值。还需要说明的是，最高目标也不是绝对达不到的。

美国著名谈判专家卡洛斯对两千多名谈判人员进行实际调查后发现，一个好的谈判者必须坚持"喊价要狠"的准则。这个"狠"的尺度往往接近最高目标。

如果一个诚实的谈判者一开始就推出他实际想达到的目标，由于谈判的作用和对手的实际利益，他最终可能很难达到这个目标。

例如，在资金供求谈判中，需方可能实际只想得到 50 万元，但谈判一开始，需方可能报价 80 万元,这 80 万元就是需方的最高目标,这个数字比其实际需要的 50 万元多 30 万元。但是,供方一般不会做提供 80 万元资金的慷慨之事。供方根据了解的信息(如需方偿还能力、经济效益高低和利率等情况),明知对方实际需要 50 万元,为了使谈判深入,掌握主动权,可能会故意压低对方的报价,只同意提供 30 万元。如此这般交锋,双方列举各种理由加以论证,谈判结果可能既不是 80 万元,也不是 30 万元,而是在 50 万元上下。

供需双方最高目标也可能错位,这种情况一般较容易达成交易。

为什么会形成这种情况?原因极为复杂,涉及心理、信誉、利益,乃至历史成见等诸多因素。一个信誉极高的企业和一家资金雄厚、信誉良好的银行之间的谈判,达到最高目标是完全可能实现的。

在谈判对手看来,我方的最高目标有点不切合实际。但我们要认识到,目标理想化一点,利益就会更大一些,这也会增加我们的谈判动力。

另外,目标定得高一些,可以扩大潜在的谈判空间。

最高目标有以下几个特征:①是对己方最有利的理想目标;②是单方面的,比较难实现的目标;③是谈判中第一次报价的目标;④可以带来有利的谈判结果。

要注意的是,追求最高目标时,不可盲目乐观,否则容易滋生骄傲心理,还容易激怒谈判对手,不利于谈判顺利进行。更多的时候,最高目标只是作为一种谈判工具,是用来第一次报价的,以便为己方保持较大的谈判空间。

2. 实际需求目标

实际需求目标是谈判各方根据主客观因素,考虑到各方面情况,经过科学论证、预测核算、纳入谈判计划的谈判目标。这是谈判者调动各种积极性,使用各种谈判手段达到的谈判目标。如上例中的 50 万元资金就是实际需求目标。实际需求目标有如下特点。

(1)是秘而不宣的内部机密,一般只在谈判过程中某几个微妙阶段提出。

(2)是谈判者"坚守的最后防线"。如果达不到这一目标,谈判可能陷入僵局,这时要暂停谈判,以便谈判小组内部讨论对策。

(3)一般由谈判对手挑明,而己方则"见好就收"或"给台阶就下"。

(4)该目标关系到谈判一方的主要或全部经济利益。例如,若得不到将无法更新主体设备,最终导致企业在近期内停产或不能扩大再生产等。正因为如此,这一目标对谈判者有着强烈的驱动力。

3. 可接受目标

可接受目标是指在谈判中可努力争取或做出让步的范围。它能满足谈判一方的部分要求,实现部分经济利益。在上述例子中,供方由于各种原因(如需方资金筹措能力、偿还能力等),只能提供部分资金(如 35 万元或 40 万元等),不能满足需方的全部需求,这种情况经常发生。因此,谈判者在谈判前制订谈判方案时,应充分估计到这种情况,并制订相应的谈判措施和目标。对可接受目标应采取两种态度:一是现实态度,即树立"只要能得到部分资金就是谈判的成功"的观念,绝不能抱着"谈不成出口气"的态度,这样可能连最低目标也无法达到;二是资金来源多样化,只要多结交谈判伙伴,就有可能最大限度地达到需求目标。

4. 最低目标

最低目标是商务谈判必须实现的目标,是谈判的最低要求。若不能实现,宁愿谈判破裂也没有讨价还价、妥协让步的可能性。它与最高目标之间有着必然的内在联系。在谈判中,表面上一开始要价很高，往往提出最高目标；实际上这是一种策略，保护的是最低目标，乃至可接受目标和实际需求目标。这样做的实际效果往往是超出谈判者的最低目标或至少可以保住这一目标。通过对最高目标的反复压价，最终可能达到一个超过最低目标的目标。之所以确定一个谈判最低目标，是因为如果没有最低目标作为心理安慰，一味追求最高目标，往往会带来僵化的谈判策略。不设定最低目标有以下两个弊端。

（1）不利于谈判的进程。谈判当事人的期望过高，容易产生盲目乐观的情绪，往往对谈判过程中出现变化的情况缺乏足够的思想准备，对于突如其来的事情不知所措。最低目标的确定不仅可以创造良好的应变心理环境，还为谈判双方提供了可选择的契机。

（2）不利于成员和团体经济行为的稳定。例如，某生产厂家对某项产品销售的商务谈判期望过高（即对销售量和销售价格的期望过高），并用这种过高的期望去影响和激发成员的积极性，尽管能起到一定的作用，但多数销售人员完不成任务的心理和实际压力，可能会严重影响销售团队的稳定。

最低目标有以下几个特征：①是谈判者的绝密，永远不会告诉对手自己的最低目标是什么；②是谈判的底线，谈判结果必须高于或等于此目标；③暗藏在理想目标的保护下。

最低目标是低于可接受目标的；可接受目标介于实际需求目标与最低目标之间，是一个随机值；最低目标是谈判一方依据多种因素，特别是其拟达到的最低收益而明确划定的限制。

例如，在获得资金的案例中，如果多家机构都能提供 50 万元，供需双方考虑的主要就是利率，年利率越低的就越可能获得资金需求方的青睐。

三、具体谈判目标的关系

人们通常认为以上四种目标之间的关系表达式为

$$最高目标 > 实际需求目标 \geq 可接受目标 \geq 最低目标$$

通常情况下，实际需求目标是定值，它是谈判一方依据其实际经济条件做出的预算。而最高目标是一个随机数值，只要高于实际需求目标即可，是谈判的起点，是讨价还价的筹码。

假设在公司的某次谈判中以出售价格为谈判目标，则以上四种目标可以表述为：最高目标是每台售价 1 400 元；实际需求目标是每台售价 1 200 元；最低目标是每台售价 800 元，可以接受并争取的价格在 800～1 200 元之间。

在实际谈判中，最高目标、实际需求目标、可接受目标与最低目标不一定是上述关系，也有可能出现其他更简单或更复杂的关系，例如几个目标都是相同的，或者由于情况的突变，这些目标出现意外的变化。

值得注意的是，谈判中只有价格目标的情况较为少见，一般的情况是存在多个谈判目标后需要考虑谈判目标的优先顺序。

当谈判中存在多重目标时，应根据重要性对其进行排序，确定是否要达到所有的目标，哪些目标可以舍弃，哪些目标可以争取达到，而哪些目标又是绝不能降低要求的。与此同时，还应考虑长期目标和短期目标的问题。例如，某商家欲采购某种商品进行销售，可以做如下考虑：①只考虑价格，牺牲质量以低价进货；②只考虑质量，以高价购入高质量商品，期望能以高价销售保证利润；③质量与价格相结合加以广告宣传；④期望得到免费的广告宣传；⑤将价格、质量和免费的广告宣传三个因素结合起来加以综合考虑。在上述五个可能的目标中，不难看出，价格和质量问题是基本目标，若这两个问题得不到解决，谈判就不可能取得成功。免费广告是最高目标，是在对价格和质量不做出任何让步的情况下才追求的目标，而价格和质量是不可能因为免费广告而放弃的目标。

四、确定谈判目标的原则

确定谈判目标系统和目标层次时，要注意坚持三项原则，即实用性、合理性和合法性。

（1）实用性原则。所谓实用性，是指制定的谈判目标在双方的经济能力和条件下能够谈、可以谈。也就是说，谈判双方要基于自己的经济能力和条件进行谈判，如果离开了这一点，任何谈判的结果都不能付诸实施。如一企业通过谈判获得了一项先进的技术装备，但由于该企业的员工素质、领导水平及其他技术环节上存在问题，该项技术装备的效能无法发挥，其谈判目标就不具有实用性。

（2）合理性原则。所谓合理性，是指商务谈判的主体对自己的利益目标追求在时间和空间上进行全方位的分析后，要确定双方都能接受的范围。市场千变万化，在一定时间、一定空间范围内合理的东西，在另一时间和空间则不一定合理。同时，商务谈判的目标对于不同的谈判对象或在不同的区域，也有不同的适用程度。

（3）合法性原则。所谓合法性，是指商务谈判目标必须符合一定的法律规范。在商务谈判中，为达到自身的利益追求目标，对当事人采取行贿等方式使对方顺从，或以损害集体利益使自己得到好处，以经济实力强迫经济能力不强者妥协，提供劣质产品、过时技术和虚假信息等，均属不合法行为。

五、谈判目标的优化及其方法

谈判目标的确定过程是一个不断优化的过程。对于多重目标，必须进行综合平衡，通过对比、筛选、剔除、合并等手段减少目标数量，确定各目标的主次和连带关系，使目标之间在内容上保持协调性、一致性，避免互相矛盾。

评价一个目标的优劣，主要是看目标本身的含义是否明确、单一，是否便于衡量，以及在可行前提下利益实现的程度如何，等等。从具体目标来说，表达要简单明了，最好用数字或简短的语言体现出来，如"在报价有效期内，如无意外风险因素，拟以129%的预期利润率成交"。需要指出的是，谈判的具体目标并不是一成不变的，它可以根据交易过程中各种价值和风险因素做适当的调整和修改。

值得注意的是，这种谈判方案的调整只反映了卖方的单方面愿望。在谈判的磋商阶段，买方不会被卖方牵着鼻子走，为了达到谈判的目标，卖方有时应当做出一些让步来换取谈判中的主动权。但是谈判者必须牢记一个原则：任何让步都应建立在赢得一定利益的基础之上。

（1）分清重要目标和次要目标。谈判之前一定要把目标写下来，并根据优先等级做相应的排序。目标要分清轻重缓急，哪个是最重要的目标，哪个是次要目标，把最高目标、实际需求目标、可接受目标和最低目标一一排列。实验表明，一个人的最高目标定得越高，最终结果就会越好。通常情况下，给两组人相同的条件，把其中一组的目标定得高些，另一组目标定得低些，结果是目标定得高的那组最终结果比较好。此外，谈判时应该留有余地，在准备时要制订一个最低目标。

（2）区分可以让步以及不可以让步的目标。列出目标的优先顺序后，还要分清哪些可以让步，哪些不能让步，同时要简要地描述理由。因为谈判是一个复杂的过程，如果描述理由时写得很长、很多，就需要花很多时间去理解，未标出理由则容易出错，还可能导致在不应该让步的地方做了让步，该让步的地方却没让步，使谈判陷入僵局。

（3）设定谈判对手的需求。在明确己方的需求后，接下来要明确谈判对手的需求，包括价格、数量、质量、交货期、付款方式等。在谈判前，先列出自己的谈判目标，再列出对方的目标，考虑对方可能关心的内容，尽可能一一列出。设定目标时，作为卖方，首先关注的可能是价格、时间，然后是数量、质量。客户买东西时，最关注的不一定是价格，也可能是售后服务、产品质量。谈判对手列出的目标与己方列出的目标必然会有一定的差距，卖方希望买方能够按照自己的要求来做，买方肯定也希望卖方按照他的要求来做，怎样才能达成共识呢？这需要双方进行沟通和交流，在沟通和交流之前，一定要确定谈判的目标。

第四节　谈判人员准备

　　谈判的主体是人，筹备谈判的很重要的一项工作内容就是人员准备，也就是组建谈判团队。谈判团队的素质及其内部协作与分工，对于谈判的成功是至关重要的。

一、谈判团队的规模

　　组建谈判团队首先碰到的就是规模问题，即谈判团队的规模多大才是最合适的。

　　个体谈判，即参加谈判的双方各派出一名谈判人员完成谈判的全过程。个体谈判的好处是：在授权范围内，谈判者可以随时根据谈判桌上的风云变幻做出自己的判断，不失时机地做出决策以捕获转瞬即逝的机遇，而不必像集体谈判那样，对某一问题的处理必须首先在内部取得一致意见，然后再做出反应，这样做常常贻误时机；也不必担心对方向自己一方谈判成员中较弱的一人发动攻势以求个别突破，或利用计谋在己方谈判人员之间制造意见分歧而从中渔利。一个人参加谈判独担责任，无所依赖和推诿，全力以赴，因而会产生较高的谈判效率。

　　谈判团队由一个人组成也有其缺点，它只适用于谈判内容比较简单的情况。在现代社会里，谈判往往是比较复杂的，涉及面很广。从涉及的知识领域来讲，包括商业、贸易、金融、运输、保险、海关、法律等多个方面，谈判中所用的资料也非常多，这些绝非一个人的精力、知识、能力所能胜任的，正如俗语所说："智者千虑，必有一失""三个臭皮匠，顶个诸葛亮"。因此，通常情况下，谈判团队由多人组成，成功的谈判更有赖于谈判人员集体智慧的发挥。

　　谈判团队人数的多少并没有严格统一的标准，谈判的具体内容、性质、规模，以及谈判人员的知识、经验、能力不同，谈判团队的规模也不同。从大多数谈判实践来看，直接上谈判桌的人数不宜过多，工作效率比较高的团队，人数规模在 4 人左右。如果谈判涉及的内容较广泛、较复杂，需要由各方面的专家参加，则可以把谈判人员分为两部分：一部分主要准备背景材料，人数可适当多一些；另一部分直接上谈判桌，这部分人的数量与对方相当为宜。在谈判中应注意避免对方出场人数很少，而己方出场人数很多的情况。

二、谈判人员应具备的素质

　　人是谈判的行为主体，谈判人员的素质是筹备和策划谈判谋略的决定性因素，它直接左右整个谈判过程的发展，影响谈判的成功与失败，最终决定谈判双方的利益分割。可以说，谈判人员的素质是事关谈判成败的关键。

　　那么，一个优秀的谈判人员应具备怎样的素质呢？

　　　弗雷斯·查尔斯·艾克尔在《国家如何进行谈判》一书中写道："根据 17 至 18 世纪的外交规范，一个完美无缺的谈判者，应该心智机敏，而且有无限的耐心；能巧言掩饰，但不欺诈行骗；能取信于人，而不轻信于人；能谦恭节制，但又刚毅果断；能施展魅力，而不为他人所惑……"

　　对于谈判人员的素质，古今中外向来是仁者见仁、智者见智，但一些基本的要求是相同的，并为许多谈判者所遵奉。

（一）忠于职守的观念

　　谈判人员是作为特定组织的代表出现在谈判桌前的。谈判人员不仅代表组织的利益，在一些涉外商务谈判中而且还肩负着维护国家利益的义务和责任。因此，遵纪守法、廉洁奉公、忠于国家和组织，是谈判人员必须具备的首要条件。在一些商务谈判中，见利忘义、损公肥私，甚至与外商合伙坑害自己的同胞，牺牲国家利益的现象也不鲜见。可以说，一旦谈判班子中出现了泄露己方的谈判目标、战略战术以及机密，使对手对己方的底细了如指掌的人，己方在谈判中便极易陷入被动。为了防止这类情况的发生，参加谈判的人员必须具备忠于职守、廉洁奉公的思想素质。作为谈判人员，必须自觉维护组织的利益，绝不能见钱眼开、收受贿赂，必须严守组织机密，决不能毫无防备、口无遮拦。

（二）健全的心理素质

　　心理素质是一个人所具有的稳定的、本质的个性心理特征，它是人的意志、情感、情绪等心理品质的总和，在商务谈判中占有十分重要的地位。谈判过程，特别是讨价还价阶段是一个非常困难的过程，充满了困难和曲折。有时谈判会变成一场马拉松式的较量，这不仅对谈判人员的知识、技能、体力等方面是一个考验，也要求其具有健全的心理素质。

　　健全的心理素质是谈判者素养的重要内容之一，表现为谈判者应具备坚韧、顽强的意志力和良好的心理调适能力。坚韧、顽强的意志力就是在谈判过程中百折不挠、意志坚强、锲而不舍。具体来说，就是在谈判过程中能够胸有成竹，既有追求谈判最高目标的伟大理想，又能正确对待谈判现实中的问题和挫折，胜不骄、败不馁。在谈判过程中，谈判的艰巨性可想而知，谈判桌前持久的讨价还价枯燥乏味。这时，谈判者之间的持久交锋不仅是一种智力、技能和实力的比试，更是一场意志、耐心和毅力的较量。如果谈判者没有坚韧不拔、持久忍耐的恒心和泰然自若的精神，是难以适应的。

　　有一位著名的谈判能手曾这样说过："永远不轻言放弃，即使对方至少说了七次'不'也不。"

　　谈判者只有具备了健全的心理素质，才能应对各种艰巨复杂的谈判。

　　这种意志力、忍耐力还要求一个谈判人员无论在谈判的高潮阶段还是低潮阶段，都能心平如镜，特别是当胜利在望或陷入僵局时，更要能够控制自己的情感，喜形于色或愤愤不平不仅有失风度，而且会让对方抓住弱点与疏漏，使对方有可乘之机。

　　良好的心理调适能力就是谈判者能够根据谈判情势的变化，随时调整自己的情绪，做到冷静思考，从容应对。古往今来的伟大政治家、军事家、思想家都以戒躁、制怒、留静、贵虚等作为自我修养的基本方法。戒躁、制怒就是要想方设法消解自己激动的情绪，如果失去理智就会做出愚蠢的事情。留静、贵虚有两层含义：一是保持一种敏锐、明澈的心境，这是一种特殊的心理状态；二是冷静地观察事态的发展变化，抓住对手的薄弱环节，出其不意，克敌制胜。

　　谈判是斗智斗谋的高智能竞技活动，感情用事会影响谈判，要控制自己非理性情感的发泄。幽默大度、灵活巧妙地将消极情绪转化为积极情绪，能使自己摆脱困境、战胜对手。因此，培养良好的心理调适能力也是谈判人员必不可少的。

（三）合理的知识结构

谈判是人与人之间利益关系的协调磋商过程。在这个过程中，合理的知识结构是讨价还价、赢得谈判的重要条件。合理的知识结构是指谈判者必须具备丰富的知识，不仅要有广博的知识面，而且要有较深的专业学问，两者构成一个 T 字形的知识结构。

1. 谈判人员的横向知识结构

一名优秀的谈判人员必须具备完善的相关学科的基础知识，要能把自然科学和社会科学统一起来，把一般知识和专业知识统一起来，在具备贸易、金融、营销等必备的专业知识的同时，还要对心理学、经济学、管理学、财务学、控制论、系统论等学科的知识广泛摄取，为我所用，这是谈判人员综合素质的体现。在现实的经贸往来中，谈判人员的知识技能单一化已成为一个现实的问题，技术人员不懂商务、商务人员不懂技术的情况大量存在，给谈判工作带来了很多困难。在知识结构上，商务谈判还要了解有关国家和地区的社会历史、地理、风俗习惯以及宗教信仰等状况，否则就会出问题。

例如，我国某公司曾在泰国承包了一个工程项目，由于不了解施工期是泰国的雨季，运过去的轮胎式机械在泥泞的施工场地根本无法施展，只得重新组织履带式机械。因为耽误了采购、报关、运输的时间，延误了工期，导致对方提出索赔。

如果当初我方谈判人员能够多懂一点世界地理知识，知道泰国的气候特点或主动向专家了解在泰国施工可能遇到的困难，那么所蒙受的经济损失和信誉损失就能得以避免。因此，谈判人员必须具备多方面的知识，即知识必须有一定的宽度，才能适应复杂的谈判活动的要求。

2. 谈判人员的纵向知识结构

优秀的谈判人员除了必须具备广博的知识面，还必须具有较深的专业知识。没有系统而精深的专业知识功底，就无法进行成功的谈判。现实中，屡屡出现因缺乏专业知识、不精通专业技术造成的所购设备有重大问题的案件，也常有因财务会计的计算错误造成经济损失、因不懂法律给对方留下捣鬼空间的事端。因此，谈判者专业知识的学习和积累是非常重要的。

总之，扩大知识视野、深化专业知识、获取有助于谈判成功的广博而丰富的知识，能在谈判的具体操作中左右逢源，运用自如，最终取得谈判的成功。

🤓 视野拓展

被称为"空客先生"的飞机销售员（Mr.Airbus）雷义提出：专业的销售员和顾客的关系不是上帝和服务员的关系，也不是狼和羊的关系，而是师生关系。

专业的销售员是老师，顾客是学生，老师要辅导学生完成一门功课——如何买到最合适的商品。

这就解释了，顾客明知道你要赚他的钱，为什么还要听你推销。因为他不知道哪家的产品最适合自己、怎么买最有利，他需要从你这里获取资讯，更进一步地说是内幕资讯。所谓的内幕资讯，可不是什么商业机密，而是你作为一个专业人士能够给予的建议。

雷义是飞行员出身，又卖了多年飞机，对航空运输业有很深的认知，所以他常常一边推销飞机，一边专业分析对方公司的未来，对方就像学生听书一样，获益匪浅。因此，雷义和不少顾客都建立了这样的"师生关系"，一边卖飞机一边给对方当指导。

（四）较高的能力素养

谈判者的能力是指谈判人员驾驭商务谈判这个复杂多变的竞技场的能力，是谈判者在谈判桌上充分发挥作用所应具备的主观条件。

1. 认识能力

善于思考是一个优秀的谈判人员所应具备的基本素质。谈判的准备阶段和洽谈阶段充满了多种多样始料未及的问题和假象，谈判者为了达到自己的目的，往往以各种手段掩盖真实意图，其传达的信息真真假假、虚虚实实，优秀的谈判者能够通过观察、思考、判断、分析和综合的过程，从对方的言行中判断真伪，了解对方的真实意图。

2. 运筹计划能力

谈判的进度如何把握；谈判在什么时候、什么情况下可以由准备阶段进入接触阶段、实质阶段，进而到达协议阶段；在谈判的不同阶段将使用怎样的策略；等等。以上问题都需要谈判人员发挥其运筹帷幄的作用，当然这种运筹计划离不开对谈判对手背景、需要、可能采取的策略的调查和预测。

3. 语言表达能力

谈判是人类利用语言工具进行交往的一种活动。一个优秀的谈判者应有较好的语言表达能力，通过语言的感染力强化谈判的艺术效果。首先，谈判中的语言包括口头语言和书面语言，无论哪类语言，都要求准确无误地表达自己的思想和感情，使对手能够正确领会自己的意思，这是最基本的要求。其次，还要突出谈判语言的艺术性。谈判中的语言不仅应当准确、严密，而且应当生动形象、富有感染力，要学会巧妙地用语言表达自己的意图。

4. 应变能力

多么细致的谈判准备都不可能预料到谈判中可能发生的所有情况。千变万化的谈判形势要求谈判人员必须具备沉着、机智、灵活的应变能力，以控制谈判的局势。应变能力主要包括处理意外事故的能力、化解谈判僵局的能力、巧妙袭击的能力等。

5. 创造性思维能力

随着经济社会的发展和科学技术的进步，以综合性、动态性、创造性、信息性为特征的人类现代思维方式，已经取代落后的传统思维方式。创造性思维是以创新为目的并能产生创见的思维活动，谈判者运用创造性思维能够提升分析问题和解决问题的能力，提高谈判的效率。

6. 健康的身体素质

身体是一切的基础，谈判的复杂性、艰巨性也要求谈判者必须具备良好的身体素质。谈判者只有精力充沛、体魄健康，才能适应超负荷的谈判工作需要。

三、谈判人员的配备

谈判者个体不但要具备政治、心理、业务等方面的素质，而且要恰如其分地发挥各自的优势，互相配合，以整体的力量征服谈判对手。谈判人员的配备直接关系着谈判的成功，是谈判谋略中技术性很强的学问。在一般的商务谈判中，谈判人员所需的知识大体上可以概括为以下四个方面：①有关技术方面的知识；②有关价格、交货、支付条件等商务方面的知识；③有关合同法律方面的知识；④有关语言翻译方面的知识。

相应地，根据以上对知识方面的要求，谈判团队应配备下列人员：①技术精湛的专业人员；

②业务熟练的商务人员；③精通经济法的法律人员；④熟悉业务的翻译人员。

从实际出发，谈判团队还应配备一名有身份、有地位的负责人组织协调整个谈判团队的工作，一般由单位副职领导兼任，称为首席代表；另外还应配备一名记录人员。这样，不同类型和专业的人员就组成了一个分工协作、各负其责的谈判团队，其构成如图 7.1 所示。

图 7.1　谈判团队的构成

在这个团队内部，每位成员都有自己明确的职责。

1. 首席代表

首席代表是指那些对谈判负领导责任的高层次谈判人员，他们在谈判中的主要任务是领导谈判组织的工作，这就决定了他们除具备一般谈判人员的必要素养，还应阅历丰富、目光远大，具有审时度势、随机应变、当机立断的能力，以及善于控制与协调谈判小组成员的能力。因此，无论从什么角度来说，他们都应该是富有经验的谈判高手。其主要职责是：①监督谈判程序；②掌握谈判进程；③听取专业人员的建议；④协调谈判团队成员的意见；⑤决定谈判过程中的重要事项；⑥代表单位签约；⑦汇报谈判结果。

2. 专业人员

专业人员是谈判团队的主要成员之一。其主要职责是：①阐明己方参加谈判的愿望、条件；②了解商品的具体内容和价值体现；③弄清对方的意图、条件；④找出双方的分歧或差距；⑤与对方进行专业细节问题的磋商；⑥修改草拟的谈判文书的有关条款；⑦向首席代表提出解决专业问题的建议；⑧为决策提供专业方面的论证。

3. 商务人员

商务人员，也称经济人员，是谈判团队的重要成员。其主要职责是：①清楚谈判中涉及的成本和利润等总的经济情况；②了解谈判对手在项目利益方面的预期目标；③分析、计算修改后的谈判方案所带来的收益变动；④为首席代表提供财务方面的建议；⑤在正式签约前提供合同或协议所需的财务分析报表。

4. 法律人员

法律人员是重要谈判项目的必备成员，如果谈判小组中有一位精通法律的专家，将会非常有利于谈判所涉及的法律问题的顺利解决。其主要职责是：①确认谈判对方经济组织的法人地位；②提供法律方面的建议和意见；③监督谈判在法律许可的范围内进行；④检查法律文件的准确性和完整性。

5. 翻译人员

翻译人员在谈判中占有特殊的地位，他们往往是谈判双方进行沟通的桥梁。翻译人员的职责在于准确地传递谈判双方的意见、立场和态度。一个出色的翻译人员不仅要起到语言沟通的作用，而且必须能洞察对方的心理和发言的实质，既能改变谈判气氛，又能挽救谈判失误，增进谈判双方的了解、合作和友谊。

涉外谈判中，即使谈判双方都有运用对方语言交流的能力，通常也配备翻译人员，这样不仅可利用翻译人员提供的重复机会争取更多的思考时间，还可利用翻译人员复述谈判内容的时间密切观察对方的反应，迅速捕捉信息，考虑应对的战术。

视野拓展

很多英文短语不能做简单的字面翻译，如 Dead president（美钞），Busy boy（餐馆勤杂工），Sweet water（淡水），American beauty（玫瑰，美丽动人），Horse sense（常识），Capital idea（好主意），Busy body（爱管闲事的人），White man（忠诚可靠），Pull one's leg（开玩笑），等等。

6. 记录人员

记录人员在谈判中必不可少。一份完整的谈判记录既是一份重要的资料，也是进一步谈判的依据。为了出色地完成谈判的记录工作，记录人员要具有熟练的文字记录能力和一定的专业基础知识。其主要职责是准确、完整、及时地记录谈判内容。

四、谈判人员的选拔

人员选拔的目的就是要齐心协力，取长补短，形成合力，最大限度地发挥每个成员的作用，形成强有力的战斗团队。为了实现这样的目的，人员选拔的原则有如下几点。

1. 知识互补

谈判涉及技术、商务、财务、翻译、法律等诸多方面的知识，而人的知识面是有限的，俗话说"隔行如隔山"，人的经历和学历的差异，造成有的人实践经验非常丰富，有的人理论知识十分丰富。在人员准备时，要充分考虑到知识的互补性，形成有效的合力。

2. 个性互补

个性是人与人的本质区别。个性包括气质、性格两个方面。气质通常分为胆汁质、多血质、黏液质、抑郁质四种类型。气质无好坏之分，不同的气质类型各有长短：稳定的不够灵敏，热情的容易冲动，灵活的往往不能耐久。所以，人员搭配要考虑到四种气质类型平衡。

性格是一个人在个体生活中所形成的对待事物的稳定的态度以及与之相应的习惯化了的行为方式。性格是个性的核心，它决定人的活动的内容和方向。勤劳与懒惰、勇敢与怯弱、自信与自卑、宽容与狭隘等都是性格的表现形式。性格是有社会价值的，谈判人员应该具备顽强、坚韧、灵活、机智、勤奋等健康性格，或者形成健康性格的组合。冷漠刻板、孤僻多疑、急躁好斗、心胸狭窄、自负固执、傲慢轻敌的性格是不适合谈判的。

气质与性格常被人们混淆，二者的区别如表 7.1 所示。

表 7.1　气质与性格的区别

气质	先天遗传作用形成	有解剖学意义	无社会价值	决定心理动力特征
性格	后天学习作用形成	无解剖学意义	有社会价值	决定心理内容方向

3. 具有法律效力

谈判是为了获取利益（得到对方的承诺），谈判结果需要法律的约束，法律是重证据的，谈判的最终结果是具有法律约束力的文本文件。文件的签字人是有法律规定的，最终签字者必须具有相应资格，如委托他人代理，必须出具委托书，并注明代理的内容、目的、要求和期限。

课堂互动

选大将

要求： 假设每位同学需要组织一场谈判，请从全班同学中挑选出四五位同学做自己谈判小组的成员，并写下选这几位同学的理由。

第五节　制订谈判方案

在正式谈判前，我们需了解谈判环境、谈判对手和自身的情况，初步了解双方的谈判实力。在正式进行激烈的谈判交锋以前，我们还需制订出一个周全而又明确的谈判计划，即制订一个谈判方案。

一、制订谈判方案的基本要求

谈判方案是谈判人员在谈判前预先对谈判目标等具体内容和步骤所做的安排，是谈判者行动的指针和方向。有了谈判方案，参加谈判的人员可以做到心中有数，明确努力方向，打有准备之仗。谈判方案应对各个阶段的谈判人员、议程和进度做出较周密的设想，对谈判工作进行有效的组织和控制，使其既有方向，又能灵活地左右错综复杂的谈判局势，使谈判沿着预定的方向前进。

谈判方案可以视谈判的规模、重要程度的不同而定，理论上可以是书面形式，也可以是口头形式。但是从实践中看，谈判方案通常是书面的。文字可长可短，可以是长达几十页的正式文件，也可以是短至一页的备忘录。

虽然由于规模、重要程度不同，商务谈判的内容会有所差别，谈判方案内容的多少要视具体情况而定，但其要求都是一样的。一个好的谈判方案应满足以下三方面的基本要求。

1. 简明扼要

所谓简明扼要，就是要尽量使谈判人员能容易地记住其主要内容与基本原则，在谈判中随时根据方案要求与对方周旋。谈判方案越是简单明了，谈判人员照此执行的可能性就越大。谈判是一项十分复杂的业务工作，谈判人员必须清晰地记住谈判的主题方向和方案的主要内容，在与对手交锋时才能按照既定目标，自如地对付错综复杂而多变的谈判局面，驾驭谈判局势的发展。因此，制订谈判方案时要用简单明了、高度概括的文字加以表述，以便在每一个谈判人员的头脑中留下深刻印象。

2. 具体明确

谈判方案要求简明扼要，但也必须与谈判的具体内容相结合，以谈判具体内容为基础，否则，会使谈判方案显得空洞和含糊。

3. 富有弹性

谈判过程中各种情况都有可能发生，要使谈判人员在复杂多变的形势中取得比较理想的结果，就必须使谈判方案具有一定的弹性。谈判人员可在不违背根本原则的情况下，根据情况的变化，在权限允许的范围内灵活处理有关问题，以取得较为有利的谈判结果。谈判方案的弹性表现在：有几个可供选择的谈判目标；指标有上下浮动的余地；把可能发生的情况考虑在计划中，如果情况变动较大导致原计划不适合，可以实施备选方案。

二、制订谈判的基本策略

谈判的基本策略是指谈判者为了实现己方的谈判目标，在对各种主客观情况充分估量的基础上拟采取的基本途径和方法。

制订商务谈判的基本策略就是要选择能够实现己方谈判目标的基本途径和方法。谈判不是一个讨价还价的简单过程，实际上是双方在实力、能力、技巧等方面的较量，因此，制订商务谈判策略前应考虑如下影响因素：对方的谈判实力和主谈人的性格特点；对方和己方的优势所在，交易本身的重要性；谈判时间的长短；是否有建立持久友好关系的必要性。通过对谈判双方实力及以上影响因素细致认真的研究分析，谈判者可以确定双方的谈判地位，即处于优势、劣势或者均势，由此确定谈判的策略，如报价的策略、还价的策略、让步与迫使对方让步的策略、打破僵局的策略等。

确定基本策略的第一步是确定双方在谈判当中的目标是什么，包括最高、最低、中间目标的目标体系；在交易的各项条款中，哪些条款是对方重视的，哪些是对方最想得到的，哪些是对方可能做出让步的，让步的幅度有多大等。第二步是确定在己方争取最重要的条款时，将会遇到对方哪些方面的阻碍，对方会提出什么样的交换条件等。第三步是针对以上情况，确定己方应采取怎样的策略。

以上谈判方案的制订有赖于对双方实力及其影响因素的正确估量和科学分析，否则，谈判方案就没有什么意义了。

三、确定谈判地点和时间

谈判地点的选择不是一件随意的事情，恰当的地点往往有助于取得谈判的主动权。因此，要将谈判的策略与谈判的时间、地点安排结合起来，综合考虑。

根据地点的不同，谈判可分为三种形式，即主座谈判、客座谈判和主客座轮流谈判。一般来说，谈判地点要争取在己方，因为在主场举行谈判洽商活动获胜的可能性更大。一些谈判专家所做的研究也证明了这一点。例如美国专家泰勒尔的实验表明：多数人在自己家的客厅与人谈话，比在别人的客厅里更能说服对方。这是因为人们在自己的所属领域能更好地释放能量与本领，所以行为的成功概率更高。事实上，这种情况也适用于谈判。

此外，谈判具体地点的选择也很讲艺术性。一般来说，在大型会议室中举行的往往是正式的谈判，谈判的开始阶段可选择大型会议室，因为这样能造成一种气势，使双方认真对待。谈判结束签订合同时，也常在大型会议室中进行，同样是为了制造一种合作的气氛和社会影响：这些内容可以公开，双方也希望更多的人了解这样的结果。小型会议室中安排的一般是讨论型的谈判，双方是认真负责的，因此大量具体的细节问题在这样的场合中讨论比较合适；同时，其内容仅限于与会者知道，特别是对有争议的问题，在这种场合比较容易表达。非正式谈判设在小型会议室中进行的情况比较多；办公室约见主要是私密性会见，谈判中也经常需要这种会见，个别交谈和只征求意见，并不做正式决策时选择这种场合很有效。但应该注意的是：无论多小的谈判，它都和内部讨论不一样，谈判中的约见双方是平等的。

在餐桌上或休闲场所，双方比较放松，可以谈论正事，可以诉说友情，也可以讨论无关正事的问题。这样的交流在谈判过程中也是不可或缺的，通过非正式的谈论不仅可以了解对方的真实想法和个人意见，同时也是建立长期感情的方式和渠道，从而有利于正式谈判时的顺利决策。

人们对时间的安排是很有感觉的，因此在谈判时间的选择上也要深思熟虑。例如，如果谈判定在星期一上午开始，而且主要谈判人员出席，通常说明主持方很在乎要讨论的主题，并准备花足够的时间来解决；而放在星期五下午则常传达一个信息：该问题应该尽快解决，没有拖延的时间了。

四、安排议程

谈判议程是人们在进行谈判之前预先拟订的谈判目标和实现目标的步骤。制订议程可以使谈判在不损害他人利益的基础上达成对己方更为有利的协议，卓有成效地运用预先设计的谈判技巧而又不为他人所察觉。

议程本身就是一种谈判策略。谈判议程可由一方准备，也可由双方协商确定。谈判议程主要应考虑以下三个方面的事项。

（一）时间安排

时间安排即确定在什么时间举行谈判、谈判多长时间、各个阶段的时间如何分配、议题出现的时间顺序等。时间安排是议程中的重要环节，如果时间安排得很仓促，准备不充分，匆忙上阵，就很难沉着冷静地在谈判中实施各种策略；如果时间安排得过长，不仅会耗费大量的时间和精力，而且随着时间的推延，各种环境因素都会发生变化，还可能会错过一些重要的机遇。

（二）谈判议题

所谓谈判议题，就是谈判双方提出和讨论的各种问题。关于谈判议题，首先需明确己方要提出哪些问题、讨论哪些问题，进而对所有问题进行全盘比较和分析：哪些问题是重点问题，要列入重点讨论范围；哪些问题是非重点问题；哪些问题可以忽略；各问题之间是什么关系，在逻辑上有什么联系。还要预测对方会提出什么问题，哪些问题己方必须认真对待、全力以赴去解决，哪些问题可以根据情况做出让步，哪些问题可以不予讨论。

（三）通则议程和细则议程

1. 通则议程

通则议程是谈判双方共同遵守使用的日程安排，一般要经过双方协商同意后方能正式生效。在通则议程中，通常应确定以下内容：谈判总体时间及分段时间安排；双方谈判讨论的中心议题；议题讨论的顺序；谈判中人员的安排；谈判地点及招待事宜。

2. 细则议程

细则议程是己方参加谈判的具体策略安排，只供己方人员使用，具有保密性。其内容一般包括以下几个方面：谈判中如何统一口径，如发言的观点、文件资料的说明等；对谈判过程中可能出现的各种情况的对策安排；己方发言的策略，何时提出问题、提什么问题、向何人提问、谁来提出问题、谁来补充、谁来回答对方的问题、谁来反驳对方的提问、什么情况下要求暂时停止谈判等；谈判人员更换的预先安排；己方谈判时间的策略安排、谈判时间期限。

拟订谈判议程时，应注意以下五个问题。

（1）谈判的议程安排要依据己方的具体情况，在程序安排上扬长避短，也就是在谈判的程序安排上，要保证己方的优势能得到充分的发挥。

（2）议程的安排和布局要为己方出其不意地运用谈判策略埋下伏笔。一个谈判老手是绝不会放过利用拟订谈判议程的机会来运筹谋略的。

（3）谈判议程内容要能够体现己方谈判的总体方案以及己方让步的限度和步骤，统筹兼顾，引导谈判或控制谈判的进度。

（4）在议程安排上，不要过分伤害对方的自尊和利益，以免导致谈判过早破裂。

（5）不要将己方的谈判目标特别是最终谈判目标通过议程和盘托出而使己方处于不利地位。

当然，议程由己方安排也有缺点：己方准备的议程往往透露了己方的某些意图，对方通过分析可猜出并在谈判前拟订对策，使己方处于不利地位；同时，对方如果不在谈判前对议程提出异议而掩盖其真实意图，或者在谈判中提出修改某些议程，容易导致己方被动甚至使谈判破裂。

第六节 模拟商务谈判

为了更直接地预见谈判的前景，对于一些重要的和难度较大的谈判，可以采取模拟商务谈判的方法来改进和完善准备工作。

模拟商务谈判即正式谈判前的"彩排"，可将谈判小组成员一分为二，一部分人扮演谈判对手，并以对手的立场、观点和作风来与己方另一部分谈判人员交锋，预演谈判的过程。

一、模拟商务谈判的作用

模拟商务谈判是指在谈判准备工作的最后阶段、正式谈判前，在占有信息资料的基础上，进行假设推理和实际演习。在谈判准备工作的最后阶段，企业有必要为即将开始的谈判举行一次模拟商务谈判，以检验自己的谈判方案，而且也能使谈判人员提早进入实战状态。模拟商务谈判的具体作用通常表现在以下几个方面。

1. 提升应对困难的能力

模拟商务谈判可以使谈判者获得实际经验，提升应对各种困难的能力。很多成功谈判的实例和心理学研究成果都表明，正确的想象练习不仅能够提升谈判者的独立分析能力，而且在心理准备、心理承受、临场发挥等方面都是很有益处的。在模拟商务谈判中，谈判者可以一次又一次地扮演自己，甚至扮演对手，从而熟悉实际谈判中的各个环节。这对初次参加谈判的人来说尤为重要。

2. 检验谈判方案是否周密可行

谈判方案是在谈判小组负责人的主持下，由谈判小组成员具体制订的。它是对未来将要发生的正式谈判的预计，不可能完全反映出正式谈判中出现的一些意外事情。同时，因为谈判人员受到知识、经验、思维方式、考虑问题的立场和角度等因素的局限，谈判方案的制订就难免会有不足之处和漏洞。事实上，谈判方案是否完善，只有在正式谈判中方能得到真正检验，但这毕竟是一种事后检验，往往发现问题为时已晚。模拟商务谈判是对实际正式谈判的模拟，与正式谈判比较接近。因此，模拟商务谈判能够较为全面、严格地检验谈判方案是否切实可行，检查谈判方案存在的问题和不足，有助于及时修正和调整谈判方案。

3. 训练和提升谈判能力

模拟商务谈判的对手是自己的人员，对自己的情况十分了解，这时站在对手的立场上提问题，有利于发现谈判方案中的错误，并且能预测对方可能从哪些方面提出问题，以便事先拟订出相应的对策。对于谈判人员来说，能有机会站在对方的立场上进行换位思考是大有好处的。

正如美国著名企业家维克多·金姆所言："任何成功的谈判，从一开始就必须站在对方的立场来看问题。"

这种角色扮演的演练不但能使谈判人员了解对方，也能使谈判人员了解自己，因为它给谈判人员提供了客观分析自我的机会，注意到一些容易忽视的问题，如在与外国人谈判时使用过多的本国俚语、缺乏涵养的面部表情、争辩的观点含糊不清等。

二、模拟商务谈判的方法

常用的模拟商务谈判方法主要是以下三种。

1. 全景模拟法

全景模拟法是指在想象谈判全过程的前提下，企业有关人员扮演成不同的角色所进行的实战性排练。这是最复杂、耗资最大，但也往往是最有效的模拟商务谈判方法。这种方法一般应用于大型的、复杂的、关系到企业重大利益的谈判。在采用全景模拟法时，应注意以下两点。

（1）合理地想象谈判全过程。要求谈判人员按照假设的谈判顺序展开充分的想象，不只是想象事情发生的结果，更重要的是想象事物发展的全过程，以及在谈判中双方可能发生的一切情形，并依照想象的情况和条件，演绎双方交锋时可能出现的一切局面，如谈判的气氛、对方可能提出的问题、我方的答复、双方的策略和技巧等。合理的想象有助于谈判的准备更充分、更准确。所以，这是全景模拟法的基础。

（2）尽可能扮演谈判中的所有人物。尽可能扮演谈判中所有会出现的人物，这有两层含义：一方面是指对谈判中可能会出现的人物都有所考虑，要指派合适的人员对这些人物的行为和作用加以模仿；另一方面是指主谈人员（或其他在谈判中会起重要作用的人员）应扮演一下谈判中的每一个角色，包括自己、己方的顾问、对手及其顾问。这种对人物行为、决策、思考方法的模仿，能使我方对谈判中可能会遇到的问题、人物有所预见；同时，从别人的角度进行思考，有助于我方制订更完善的策略。

2. 讨论会模拟法

讨论会模拟法类似于头脑风暴法，它分为两步。第一步，企业组织参加谈判的人员和一些其他相关人员召开讨论会，请他们根据自己的经验，对企业在本次谈判中谋求的利益、对方的基本目标、对方可能采取的策略、我方的对策等问题畅所欲言。不管这些观点、见解如何标新立异，都不会有人指责，有关人员只是忠实地记录，再把会议情况上报领导，作为决策参考。第二步，请人针对谈判中可能发生的各种情况，以及对方可能提出的问题等提出疑问，由谈判组成员——加以解答。

讨论会模拟法特别欢迎反对意见。这些意见有助于己方重新审核拟订的方案，从多种角度和多重标准来评价方案的科学性和可行性，并不断完善准备的内容，以提高成功的概率。有些企业模拟商务谈判对反对意见倍加重视；有些企业没有重视模拟商务谈判，讨论会往往变成一言堂，领导往往难以容忍反对意见。后者没有使谈判方案更加完善，而成了表示赞成的一种仪式，这就大大地违背了讨论会模拟法的初衷。

3. 列表模拟法

列表模拟法是最简单的模拟商务谈判方法，一般应用于小型、常规性的谈判。具体操作过程如下：通过对应表格的形式，在表格的一方列出我方经济、技术、人员、策略等方面的优缺点和对方的目标及策略，另一方则相应地罗列出我方针对这些问题在谈判中所应采取的措施。这种模拟方法的最大缺陷在于它实际上还是谈判人员的一种主观产物，它只是尽可能地搜寻问题并列出对策。对于这些问题是否真的会在谈判中发生，相应对策是否能起到预期的作用，由于没有通过实践的检验，因此，不能百分之百地认为该对策是完全可行的。上述其他模拟法也存在这个问题，只不过会更好一点，或者说列表模拟法的准确性更差一些。

三、模拟商务谈判的要点

1. 科学地做出假设

模拟商务谈判实际就是提出各种假设情况，然后针对这些假设，制订出一系列对策，采取一定措施的过程。因而，假设是模拟商务谈判的前提，又是模拟商务谈判的基础，它的作用是根本性的。

按照假设在谈判中包含的内容，可以将假设分为三类：一是对客观环境的假设；二是对自身的假设；三是对对方的假设。

为了确保假设的科学性，以下四点尤其要关注。首先，应该让具有丰富谈判经验的人提出假设，相对而言，这些人的假设准确度较高，在实际谈判中发生的概率大；其次，假设的情况必须以事实为基础，所依据的事实越多、越全面，假设的精度也越高，切忌纯粹凭想象主观臆造假设；再次，假设必须按照正确的逻辑思维进行推理，遵循思维的一般规律；最后，应该认识到，再高明、全面的假设也不会完全符合谈判的实际情况，而且这种假设归根结底只是一种推测，带有偶然性，若是把偶然性奉为必然性去指导行动，那就是冒险。

2. 慎重选择参加模拟商务谈判的人员

参加模拟商务谈判的人员应该是具有专门知识、丰富经验和较强角色扮演能力的人，而不是只有较高职位、较高地位的人或只会随声附和、举手赞成的人。一般而言，模拟商务谈判需要下列三种人员。

（1）知识型人员。这里的知识是指理论与实践相对完美结合的知识。这种人员能够运用所掌握的知识触类旁通、举一反三，掌握模拟商务谈判的方方面面，基于理论依据和现实基础，能从科学性的角度去研究谈判中的问题。

（2）预见型人员。这种人员对于模拟商务谈判是很重要的。他们能够根据事物的发展变化规律，加上自己的业务经验，准确地推断出事物发展的方向，对谈判中出现的问题相当敏感，往往能对谈判的进程提出独到的见解。

（3）求实型人员。这种人员有着脚踏实地的工作作风，考虑问题客观、周密、不凭主观印象，一切以事实为出发点，对模拟商务谈判中的各种假设条件都小心求证，力求准确。

3. 及时进行总结

模拟商务谈判结束后要及时进行总结。模拟商务谈判的目的是总结经验，发现问题，弥补不足，完善方案。所以，在模拟商务谈判告一段落后，必须及时、认真地回顾在谈判中我方人员的表现，如对对手策略的反应机敏程度、自身班子协调配合程度等一系列问题，以便为真正的谈判奠定良好的基础。

模拟商务谈判的总结应包括对方的观点、风格、精神，对方的反对意见及解决办法，己方的有利条件及运用状况，己方的不足及改进措施，谈判所需情报资料是否完善，双方各自的妥协条件及可共同接受的条件，谈判破裂的界限，等等。

知识巩固与技能训练

一、思考与讨论

1．简述商务谈判的四个层次的目标的特点及作用。

2．优秀的商务谈判人员应具备什么样的素质？

3．怎样进行商务谈判人员的配备？

4．商务谈判人员应如何进行分工与合作？

5．商务谈判方案要包括哪些内容？

6．简述模拟商务谈判的类型及注意事项。

二、活动与演练

关于特许经营加盟的谈判准备

目标： 具备组建谈判小组，进行团队协作、信息收集及分析的能力，并能根据谈判的内容和对象选择恰当的谈判策略，拟订商务谈判计划书，并根据模拟商务谈判的过程和结果对计划书进行完善。

背景： 假设你们团队想在某城市某街道开个餐饮特许经营加盟店。现需要跟许可方谈判特许经营加盟事宜。请根据以上背景资料拟订一份商务谈判计划书。商务谈判计划书的最终目标是通过谈判解决加盟费及质量保证、服务等条款，争取优惠条款，最终达成双赢协议。

步骤及要求：（1）以 4~6 人为一组，组建谈判小组，以小组为单位，通过分工协作，对实训背景进行分析，并进行相关信息的收集整理，每个小组撰写一份商务谈判计划书。商务谈判计划书必须针对具体、特定的餐饮品牌店，如肯德基、麦当劳、吉祥馄饨、一鸣真鲜奶吧、豪大香鸡排、咬不得高祖生煎、老娘舅餐饮、甜丫丫、豪客来牛排等，具体加盟的品牌不限。商务谈判计划书必须针对具体的街道，具体城市、街道地点不限。商务谈判计划书要基于真实场景进行大量的调查，同时根据这份商务谈判计划书跟许可方谈判是完全可行的（加盟谈判很可能成功）。

（2）当堂进行模拟商务谈判，之后由其他观摩同学点评，再由场上谈判双方自评和互评，最后由教师对双方进行评价，如发现与计划书出入较大，当场请其做出必要的解释。谈判结束后，以小组为单位对本次谈判进行讨论总结，并提交书面的谈判评估报告。

三、案例分析

苏州某公司希望将自己的产品打进南非市场。为了摸清合作伙伴的情况，公司决定组团到南非进行实地考察。到达南非后，对方立即安排他们与南非公司的总经理会面，会面地点被安排在一个富丽堂皇的大饭店里。考察团在电梯门口遇到一位满面笑容的招待员，她将考察团引入到一个装修豪华、设施现代化的房间。坐在皮椅上的总经理身材肥胖，手中夹着雪茄，脸上一副自信的表情，谈话时充满了激情。他侃侃而谈公司的情况、经营方略以及公司未来的打算。

总经理的介绍和他周围所有的一切都深深打动了考察团，他们深信这是一个可靠的、财力雄厚的合作伙伴。考察团回国后，马上发去了第一批价值 100 多万美元的货物。然而，该批货物再也没有了音信。公司只好再派人去调查，此时才发现他们掉进了一个精心设计的圈套里。那位肥胖的"总经理"原来是当地的一个演员，在电梯门口招呼他们的女招待才是真正的总经理，而装饰豪华的接待室不过是临时租用的房间。待真相大白之后再寻找这家公司才知道它已宣告破产。

思考与讨论：通过该案例，你认为谈判人员在谈判之前应该做好哪些工作？

第八章 Chapter 8 商务谈判程序

学习目标

能举例说明开局的作用与应考虑的因素；能设计良好的开局，营造良好的谈判氛围；能比较两种报价模式的不同；能正确评估磋商阶段的各种问题；能辨别商务谈判接近尾声的信息；能组织商务谈判结束阶段的活动，包括合同的签订等。

导入案例

你想跳槽到一家新公司。你目前的月薪是 6 000 元，在新公司你希望至少应达到 7 000 元。当讨论薪水问题时，接待你的人问道："你谋求的薪金是多少？""我认为至少是 7 000 元。""你是说 7 000 元？""是的。""那么欢迎你下周来上班。"

看上去一切似乎如愿以偿了，可是，至少九成的求职人员对这个结果不满意，感到他们能得到的薪金应比自己要求的更高。

思考与讨论：你觉得为什么九成求职人员不满意这个结果呢？

商务谈判是双方或多方合作的活动，为了使这种复杂的活动取得更加有效的结果，必须遵循一定的程序。这个程序通常包括四个阶段：开局阶段、报价阶段、磋商阶段和结束阶段。另外，在谈判前还有谈判准备，在谈判后还有合同的履行等。本章重点讲述谈判中的四个阶段。

当然，实际谈判中并没有人为地将谈判分为这四个阶段，事实上也的确很难做到这一点。因为一个阶段往往与另一个阶段重叠在一起,或相互交叉。但这并不等于谈判人员对此不需要把握，恰恰相反，谈判人员必须知道目前谈判进展情况下，自己的工作大致处在哪个阶段，以便把自己的精力用于解决本阶段的重要问题上，并采取恰当的策略和技巧，为实现本方目标服务。

第一节　商务谈判开局阶段

一、开局阶段的作用

开局阶段是指谈判开始以后到实质性谈判开始之前的阶段，是谈判的前奏和铺垫。在此阶段，谈判双方见面后，在讨论具体、实质性的交易内容之前就谈判内容以外的话题进行交谈。

谈判的开局是整个谈判的起点，它的好坏在很大程度上决定着整个谈判的走向和发展趋势。在这个阶段，谈判者互相问候，相互介绍，进行非正式话题交流，试探对方的意图或立场，目的是影响谈判的进程，争取使己方在谈判中获得一个有利的地位。

开局阶段是谈判的起点，也是双方认识、熟悉的第一步，在很大程度上影响着谈判的进程及谈判的结果，无论是交易或投资、购买或销售，开局的方式和氛围对谈判的进一步发展都具有十分重要的意义。一个有经验的谈判人员往往会试探对方的真诚及合作意愿。可以说，开局阶段会给整场谈判定下一个基调，甚至决定谈判的走向，正可谓"良好的开端是成功的一半"。

对于之前未曾谋面的谈判主体而言，谈判的开局阶段恰是他们彼此进行直接接触而形成初步直观印象之时，这种初步的直观印象可以影响谈判者的感知与认知，并可能对其后的谈判形成直接的影响。因此，应当予以高度重视，力求在初始短暂的交谈中即给对方留下强烈而良好的第一印象。为了能够达此目的，那么在强化第一印象方面，可以采取不断给予新信息的方法。这种场合只是令对方产生好印象，所以并不需要深层的心理技巧。

对于彼此已经相识的谈判主体而言，谈判的开局阶段可以令彼此有故友重逢之感，并可借此营造更为亲近的议事氛围。假如最初只给予对方模糊、不良的印象，也不必太早死心断念。此时如能给予对方更强烈的信息以破坏第一印象就好了。对方将信息与最初的印象相结合，就可以渐渐地改变心中所存有的印象。

因此，谈判主体在谈判的开局阶段即应进入自己的角色，认识清楚这一阶段与整个谈判之间的关系，认识清楚第一印象之于未来谈判的重要影响，从而力求一个对己方有利的良好开局。

二、开局阶段应考虑的因素

不同内容和类型的谈判，需要采取不同的开局策略。一般来说，确定恰当的开局策略需要考虑以下几个因素。

1. 考虑谈判双方之间的关系

谈判双方之间的关系，主要有以下几种情况：双方过去有过交往，且关系很好；双方过去有过交往，关系一般；双方过去有过交往，但己方对对方印象不佳；双方过去没有交往。

（1）如果双方在过去有过交往，且关系很好，那么，这种友好的关系应作为双方谈判的基础。在这种情况下，开局阶段的气氛应是热烈、真诚、友好和愉快的。开局时，己方谈判人员在语言上应该是热情洋溢的，内容上可以畅谈双方过去的友好合作关系或双方之间的人员交往，亦可适当地称赞对方组织的进步与发展，态度应该比较随和、亲切。结束寒暄后，可以这样将话题切入实质性谈判："过去我们双方一直合作得很愉快，我想，这次我们仍然会合作愉快的。"

（2）如果双方过去有过交往，但关系一般，那么，开局的目标是要争取创造一个比较友好、和谐的气氛。但是，与此同时，己方的谈判人员在语言的热情程度上要有所控制；在内容上，可以简单聊一聊双方过去的业务往来及人员交往，亦可说一说双方人员在日常生活中的兴趣和爱好，态度可以随和自然。寒暄结束后，可以这样把话题切入实质性谈判："过去我们双方一直保持着业务往来关系，我们希望通过这次磋商，将我们双方的关系推进到一个新的高度。"

（3）如果双方过去有过交往，但己方对对方的印象不好，那么开局阶段谈判气氛常是严肃、凝重的。己方谈判人员在开局时，语言上在注意礼貌的同时，应该比较严谨，甚至可以带一点冷峻；内容上可以就过去双方的关系表示不满和遗憾，以及希望通过磋商来改变这种状况；态度上应该充满正气，与对方保持一定距离。寒暄结束后，可以这样将话题引入实质性谈判："过去我们双方有过一段合作关系，但遗憾的是并不那么令人愉快。千里之行，始于足下。让我们从这里开始吧。"

（4）如果双方过去从来没有交往，那么第一次的交往应努力创造一种真诚友好的气氛，以淡化和消除双方的陌生感以及由此带来的防备心理，为后面的实质性谈判奠定良好的基础。因此，己方谈判人员在语言上，应该表现得礼貌友好，但又不失身份；内容上多以天气情况、途中见闻、个人爱好等比较轻松的话题为主，也可以就个人在公司的任职时间、负责的范围、专业经历进行一般性询问和交谈；态度上不卑不亢，沉稳中又不失热情，自信但不傲气。寒暄后，可以这样开始实质性谈判："这次合作是我们双方的第一次业务交往，希望它能够成为我们双方发展长期友好合作关系的一个良好开端。我们都是带着希望来的，我想只要我们共同努力，我们一定会满意而归。"

2. 考虑双方的实力

就双方的实力而言，不外乎三种情况：实力相当、强于或弱于对方。

（1）如果双方谈判实力相当，为了防止一开始就强化对手的戒备心理或激起对方的对立情绪，以致影响实质性谈判，在开局阶段，仍然要力求创造一种友好、轻松、和谐的气氛。己方谈判人员在语言和姿态上要做到轻松又不失严谨、礼貌又不失自信、热情又不失沉稳。

（2）如果己方谈判实力明显强于对方，为了使对方能够清醒地意识到这一点，并且在谈判中不抱过高的期望值，同时，又不至于将对方吓跑，在开局阶段，己方谈判人员在语言和姿态上，既要表现得礼貌友好，又要充分显示出己方的自信和气势。

（3）如果己方谈判实力弱于对方，则要有两方面的考虑。一方面，在开局阶段要表示出友好、积极合作的态度，不使对方在气势上占上风，从而影响后面的实质性谈判；另一方面，在语气和姿态上，也要充满自信、举止沉稳、谈吐大方，使对方不能轻视己方。

案例阅读与思考

第一次

日本松下电器公司创始人松下幸之助先生曾说起自己刚"出道"时被对手以寒暄的形式知道了自己的底细，从而使自己产品销售的利润受损。当时他第一次到东京，在找批发商谈判时，刚一见面，批发商就对他寒暄："我们第一次打交道吧？以前我好像没见过你。"松下先生缺乏经验，恭敬地回答："我是第一次来东京，什么都不懂，请多关照。"正是这番极为平常的寒暄答复却使批发商获得了重要的信息……于是批发商问："你打算以什么价格卖出你的产品？"松下先生又如实地告知对方："我的产品每件成本是 20 元，我准备卖 25 元。"批发商说："你首次来东京做生意，刚开张应该卖得更便宜些。每件 20 元，如何？"结果松下先生后来发现自己在这次交易中吃了亏。

思考与讨论： 松下先生在这次谈判中因哪些地方做得欠妥以至吃了亏？

3. 需要营造的气氛

在开局阶段，一般认为谈判人员的主要任务是营造谈判气氛、交换意见和做开场陈述。而谈判气氛其实也有狭义和广义之分。

狭义的开局气氛可能指刚会面的几分钟甚至更短，例如刚一见面时的一个表情、一个眼神、一次握手、一句话语，都在瞬间向对方传递着信息，或者说都在被对方接收着、解读着并即时回应着。

在实际谈判中，往往形成谈判气氛的关键时间也是短暂的。谈判气氛是温和、友好还是紧张、强硬，是沉闷、冗长还是活跃、顺畅，也都在短短的开局阶段基本上就确定了下来。"先入为主"的感性认知往往使得人们第一印象一旦形成，就很难改变。最初的印象好，以后的谈判相对来说就比较顺利；最初的印象不好，在对方心理上造成的不良影响亦不易消除。后者形成的谈判氛围必定是紧张、强硬和对抗的，如果双方不加以积极调整，势必难以有效地推进谈判，取得令人满意的结果。

广义的开局气氛把交换意见和开场陈述也包含在里面，因为人们认为开局阶段是指谈判开始以后到实质性谈判开始之前的阶段，是谈判的前奏和铺垫，它是谈判双方首次正式亮相和谈判实力的首次较量，直接关系到谈判的主动权。

总之，开局阶段的主要任务是建立良好的第一印象、创造合适的谈判气氛、谋求有利的谈判地位等。它在整个谈判过程中起着非常关键的作用，为谈判奠定了一个内在的氛围和格局，影响和制约以后谈判的进行。

案例阅读与思考

开局表达

我国某出口公司的一位经理在同马来西亚商人洽谈大米出口交易时，开局是这样表达的："诸位先生，我们已约定先让我向几位介绍一下我方对这笔大米交易的看法。我方对这笔交易很感兴趣，希望贵方能够现汇支付。不瞒贵方说，我方已收到贵国其他几位买家的递盘。因此，现在的问题就是时间，我们希望贵方能认真考虑我方的要求，尽快决定这笔交易的取舍。当然，我们双方是老朋友了，彼此有着很愉快的合作经历，希望这次洽谈会进一步加深双方的友谊。这就是我方的基本想法。我把话讲清楚了吗？"

什么是实盘和递盘

思考与讨论：请对这位经理的开局表达做出评价。

三、良好开局气氛的特点

良好的开局气氛通常有以下的特点。

1．礼貌尊重

谈判双方在开局阶段要营造出一种尊重对方、彬彬有礼的气氛。开局阶段谈判可以有高层领导参加，以示对对方的尊重。谈判人员服饰、仪表要整洁大方，无论是表情、动作还是说话语气都应该表现出尊重、礼貌，不能流露出轻视对方、以势压人的态度，不能以武断、轻视、指责的语气讲话，要使双方能够在文明礼貌、相互尊重的气氛中开始谈判。

2．轻松自然

开局初期常被称为破冰期，谈判双方抱着各自的立场和目标坐到一起谈判，极易出现冲突和僵持。谈判人员在开局阶段首先要营造一种平和、自然、轻松的气氛。例如，随意谈一些题外的轻松话题，放松一下紧绷的神经，不要过早与对方发生争执。语气要自然平和，表情要轻松亲切，尽量谈论中性话题，不要过早刺激对方。

3．友好合作

开局阶段要使双方有一种"有缘相知"的感觉，双方都愿意友好合作，都愿意在合作中共同受益。因此谈判双方实质上不是对手，而是伙伴。基于这一点，营造友好合作的气氛并不仅仅是出于谈判策略的需要，更重要的是出于双方长期合作的需要。尽管随着谈判的进行，会出现激烈的争执或者矛盾冲突，但是双方是在友好合作的气氛中去争辩，不是越辩越远，而是越辩越近。因此，谈判者要真诚地表达对对方的友好愿望和对合作成功的期望，热情的握手、热烈的掌声、信任的目光、自然的微笑都是营造友好合作气氛的手段。

4．积极进取

谈判毕竟不是社交沙龙，谈判者都肩负着重要的使命，要付出巨大的努力去完成各项重要任务，双方都应该在积极进取的气氛中认真工作。谈判者要准时到达谈判场所，仪表要端庄整洁，精力要充沛，充满自信，坐姿要端正，发言要响亮有力，要表现出追求进取、追求效率、追求成功的决心，不论有多大分歧、多少困难，相信一定会获得双方都满意的结果。谈判就在这样一种积极进取、紧张有序、追求效率的气氛中开始。

案例阅读与思考

亚当森的订单

美国柯达公司创始人乔治·伊斯曼打算捐巨款建造一座音乐厅、一座纪念馆和一座戏院。为承揽这批建筑物内的座椅，许多制造商展开了激烈的竞争。

但是，找伊斯曼谈生意的商人无不乘兴而来，败兴而归。正是在这样的情况下，美国优美座位公司的经理亚当森前来会见伊斯曼，希望拿到这笔生意。

秘书简单介绍亚当森后，便退了出去。这时，亚当森没有谈生意，而是说："伊斯曼先生，我仔细观察了您的这间办公室，我本人长期从事室内装修，但从来没见过装修得如此精致的办公室。"

伊斯曼回答说："哎呀！您提醒了我，我都忘记这件事了，这间办公室是我亲自设计的，当初刚建好的时候，我喜欢极了，但后来一忙，一连几个星期都没有机会仔细欣赏一下这个房间。"

亚当森见伊斯曼谈兴正浓，便好奇地询问起他的经历。伊斯曼便向他讲述了自己青少年时代的苦难生活：母子俩如何在贫困中挣扎的情景，自己发明柯达相机的经过，以及自己为社会所捐的巨额款项，等等。

亚当森由衷地赞扬了他的功德心。

最后，亚当森不但得到了大批订单，而且和伊斯曼结下了终生的友谊。

思考与讨论： 亚当森这个成功案例反映了商务谈判哪些值得借鉴的经验？

四、影响开局气氛的因素

万事开头难，开局形成的第一印象影响着谈判全过程的气氛。良好的气氛一般在谈判开始的瞬间就形成了。商务谈判开局的气氛主要受无声因素和有声因素的影响。

1. 无声因素

无声因素主要是指商务谈判人员的仪表、仪态和各种无声语言表达出的风度和气质，具体包括服饰、目光、动作和手势等因素。服饰因素指不同的谈判场合由于谈判者穿着的服饰不同，关系到与整个环境是否匹配，从而影响着谈判的气氛。谈判人员的服饰应该做到美观、大方、整洁。但由于经济状况和文化习俗的差异，各国、各地区、各民族的衡量标准也不尽相同，应视具体情况而定。一个人对谈判气氛的形成所产生的影响并非一定表现为明显的言与行，一个眼神、一个微小的动作，都可能反映出本质的东西。如果谈判者进入会场时径直、大方，并以开诚布公、善意友好的姿态出现在对方面前，特别是他的目光非常可信、可亲和自信，那么就会向谈判对手传递出诚挚、合作、轻松、认真的信号，消除与对手之间无形的隔阂，建立一种融洽的气氛。

谈判是人们进行人际交往、相互交流和相互沟通的形式，是谈判双方相互传递某种信息的过程。谈判开始，双方走进洽谈室，礼节、仪表、手势、坐姿等，都在传递着某种特定信息，从而使谈判者产生某种预感：可能成功、可能失败、可能很棘手。这种预感是人受到外界信号的刺激而由潜意识接受下来并进行"翻译"的。这种"翻译"的结果可能是正确的，也可能是错误的。因此，谈判人员应对传递不同信号的身体语言事先有所研究，掌握它们究竟会对谈判气氛有何影响，而不能轻举妄动。

2. 有声因素

有声因素是指谈判双方见面时相互介绍、寒暄、交谈一些题外话时向对方所传递的信息，这也是影响谈判气氛的一个重要方面。有经验的谈判人员在与对方见面之初，通常就会抓紧时机，通过双方相互介绍、彼此寒暄，交流感情，建立良好的气氛。语言传递的效果是不一样的，为什么同一句话出自不同人的效果不一样，给人留下不同的感觉？原因就在于言谈者的语气、语调不同。一般来讲，去声让人感到生硬、不快，平声使人感到和蔼、亲切。因此，双方要建立一个良好的、和谐的气氛，就要注意语气、语调。如果语言的交流使对方感到亲切、自然、确有诚意，那么就有助于缩短双方的距离，创造融洽的谈判氛围。

📖 案例赏析

茶道开局

东南亚某国的一家华人企业想成为日本一著名电子公司在当地的代理商，双方几次磋商均未达成协议。在最后一次谈判中，华人企业的谈判代表发现对方代表喝茶及取放茶杯的姿势十分特别，于是他一开场就说："从××君（日方的谈判代表）喝茶的姿势来看，您十分精通茶道，能否为我们介绍一下？"这句话正好点中了日方代表的兴趣所在，于是他高兴地讲述起来。结果，后面的谈判进行得非常顺利，那家华人企业终于拿到了地区代理权。

【案例简析】在该案例中，华人企业代表选择了对方最引以为自豪并希望别人注意的目标作为突破口，从而成功建立起积极、和谐和融洽的谈判气氛，最终水到渠成，完成了谈判任务。

👑 课堂互动

万事开头难

要求：假设你下周要去给本校某协会同学做一个演说/给中学生讲一堂课/去某公司推销一种办公用品，你准备如何开始？请和同伴谈论你的最开始5分钟的言行，并说说你这么做的理由。

第二节　商务谈判报价阶段

商务谈判中的报价，不仅指对价格的要求，还泛指一方对另一方提出的所有要求，包括谈判标的物的数量、质量、价格、支付条件、包装、责任条款等各方面的交易条件。

报价阶段在商务谈判全过程中具有非常重要的作用。报价的合理与否、成功与否，关系到整个价格谈判的成败，从而也关系到整个商务谈判的成败。

一、商务谈判报价模式

有两种通用的报价模式，即所谓的西欧式报价和日本式报价，两种报价模式在原则和方法上有着本质的差别，在实际操作中也有各自的用途和适用范围。

1. 西欧式报价

西欧式报价的一般模式是：首先报出一个对己方有利、对对方不利的交易条件，并留出较大的余地；然后通过双方的磋商，以让步的形式，使对方最终接受交易条件，达成最后的交易。西欧式报价也是谈判中惯常使用的报价模式，一般这样的模式也能够为谈判双方默认，以利于顺利开展价格磋商。

2. 日本式报价

日本式报价的一般模式是：先报出一个对对方有利、对己方不利的交易条件，以引起对方的兴趣；但是，在正式进行价格谈判时，表示这个交易条件无法满足对方的全部要求，如果想要满足，需要逐步改变交易条件，并向着有利于报价方的方向发展。所以，就卖方提出日本式报价的价格谈判来说，最后达成的交易条件往往高于开始提出的交易条件；与之相应，如果是买方提出报价，最后的交易条件会低于开始提出的交易条件。

二、怎样选择报价模式

在商务谈判中，采用较多的通常是西欧式报价，这也有利于双方在一个比较熟悉的谈判模式基础上开展价格谈判，并且有利于达到双方都期望的谈判结果。而日本式报价容易在一开始就出乎对方的意料，打乱对方的战略部署。但是，随着谈判的深入，后报价方会有一种被欺骗的感觉，往往不利于后面的谈判在一个友好的气氛中继续展开，要达到一个令双方都满意的结果也比较困难，而且谈判结果往往都是有利于先报价一方的。

所以，如果谈判的气氛是友好的，双方的态度是合作的，一般都应该采取西欧式报价。只有在那些需要用一定手段来完成谈判目标的特定情况下，才可以考虑采用日本式报价。同时，在谈判时，如果是后报价的一方，应该尽量避免落入日本式报价的圈套。

为了避免落入日本式报价的圈套，谈判人员应注意以下几个问题：首先，应仔细检查对方报价的内容，看其是否符合己方的需要；其次，如果同时与多个客商进行谈判，应将他们不同的报价进行比较，比较各自交易条件的异同；最后，不要轻易信任报价较优惠的客商，而终止其他的谈判，以避免陷入被动的局面。

案例阅读与思考

低报价

有位微波炉批发商性子比较直，也比较急，他经常到农村推销商品。有一回，他懒得多费口舌去讨价还价，心想："都是老主顾了，就照和上回的成交价差不多的价格出手得了。"他驱车来到目的地，走进路边的一家商店。一进门，他就对店主说："这次咱们俩少费点时间，干脆按我的要价来吧，怎么样？"店主不知道他葫芦里卖的什么药，不置可否。他以为这是同意的表示，就说："那好！价格绝对让你满意，绝对不掺水分，你只要说进多少就行，趁今天天气好，咱们省下时间钓鱼去。"

他的报价果然比头回的成交价还低了不少。他想，对方肯定会很高兴，便一厢情愿地问："照这个价，你打算进多少？"可是店主回答："一台也不进。"这可把他弄晕了，忙问："一台也不进？你在开玩笑吧？这个价格可是比上回低了一大截啊！你说实话，要多少？"店主说："你们这些人，嘴里说价钱绝对优惠，实际比你心里的底数不知道要高出多少呢！告诉你吧，任你说破大天来，我也是一台也不进！"

整整一个下午，两人都在讨价还价，直到太阳落山才成交，成交价比这位批发商原来所说的"绝对让你满意"的价格又低了一截。这趟生意下来，他几乎没挣到钱。

思考与讨论：（1）批发商这次的报价比以往都低，但是店主却不进货，为什么？（2）如果你是这位批发商，你会怎么做？

第三节　商务谈判磋商阶段

在谈判双方做出明示并报价之后，商务谈判就进入了实质性内容谈判的阶段，也就是商务谈判的磋商阶段。磋商阶段是商务谈判的中心环节，也是在整个过程中时间占比最大的阶段。

商务谈判的实质性磋商，主要还是围绕价格展开的，也就是一个讨价还价的过程。在此期间，将会出现的问题有谈判双方的价格争论、冲突甚至僵局，也包括双方为了最后达成交易而各自做出的让步。

一、关于交易条件的磋商

商务谈判中关于交易条件的磋商，就是平常说的讨价还价。讨价还价的内容，不是仅指商品的价格，而是指全部的交易条件，包括商品的数量、质量、价格、支付条件、包装、责任条款等各方面的交易条件。整个讨价还价的过程，就是对谈判中所涉及交易条件的讨论和确定。

（一）讨价

讨价，是指在谈判中一方首先报价之后，另外一方认为该价格离己方的期望价格比较远，从而要求报价方改善其报价的行为。讨价是一种谈判策略，可以误导对方对己方价格期望的判断，并改变对方的价格期望，为己方还价做准备。

1. 价格解释

在讨价阶段，一方应让对方就报价做出一定的解释，即价格解释。

由于对方的报价一般是简单而概括的，对于报价的理由、组成、条件等都不会做充分的解释和说明，如果对这些不做完整的了解，将会给今后的讨价还价工作带来困难。所以，必须要求对方对其报价的理由、组成、条件等做出充分的说明，然后在此基础上对对方的报价做出评价，进而开始正式的讨价还价过程。

另外，在某些时候，对于对方不合理的报价，甚至是漫天要价，及时地要求对方做出合理价格解释也可以起到提醒和警告作用，甚至可以用一些比较强硬的问题来直接拒绝对方的报价。

2. 价格评论

在对方对报价做出解释之后，就可以对对方报价做出评论了。价格评论是进行讨价的基础。在对方报价之后、己方讨价之前，应对对方的报价进行评论，这种评论一定是消极的，并据此提出讨价的要求。

具体评价时，可以就对方报价的整体或者具体部分做出评论，例如，"我方觉得贵方提供的技术已经相对落后，价格水平却非常之高，是我方所无法承受的"。

此外，也可以采取横向比较的方式进行评论，例如，"我方发现，贵方在提供的设备并没有明显优于目前市场上大多数设备的情况下，价格却远远高于市场通行价格"。

总之，价格评论中要明确提出对对方报价的不满意之处，以获得足够的理由进行随后的讨价。

3. 讨价的阶段和方式

在进行评价之后，就可以进行讨价，要求对方修正其报价，以更加接近己方的价格期望。具体说来，讨价一般分为三个阶段，下面以买方讨价为例，分别说明这三个阶段的讨价方式。

（1）讨价起始的阶段。此时己方对卖方价格的具体情况尚比较模糊，缺乏清晰的了解，所以，该阶段的讨价方式是全面讨价，即要求对方从总体上改善其报价。需要注意的是，该阶段的讨价不一定是一次性的，可以视具体情况，进行多次讨价，以获得更加接近己方期望价格的报价。

（2）讨价的实质内容阶段。此时己方对卖方价格内容已经有了一个大致的了解，该阶段的讨价便是有针对性的讨价。即在对方报价的基础上，找出明显不合理、水分较大的项目，有针对性地进行讨价。目的是通过讨价，将这些项目中的不合理部分和水分挤掉，从而获得更有利的报价。

（3）讨价的最后阶段。此时己方对卖方价格已经有了比较清晰的了解，该阶段可以在第二阶段有针对性讨价的基础上，进行最后的全面讨价，要求对方给出最终改善后的报价。

这一阶段的讨价同样可以视具体情况进行多次，以获得最终最优化的报价。

（二）还价

还价是指谈判中一方根据对方报价，结合己方的谈判目标，提出己方的价格要求的行为。在谈判中，还价是一个比较关键的阶段，因为还价是谈判双方真正针对价格进行正面交锋的阶段，还价策略运用得成功与否，直接关系到能否达成最后协议以及己方谈判目标是否能够实现。为了使谈判进行下去，一方在进行了数次的价格调整后，会要求另一方还价；而另一方在讨价目标实现后，为了表示己方的诚意，也应该接受还价的邀请，进行还价。此时，价格谈判就结束了讨价阶段，而进入了还价阶段。所以，在进行还价时，任何一方都应该谨慎，以避免还价不当而影响谈判的进程或损害己方的利益。

1. 还价时机的选择

以买方为例。买方何时回应卖方的还价邀请，结束讨价开始还价，时机的选择是一个比较重要也比较微妙的问题。还价的时机选择得好，一方面，可以保证谈判顺利地进行；另一方面，也可以减少还价的次数，提高还价的效率，有利于谈判目标的最终实现。还价是以讨价为基础的，所以，还价的时机也主要取决于讨价的结果。一般来说，卖方在回应买方讨价要求，对报价做出改善之后，会向买方发出还价的邀请。此时，如果卖方只是对报价进行了微小的调整，或者改善的幅度不大，买方应继续讨价，以为还价建立更有利于己方的基础，而不是急于还价。而当卖方已经做出较大的或者实质性的让步时，买方便应该考虑开始还价，因为如果还是一味地坚持讨价，拖着不还价，会给卖方造成己方无谈判诚意的印象，影响谈判的顺利进行。

在时间上，还价也有讲究，因为时间的早晚对谈判心理有一定影响。以两天完成的谈判为例，第一天上午，在报价方阐述基本立场，还价方通过反复提问、讨论后，可考虑第一次还价，这样在上午结束前，既可看到报价方对还价的反应，又可以迫使报价方在下午再出价。第二次还价可根据情况放在第二天上午 10 点左右，这样还价方既可以有一段磋商时间，又可在临近中午表示己方的诚意及退让的难度。如果仍有余地，还可在临近最后期限的下午与晚上再行还价，以使报价方在"危急关头"权衡利弊，做出最后让步。

案例阅读与思考

喜悦之后

某位刚参加工作的业务员很长时间都没有一点业绩，为此他十分焦虑。终于有一天，有个客户打电话给他，希望能够购买他的产品，并询问了产品价格等问题。他的产品的报价是 10 万元/台，这是公司规定的。业务员如实向他的第一个客户进行了说明。客户考虑了一下，还价 8.5 万元/台。当时业务员正沉浸在终于有业绩的喜悦中，因为考虑到公司给他的底价是每台 8 万元，所以 8.5 万元成交也是可行的，于是就毫不犹豫地同意了。可是，当他同意对方的价格之后，客户并没有表现出成交的意愿，而是说要再跟单位商量一下。之后，该客户便再无音讯。

思考与讨论：你认为这位客户为什么会再无音讯？

2. 还价方式的选择

采取何种还价方式首先要看基于什么依据来进行还价。在商务谈判中，还价的依据主要有两种类型：一种是按价格评论还价，另一种是按项目还价。

（1）按价格评论还价。根据价格评论的不同，还价方式又可以分为按分析比还价和按分析成本还价两种方式。

按分析比还价是指买方以同类商品的价格或者竞争者商品的价格作为参考进行还价。这种还价方式的关键在于选作参考的商品是否具有可比性，从而能够使对方信服。

按分析成本还价是指买方根据自己计算出的商品成本，再加上一定百分比的利润作为还价的依据进行还价。这种还价方式的关键在于买方所计算的成本是否准确，并能够使对方信服。

（2）按项目还价。根据每次还价项目的多少，还价方式又可以分为单项还价、分组还价和总体还价三种方式。

单项还价是以商品报价的最小项目单位进行还价。如果是独立商品，可以按照计量单位进行还价；如果是成套设备，可以按主机、辅机、备件等不同部分进行还价；如果是服务费用，则可以按照不同的费用项目进行还价。

分组还价是把谈判标的分成若干项目，并按每个项目报价中所含水分的多少分成几个档次，然后逐一还价。对于水分含量较大的项目，就多还一些；对于水分含量少的项目，就少还一些。

总体还价又叫一揽子还价，是将整个报价按照一定的百分比进行还价，而不考虑报价中各部分所含水分的差异。

在商务谈判中，具体按照以上哪一种还价方式来进行还价，首先取决于谈判标的的特性。例如商品的规格、数量、市场供求状况以及替代品现状，等等。此外，还取决于谈判当时的一些其他具体情况。例如谈判双方的实力对比、己方所掌握信息量的多少、己方的谈判经验，等等。总之，在确定还价方式时，要本着哪一种方式更有说服力，更容易为对方所接受的原则来选择。

3. 还价起点的确定

在还价时，另一个影响决定的重要因素是还价的起点，也就是买方第一次提出的希望成交的条件。还价起点，从原则上讲要低，但是又不能太低，要接近谈判的成交目标。因为讨价还价的基本原则之一便是还价要尽可能低，如果还价高了，会使得己方必须在还价之上成交，从而损害了己方的利益；如果还价过低，又会引起对方的不满，认为己方无谈判诚意，从而影响谈判的顺利进行。所以，还价的起点不宜过高也不宜过低，要接近己方所期望的成交目标。

二、磋商过程中对谈判局势的正确评估

商务谈判的磋商过程主要就是讨价还价的过程，但是，一味盲目地讨价还价也不可取。在磋商的过程中，还应该不断地对谈判局势进行评估，这样才能实施最有效的讨价还价策略。所谓谈判局势，也就是谈判的形势。在商务谈判中，谈判局势主要是根据当时的交易条件能否被谈判双方接受来判断的。

（一）交易条件显然可为双方接受的情况

在交易条件显然可为双方接受的情况下，谈判一方提出的交易条件或者双方协商的交易条件对于谈判双方来说都很理想，是谈判双方都乐意接受的。此时，只要谈判双方愿意就此达成协议，

谈判就可以马上进入结束阶段，双方签约。在这种情况下，虽说形势似乎一片大好，但有一些问题还是需要谈判双方注意的。

1. 不可过分讨价还价

无论谈判的哪一方，都希望谈判的结果尽量有利于己方，在谈判中都会争取尽可能大的利益。所以，即使当时的交易条件已经能够为己方接受，双方仍然都希望通过进一步的讨价还价来争取更大的利益。但是，此时再做过分的讨价还价显然是不合适的，因为在交易条件明显符合双方期望的情况下，过分的讨价还价会让对方认为己方得寸进尺，容易引起对方的反感。特别是在对方已经做出一定让步的情况下，很可能会使本来已经接近成交的谈判陷入僵局甚至破裂。

此时，如果想获得更有利于己方的谈判结果，可以在一些不触及对方关键利益的条款上向对方寻求一些额外的利益，而不是一味地讨价还价。

2. 欲速则不达

很多时候，当交易条件显然能够被谈判双方接受时，有一方往往会因为想尽快结束谈判，而催促对方签订协议。这是不可取的，因为虽然谈判有了签约的条件，却仍然需要遵循原先商定的议程继续进行，直至签约。仓促结束谈判，会导致许多隐藏的问题被忽略，为将来合同的履行埋下隐患。而且如果操之过急，会让对方怀疑交易条件中有漏洞，从而要求修改交易条件，并且在谈判桌上产生一种不信任的气氛。

所以，正确的做法应该是按部就班，根据事先商定好的谈判议程，一步步走向最终的签约。

（二）交易条件可能为双方接受的情况

交易条件可能为双方接受的情况，是指对目前交易条件做出一定的修改之后，双方有可能接受的情况。在现实谈判中，大多数时候处于这样一种局面，这也是谈判继续进行、双方继续磋商的原因和动力。在这种情况下，为了最终达成交易，需要遵循以下步骤。

1. 明确进一步磋商的范围

既然双方都愿意达成最终的交易，且有这个可能，那么，关键问题就在于如何通过进一步的磋商来获得双方都能接受的交易条件，也就是明确双方进一步磋商的范围。在明确双方进一步磋商的范围的时候，需要考虑以下一些主要因素。

（1）沟通的障碍。在双方磋商的时候，很多分歧来自沟通的障碍，也就是双方就同一问题的表述、传达和理解上的差异。此时，明确双方沟通的障碍所在，就有助于双方消除一些不必要的分歧，从而更好地达成共识。

（2）讨价还价的表现。很多时候，可以通过对方在讨价还价时的表现来判断对方对交易条件的接受程度以及达成交易的意向。如果对方对一些主要问题或核心条款还抓住不放，说明对方希望目前的交易条件有较大的修改，其达成交易的意向并不明显；如果对方只是在一些细枝末节的问题上讨价还价，则说明对方对目前交易条件的绝大部分都能够接受，其达成交易的意向也比较明显。根据对方的意向，就可以与对方展开有针对性的进一步磋商，以尽快达成交易，结束谈判。

（3）真正的分歧。很多时候，谈判双方表面的分歧或冲突并不是无法达成共识的症结所在，双方需要通过表面现象发现彼此之间真正的分歧，也就是我们常说的"根本矛盾"。找到这个"根本矛盾"，就能据此寻求达成一致的途径，从而为双方达成交易扫清障碍。

2. 进一步磋商直到达成协议

明确双方进一步磋商的范围之后，就应该积极地开始进一步磋商的工作，以求达成双方都能够接受的交易条件。此时的磋商不应再以讨价还价为主，而是双方本着互谅互让的精神，通过一定的让步或者寻找合理的取代方案，来取得一致。

（三）难以达成交易的情况

双方难以达成交易，也就是说目前的交易条件与一方或者双方的心理底线差距比较大。此时，简单的磋商或讨价还价是不足以使双方达成共识的，必须通过其他方法来寻求一致，否则，谈判很可能会陷入僵局或破裂。一般可以采用的方法有以下两种。

（1）修改原来的谈判计划。这是从己方入手的一种方法，即通过修改己方的谈判计划，来调整己方的商务谈判期望，从而寻求与对方达成一致的可能。具体包括修改己方的谈判目标、谈判底线以及谈判策略等，以适应谈判局势的要求，通过一定程度的让步来向对方表示己方达成交易的意向。但是，这种修改也不是无原则的，还是要建立在己方的利益之上，并根据谈判组的权限来操作。

（2）争取让对方向其上级要求"扩权"。这是从对方入手的一种方法，通过说服对方，让其请示上级，对其谈判权限范围做出修改，也就是扩大其权限。并且，说服对方通过修改其谈判计划来做出一定的让步，可以为谈判双方继续谈判创造条件。但是，在现实谈判中，这种方法往往很难实现，因为在说服对方的工作上需要花费大量的时间和精力，并且，己方也应做出相应的让步来回应。

三、磋商过程中的叫停

商务谈判是高度紧张的智力活动，要求谈判者自始至终保持高度集中的精神，在谈判中及时做出合理的反应，即采用避免和化解冲突的种种策略。但是，任何谈判人员，哪怕能力再强、经验再丰富，也难免会遇到由于注意力无法集中、个人能力不够或者对方的突然发难等原因产生的一时难以应付的问题。在这个时候，需要采取对谈判叫停的策略，来获得一段时间的缓冲和喘息，同时在己方和对方之间创造一定的机会，以求缓解一时的不利局面，寻找有利的解决途径。在商务谈判中，叫停作为一项相当有效的策略性机制，被广泛使用。

一般来说，在谈判中，用以下一些借口来要求暂停谈判是比较有效的。

（1）向对方申请一个晚上来仔细考虑，把问题留到第二天解决。实际上，大多数人都不好意思拒绝这个提议。

（2）解释能够做决定的人不在，或者自己没有权力做这个决定，要求回去同自己的上级领导或者顾问商量之后再给出决定。这样的借口往往也是对方无法拒绝的。

（3）提议休会一天，大家一起去参加某项休闲娱乐活动，为谈判赢得时间，同时增进双方感情。这样的借口，往往被谈判的主方利用，因为"客随主便"，对方也不太好拒绝。

（4）借口去洗漱室。没有人会拒绝这样的要求。

第四节 商务谈判结束阶段

到了商务谈判的结束阶段，谈判人员依旧有很多需要关注的方面。

一、谙熟成交信号促成交易

在商务谈判活动中，随着双方对所商讨问题的不断深入，成交的机会会随时出现，而认为只有磋商到最后，才是成交的最佳时机是错误的。这就要求谈判人员谙熟成交的迹象，以促成交易。

实践表明，谈判双方就某些问题的交流与沟通达到一定程度时，会在谈判过程中有意或无意地向对方发出希望促成交易的信号。这些交易信号或迹象主要表现在以下方面。

1. 谈判中的语言表达

一是谈判者由对一般问题的探讨延伸到对细节问题的探讨；二是当对方对己方的介绍和商品的使用功能随声附和，甚至接过话头讲得比己方还要具体时；三是谈判者用最少的语言、坚定的语气、平稳的语调，不卑不亢地阐明自己的立场，没有任何紧张、犹豫或不安，而且很少谈论据，不解释原因，表达出一定的承诺，表明没有折中的余地等有意无意的信号；四是谈判者所提出的建议是完整的，绝对没有遗漏或不明确之处；五是谈判者开始打听交货时间或使用、保养问题，询问价格优惠条件，对小问题提出具体要求，用假定口吻谈及购买等；六是一方一再向对方保证现在结束对对方最有利，告诉对方一些好的理由。

2. 谈判中的非语言信号

一是当谈判者由开始的紧张转向松弛，略带笑意，相互间会意地点头甚至眼睛发光、精神振奋，情感由冷漠、怀疑、深沉变为自然、大方、随和、亲切时；二是谈判者坐直身体，双臂交叉，文件放在一边，动手触摸、操作产品，多次翻看产品说明书，甚至按照说明书的指示与实物一一对照；三是谈判者身体由原来前倾转为后仰或由一个角度到多个角度观察产品；四是谈判者出现摸口袋等签字倾向的动作；五是谈判者提出变换洽谈环境与地点，并向对方介绍有关参与决策过程的其他人员；六是谈判者主动提出安排对方人员的食宿；七是主要领导人或决策人出场等。

▶■ 微视频
商务谈判的终结

谈判一方向对方发出这些信号，目的在于推动对方快速进入状态，设法使对方行动起来，从而达成协议。

在促成交易阶段对策略和技巧的运用不能生搬硬套，要因时、因地、因人而异，灵活多变。

二、商务谈判的终结

（一）谈判终结的原则

谈判终结的基本原则有彻底性原则、不二性原则、约束性原则和情理兼备性原则。

（1）彻底性原则。彻底性原则指结束谈判时所论及的交易内容要全面，各内容论及的深度要透彻，不得再出现疑点。

（2）不二性原则。不二性原则指当谈判结束时，双方达成的合同不得随意因破裂、中止的状态而改变。换言之，谈判结果必须具备不可更改性。

（3）约束性原则。约束性原则指双方所达成的各种交易条件均以相应的法律形式表述，使之具有法律的约束力和追溯效力。为确保谈判终结达到约束性原则要求，需满足三个条件：口头合同文字化；文字合同格式化；不同格式文本一体化。

（4）情理兼备性原则。情理兼备性原则指谈判终结不论其形势如何，都应保持友善与客观的态度。具体地说，应尽力创造友好气氛和阐明理由，使双方均感到受到了尊重。结果如果成功，固然可喜可贺；结果是谈判破裂，亦坦然接受。

（二）谈判终结的种类

商务谈判终结的种类包括成交、中止、破裂三种。

1. 成交

成交是指谈判双方达成交易。成交的前提是双方对交易条件经过多次磋商达成共识，对全部或绝大部分问题没有实质上的分歧。成交方式是双方签订具有高度约束力和可操作性的合同书，为双方的商务交往提供操作原则和方式。由于商务谈判内容、形式、地点的不同，成交的具体做法也有区别。

2. 中止

中止是指谈判双方因为某种原因未能达成全部或部分交易而由双方约定或单方要求暂时终结谈判。中止如果是在整个谈判的最后阶段，解决最后分歧时发生的，就是终局性中止，并且作为一种谈判结束的方式被采用。中止可分为有约期中止与无约期中止。

（1）有约期中止。有约期中止是指双方在中止谈判时对恢复谈判的时间予以约定的中止方式。如果双方认为成交价格超过了原定计划或让步幅度超过了预定权限，或者尚需等上级部门的批准使谈判难以达成交易，而双方均有成交的诚意和可能，于是经过协商，一致同意中止谈判。这种中止是一种积极姿态的中止，它的目的是促使双方创造条件最后达成交易。

（2）无约期中止。无约期中止是指双方在中止谈判时对恢复谈判的时间无具体约定的中止方式。无约期中止的典型是冷冻策略。在谈判中，或者由于交易条件差距太大，或者由于特殊困难存在，但又有成交的需要而不愿使谈判破裂，双方于是采用冷冻策略暂时中止谈判。此外，如果双方对造成谈判中止的因素无法控制，也会采取无约期中止的做法。

例如，涉及国家政策突然变化、经济形势发生重大变化等超出谈判者意志的重大事件时，谈判双方难以约定具体的恢复谈判的时间，只能表述为"一旦形势许可""一旦政策允许"，然后择机恢复谈判。这种中止，双方均出于无奈，对谈判最终达成交易会造成一定的干扰和拖延，是被动的中止方式。

3. 破裂

破裂是指双方经过最后的努力仍然不能达成共识和签订合同，交易不成，或友好而别，或愤然而去，从而结束谈判。谈判破裂的前提是双方经过多次努力之后，没有任何磋商的余地，至少在谈判范围内的交易已无任何希望，谈判再进行下去已无任何意义。谈判破裂依据双方的态度，可分为友好破裂结束谈判和对立破裂结束谈判。

（1）友好破裂结束谈判。友好破裂结束谈判是指双方互相体谅对方面临的困难，讲明难以逾越的实际障碍而友好地结束谈判的做法。在友好破裂方式中，双方没有过分的敌意态度，只是各自坚持自己的交易条件和利益，在多番努力之后最终仍然达不成交易。双方态度始终是友好的，能充分理解对方的立场和原则，理智地承认双方在客观利益上的分歧，对谈判破裂抱着遗憾的态度。谈判破裂并没有使双方关系破裂，双方反而通过充分的了解和沟通，产生了进一步合作的愿望，为日后双方再度合作留下可能的机会。这种友好的破裂方式应该予以提倡。

（2）对立破裂结束谈判。对立破裂结束谈判是指双方或单方在对立的情绪中愤然结束且未达成任何交易的谈判。造成对立破裂的原因有很多，不论何种原因，造成双方在对立情绪中结束谈判毕竟不是好事，这种破裂不仅没有达成任何交易，而且使双方关系恶化，日后很难再次合作。

因此，在谈判破裂不可避免的情况下，谈判者要表现出良好的修养和风度，尽量使双方以友好态度结束谈判，至少不要使双方的关系恶化。通常首先要尽力使双方的情绪冷静下来，不要使用过激的语言；其次，要摆事实讲道理，不要攻击对方，要以理服人、以情感人、以礼待人。

课堂互动

请和同伴谈一个你所知道的影视剧或生活中谈判成功/未成功的案例，简单分析其原因。

三、商务合同的签订

商务合同是商务谈判成交成果的具体体现，是约束交易双方的法律性文件。

（一）合同文本撰写前的准备工作

合同文本撰写前的准备工作主要是对签约过程中的有关问题进行磋商，包括确定合同文本起草方、合同形式的磋商、合同内容的磋商、合同书写语言的磋商、商定签字仪式举行地等。

1. 确定合同文本起草方

合同文本的起草可以分为三种形式：己方起草、对方起草、共同起草。

在可能的条件下，合同的条款应尽量由己方起草，这样做至少有三个好处。第一，有利于准确反映己方意愿，而不致被对方牵着鼻子走；第二，使己方在谈判中更加主动、顺利。由于是己方起草合同，因此当对方提出修改意见时，有利于增加己方的谈判筹码，也能避免过多修改。第三，避免因对方在合同中留下"伏笔"，结果导致己方吃亏。

如果对方坚持要起草合同怎么办？这时己方应该通过谈判，先确定合同总框架和指导性意见，尽量争取分别起草合同中的某些条款，最后再洽谈确定正式文本。谈判双方所在的谈判小组也可以根据双方交易内容或谈判的商品达成的协议共同起草合同，各方进行合同的审查，并经双方确认一致同意后定稿，打印形成正式的合同文本。

2. 合同形式的磋商

《中华人民共和国民法典》（以下简称《民法典》）对于合同形式允许当事人采取口头、书面形式或法律许可的其他形式，但法律法规或当事人要求采用书面形式的应当采用书面形式。在进出口贸易中，无论是商品贸易，还是技术或服务贸易，我国法律一般要求采用书面形式。

口头形式合同的优点是简便易行，缺点是发生经济纠纷时，容易产生举证困难、不易分清责任的现象，因而用得不多。书面形式合同是指用文字来表达当事人双方在平等协商、等价有偿的基础上，意思表示一致行为的协议。凡金额较大、交易条件较为复杂，或者履行期限较长的，都应采用书面形式的合同。其优点是：内容详细明确，责任具体清楚，便于举证，发生纠纷时容易分清责任，有利于对合同的管理和监督。

《民法典》规定，合同的书面形式是合同书、信件、电报、电传、传真等可以有形地表现所载内容的形式。以电子数据交换、电子邮件等方式能够有形地表现所载内容，并可以随时调取查用的数据电文，视为书面形式。

3. 合同内容的磋商

在商务实践中，合同应包含的绝大多数内容都是固定的，如价格条款、质量条款、数量条款、付款方式、承运条款、保险条款与违约条款等。这些内容通常在磋商阶段已经谈妥，但如果谈判一方对合同内容有特别需要添加或说明的地方，则需要双方进行磋商以决定是否写入合同。

4. 合同书写语言的磋商

在国际商务谈判中，常会涉及谈判双方使用不同语言的问题，那么谈判成交后，使用何种语言起草合同文本，就需要由双方进行协商。一般合同书写语言采用世界通用语言英语或者使用双方语言草拟两个版本的合同。

5. 商定签字仪式举行地

在正式的商务谈判中，要举行签字仪式。一些小型的、简单的谈判，成交后可能稍做休会便直接在磋商地点进行签约。对于一些重要的商务合作或谈判，有时要举行隆重的签字仪式。此时，在何地举行签字仪式要由双方商定。一般签字仪式就选在双方进行磋商的城市，由主办方负责会场的选择和布置。另外，也有一些签字仪式会选择第三方城市，如对双方有纪念意义的城市或适合签字后双方庆贺的地方。

（二）合同的撰写与审核

1. 合同的格式

商务合同一般由约首、正文、约尾和附件四个部分组成。

（1）约首。约首是合同的序言，包括合同的名称、合同号码、买卖双方的名称和地址等。序言中常常会写明双方订立合同的意愿和执行合同的保证，对双方都有约束力。双方的名称应用全称，不能用简称；地址要详细列明，因涉及法律管辖权问题，所以不能随便填写。

（2）正文。正文是合同的主体部分，规定了双方的权利、义务和违约责任，包括合同的各项交易条款，如商品名称、品质规格、数量包装、单价和总值、交货期限、支付条款、保险、检验、索赔、不可抗力和仲裁条款等，以及根据不同商品和不同的交易情况加列的其他条款，如保值条款、溢短装条款和合同适用的法律等。

（3）约尾。约尾是合同的尾部，包括合同文字的效力、份数、订约的时间和地点，以及生效的时间、附件的效力、双方签字等，这些都是合同不可缺少的重要组成部分。合同的订约地点往往涉及合同依据当地法律的问题，因此要慎重对待。我国的出口合同的订约地点一般为我国，有时有的合同将订约的时间和地点在约首说明。

（4）附件。合同附件多为业务性的实施细则或技术细则，一般由企业业务部门负责人或技术部门负责人签署，不宜由企业负责人包揽。

2. 合同的内容

无论是以电话、电传、信函，还是以各种契约的形式订立合同，一经双方认可，合同即已成立，交易即可履行。合同应尽可能周详、明确、肯定、完整。合同的内容包括以下方面。

（1）合同当事人的名称（即单位名称或代表人姓名）、单位所在地、地址或住所。涉外合同还应有当事人所属国及当事人国籍。

（2）合同签订的日期与地点。合同签字日期往往涉及合同生效问题。合同签订的地点与适用法律、解决争议有关。

（3）合同的类型、标的与范围。

（4）合同的质量、数量、标准、规格及技术条件。

（5）价格条款、支付条款、附带费用条款及保险条款。

（6）关于合同转让、变更、解除或终止的规定。经当事人协商一致或履行过程中出现法律或合同事先约定的情形，可转让、变更、解除或终止合同。但是，凡是合同经过国家有关机关批准或者公证的，其变更、解除或终止也须经原批准机关或公证机关审核、批准。

（7）合同发生争议时的解决办法与法律适用条款，以及违反合同的赔偿和其他责任条款。此部分内容主要包括仲裁条款、法律选择条款、违约责任条款。仲裁条款，一般应包括仲裁地点、仲裁机构、仲裁程序和仲裁费用负担等内容。法律选择条款只在涉外合同（中外合资合同、中外合作合同和中外合作勘探开发自然资源合同除外）中存在，是指合同当事人可在合同中选择合同所适用的法律，可以是当事人所属国家的法律，也可以是第三国的法律。合同中的违约责任条款可以是约定的违约金，也可以是约定违约责任造成的损害赔偿的计算方法。

（8）担保条款。合同中通常采用的担保形式有定金、抵押、质押、留置、保证。

（9）涉外合同还应有合同使用的文字及其效力之条款。按照国际惯例规定：涉外合同文字应当使用当事人双方的法定文字，并且两种文本具有同等效力。当两种文本在解释上出现歧义时，应以东道国语言文本为准。有时，重要的涉外合同还确立第三种文字文本为存档备忘文本，当合同双方文字的文本在解释上出现歧义时，就以其为准，但此种做法较少。

商务合同的基本内容即为上述九个方面。当法律或当事人对合同内容有特殊要求时，那些应特殊要求而规定的条款，也应是合同所必须具备的基本条款。

（10）合同签章。签章要注意以下事宜：①自然人签名。自然人签名以清楚的中文签名为宜，避免草书、英文签名。②骑缝章、骑缝签名。合同有多页的，应加盖骑缝章、骑缝签名，以避免日后产生纠纷时做技术鉴定的麻烦。③盖章要有公章或合同专用章，避免使用财务专用章或部门公章。④修改核对章。对于合同中的修改部分，应在修改处加盖核对章或签名。⑤当面签字盖章。尽量避免对方有使用假签名、假公章的可能性。

案例赏析

写错一字，损失百万元

沈阳某物资公司与福州某进出口公司签订了一份金额达 500 万元的进口层板的购销合同。合同规定三个月内交货，并由物资公司交付进出口公司 200 万元作为保证合同履行的定金。如果进出口公司违约，就双倍退还定金。可是，进出口公司在规定期限内没有按时交货，只将 200 万元退还给物资公司。物资公司即状告到人民法院。人民法院最后裁定：合同上写的 200 万元是预付款性质的订金，而非起担保作用的定金。原来物资公司一时疏忽，错将"定金"写成了"订金"，损失惨痛。

【案例简析】由此可见，合同的措辞，一定要非常严谨，否则很可能要付出"一字千金"，甚至"万金"的代价。

3. 合同的审核

正式合同文本书写完毕以后，谈判双方就应进行正式签字，但签字前应该进行审核。其主要内容包括以下方面。

（1）合法性审查。谈判双方有责任保证所签订的合同符合法律规定。《民法典》规定，双方合同不得存在以下情形：一方以欺诈、胁迫的手段订立合同，损害国家利益；以合法形式掩盖非法目的；恶意串通，损害国家、集体或者第三人利益；损害社会公共利益；违反法律、行政法规的强制性规定。

（2）有效性审核。有效性审查包括两层含义。一是双方谈判者有无签署合同的权限。通常合同签署者必须是企业法定代表人或被授权的企业全权代表，授权证书应由企业法定代表人签发。其主谈者具有此两种身份中任何一种，可直接签署合同；反之，则应由企业法定代表人签署，或取得充分授权后签署合同。二是合同内容有无相互矛盾或前后相互否定之处。

📖 案例阅读与思考

无合同签署权人员诈骗案

出口商甲经李某介绍曾与某国多个买家成交，并通过李某成功收款。某年 5 月，甲与李某介绍的 A 公司签订近 200 万美元的销售合同，销售合同中列明的买方为 A 公司，但签署人却为李某。甲发货后，A 公司以从未与甲签过销售合同为由拒绝支付货款。经调查，李某假冒 A 公司的名义与甲订立销售合同，骗取货物后，低价销售给 A 公司，取得货款后逃匿，甲损失惨重。

思考与讨论：（1）在现实中为什么李某这种行为会得逞？（2）如何避免被欺骗？

（3）一致性审核。一致性审核即审核合同文本与谈判内容的一致性（可根据谈判纪要进行）。

（4）文字性审核。文字性审核即审核合同文字是否严谨、准确地表达了谈判内容。为保证合同审核的有效性，应有两三个人共同审核，以便互相检验，并且反复审核若干次，确保万无一失。典型的国际谈判常常分商务、技术、法律等不同的谈判小组，合同文本由不同的人联合撰写，加之合同条款十分繁杂，很多国际合作协议及其附件往往有几十万字之多。所以在结束全部谈判之后、最终定稿之前，应有一套团队协作程序，审核全部文本，把合同条文、技术附件从头到尾依次通读一遍，其中需要特别注意条文与附件编排的章节和序号。签署前的审核应当由双方同时进行。

📕 案例赏析

漏掉两个字，运费多开支

中国某公司与美国某客商签订了进口某货物的合同，双方约定在美国西部港口交货，但双方合同和开信用证时都写成了"美国港口交货"，漏掉了"西部"两字，美方接到信用证后，通知我方在美国东部某港口接货，我方只好通知船方到该港接货，结果多承担了一笔运费支出。

【案例简析】 此案例同样说明合同措辞的重要性，合同写好后务必仔细核对检查，以免出现错误，造成惨重损失。

四、谈判的协议后阶段

合同的签订代表谈判告一段落，但并不意味着谈判活动的完结，谈判真正的目的不是签订合同，而是履行合同。因此，协议签订后的阶段也是谈判过程重要的组成部分。该阶段的主要任务是对谈判进行总结和资料管理，以确保合同的履行与维护双方的关系。

知识巩固与技能训练

一、思考与讨论

1．商务谈判的一般程序是什么？

2．商务谈判开局阶段的任务有哪些？

3．商务谈判报价应该注意哪些事宜？

4．商务谈判还价应该注意哪些事宜？

5．商务谈判中如何判断谈判已经接近尾声？

6．商务谈判终结的原则是什么？

7．商务谈判终结的方式有哪些？

8．合同内容包括哪些？

二、活动与演练

任务演练 1　模拟商务谈判开局

目标： 按照制订的商务谈判方案，模拟商务谈判开局，选择开局方式，营造良好的开局气氛，掌握商务谈判开局的技巧，掌握商务谈判过程礼仪。

步骤： 任务布置→任务实施→任务完成→任务考核。

内容与要求：

（1）学习小组结对，分别扮演买方企业与卖方企业；

（2）每两个模拟企业互为谈判对手，分配买方任务和卖方任务；

（3）主方模拟迎接客方谈判代表，见面时相互介绍、问候、握手，进入谈判室，就座、致意等；

（4）买卖双方模拟营造和谐、愉快、融洽的谈判气氛；

（5）买卖双方模拟开场陈述与倡议，其间相互观察、问答，进行探测与摸底，同时注意对己方意图保密。

成果形式： 填写任务表（见表 8.1），完成模拟商务谈判开局过程。

表 8.1　模拟商务谈判开局任务表

角色扮演	任务	完成情况
主方谈判小组	见面礼仪	
	谈判气氛的营造	
	开场陈述	
	磋商的场景演练	
客方谈判小组	见面礼仪	
	谈判气氛的营造	
	开场陈述	
	磋商的场景演练	

任务演练 2　模拟商务谈判结束

目标： 在模拟商务谈判磋商的基础上，模拟商务谈判结束，能够准确地判断和选择谈判的结束时机，正确地选择谈判的结束方式，掌握商务谈判结束阶段的策略，能采取有效的措施规避商务谈判的风险。

步骤： 任务布置→任务实施→任务完成→任务考核。

内容与要求：

（1）学习小组结对，分别扮演买方企业与卖方企业；

（2）每两个模拟企业互为谈判对手，分配买方任务和卖方任务；

（3）经过几轮计价还价和磋商后促成交易，结束谈判。

成果形式： 填写任务表（见表 8.2），模拟商务谈判结束，促成交易。

表 8.2　模拟商务谈判的结束任务表

角色扮演	任务	完成情况
主方谈判小组	明确尚未得到解决的问题	
	各项交易条件的最后决定	
	确定谈判结束的策略	
	做好成交阶段的交易记录	
	检查交易条款的准确性	
	成交阶段的场景演示	
客方谈判小组	明确尚未得到解决的问题	
	各项交易条件的最后决定	
	确定谈判结束的策略	
	做好成交阶段的交易记录	
	检查交易条款的准确性	
	成交阶段的场景演示	

三、案例分析

我国某冶金公司要从美国购买一套先进的组合炉，派一位高级工程师负责与美商谈判。

这位工程师在谈判前查找了大量资料，对国际市场上组合炉的行情及这家美国公司的历史和现状、经营情况等了解得一清二楚。

谈判开始，美商一开口就要价 150 万美元。中方工程师列举了各国的成交价格，使美商目瞪口呆，终于以 80 万美元达成协议。当谈判购买冶炼自动设备时，美商报价 230 万美元，经过讨价还价压到 130 万美元，中方仍然不同意，坚持出价 100 万美元。美商表示不愿继续谈下去了，把合同往中方工程师面前一扔，说："我们已经做了这么大的让步，贵公司仍不能合作，看来你们没有诚意，这笔生意就算了，明天我们回国了。"中方工程师轻轻一笑，把手一伸，做了一个优雅的请的动作。美商真的走了，冶金公司的其他人着急了，甚至埋怨工程师不该抠得这么紧，工程师说："放心吧，他们会回来的。同样的设备，去年他们卖给法国只有 95 万美元，国际市场上这种设备的价格 100 万美元是正常的。"果然不出所料，一个星期后美方又回来继续谈判了。工程师向美商点明了他们与法国的成交价格，美商又愣住了，不敢再虚报价，只说："现在物价上涨得厉害，比不了去年。"工程师说："每年物价上涨指数没有超过 6%，一年时间，你们算算，该涨多少？"美商被问得哑口无言，在事实面前，不得不让步。最终双方以 101 万美元达成了这笔交易。

思考与讨论：（1）中方在谈判中取得成功的原因有哪些？（2）美方在谈判中处于不利地位的原因是什么？

第九章

Chapter 9　商务谈判策略

📖 **学习目标**

能描述商务谈判中策略的作用和运用原则；掌握制订商务谈判策略的步骤；熟知商务谈判开局、报价、磋商、成交阶段的各种策略。

> 📎 **导入案例**
>
> 　　某年，上海甲公司拟引进外墙防水涂料生产技术，日本乙公司与我国丙公司报价分别为 22 万美元和 18 万美元。经调查了解，两家公司技术与服务条件大致相当，甲公司有意与丙公司成交。在终局谈判中，甲公司安排总经理与总工程师同乙公司谈判，而全权委托技术科长与丙公司谈判。丙公司得知此消息后，主动大幅降价至 10 万美元与甲公司签约。
>
> 　　**思考与讨论：** 你认为甲公司采取了什么谈判策略在这场交易中赢得了较好结果？

━━━━━━ **第一节　商务谈判策略的作用与运用** ━━━━━━

一、商务谈判策略的含义

　　商务谈判策略是指在谈判过程中实现谈判任务与目标的方法与手段，包括各种方式、措施、技巧、战术、手段及其组合运用的总称。商务谈判策略依据谈判双方的实力，纵观谈判全局的各个方面、各个阶段的关系，规划整个谈判力量的准备和运用，指导谈判的全过程。

　　商务谈判策略是一个集合概念和混合概念。一方面，它表明商务谈判中所运用的单一方式、技巧、措施、战术、手段等都只是商务谈判策略的一部分。对于策略，谈判人员可以从正向来运用，也可以从反向来运用；既可以运用策略的一部分，也可以组合运用策略的几部分。另一方面，它还表明商务谈判中所运用的方式、技巧、措施、战术、手段等是交叉联系的，难以再深入分割与分类。

　　多数商务谈判策略是事前决策的结果，是科学制订策略本身指导思想的反映，也是谈判实践的经验概括。它规定谈判者在一种能预见和可能发生的情况下，应该做什么、不能做什么。谈判中所采取的许多策略，都要经历酝酿和运筹的过程。酝酿和运筹的过程，也是集思广益的互动过程。只有经过这一过程，才能选择准确、恰当的商务谈判策略。

🤔 **案例阅读与思考**

狡猾的犯人

　　在某国监狱的单间牢房里，一个犯人通过门上那个瞭望小孔看到走廊上警卫正在那儿喝咖啡。他想喝咖啡想疯了，于是用右手指关节轻轻地敲了一下门。警卫慢悠悠地踱过来，粗声哼道："干吗？"犯人答道："请给我喝一杯咖啡，就是你喝的那种。"警卫没有理会犯人的请求，转身要走。犯人又用右手指关节敲门，说道："劳驾你给我一杯咖啡，我只等 1 分钟，如果你不给，我就在水泥墙上撞脑袋，直到出血晕倒为止。当监狱的官员把我拉起来，我苏醒后，我就发誓说是你干的。当然，他们绝不会相信。但请你想一想吧，你得出席听证会，在听证会前，你得填写一式三份的报告，你要卷入一大堆审讯事务。你想一想吧，所有这一切就是为了不给我不值几个钱的一杯咖啡？只要一杯，保证再不打搅你。"

思考与讨论：（1）你如何评价这个犯人的谈判策略？（2）如果你是警卫，你会预见可能发生什么情况吗？你会采取什么样的谈判策略？

二、商务谈判策略的作用

充分认识和把握商务谈判策略的特征，有助于谈判人员在实践中灵活有效地谋划策略、使用策略。到目前为止，出现了很多商务谈判策略，但是没有发现单一性功能很突出的商务谈判策略。因为商务谈判是一种复杂的心理活动过程，是一种纷繁的经济现象和社会交往现象，需要从客观实际出发，从不同的角度用不同的眼光去看待、思考、使用不同的策略。商务谈判策略的具体作用如下。

（1）是实现谈判目标的桥梁。谈判双方因为对彼此都有需求，所以会愿意坐在同一张谈判桌上进行洽商。但是，买方和卖方之间的利益要求是有差别的。如何来协调这种差别，缩短实现目标的距离，那就需要谈判策略来起到桥梁作用。在商务谈判中，不可能完全不运用策略，但并不是只要使用了策略就是可行的。策略可以促进或阻碍谈判的进程，即运用得当的策略可以促进交易的尽快达成；运用不当的策略，在很大程度上起副作用或反作用，延缓或阻碍谈判目标的实现。

（2）是实现谈判目标的有力工具。把商务谈判策略看作一种工具，是为了让谈判人员认识、磨炼和灵活地运用它。不同的工具用途是不一样的。如果商务谈判人员拥有的工具多、选择多，则容易出精活、细活。在商务谈判中，如果谈判人员的策略只有几招，就容易被对手识破，也就难以顺利地实现自己的目标。一般情况下，谈判高手能够在众多的谈判策略中灵活选用适合的策略来实现己方的目标。

（3）具有引导功能。在谈判过程中，双方会就各自的利益展开辩论，但是谈判并不是一场比赛，不要求决一胜负；也不是一场战争，要将对方消灭。相反，谈判是一项互惠互利的合作事业。因此，在谈判中，为了协调不同利益，以合作为前提，避免冲突。谈判双方是"同一条船上的人"，谈判最终实现的结果应该是共赢，而不是一方受益另一方受损。谈判人员应该在坚持各自目标利益的前提下，共同努力，把船划向成功的彼岸。所以，商务谈判策略被理解为引导谈判顺利发展的航标。

（4）具有调节和稳定的作用。商务谈判过程中，为了缓和紧张的气氛、增进彼此了解，有经验的谈判者会采取一些比较轻松的策略来充当润滑剂。例如，在谈判开局阶段，对对方进行友好的问候，用一些中性的话题来调节气氛，但需要注意的是不要讨论与政治相关的敏感话题；在大家比较累的时候，闲聊一些娱乐性话题活跃一下氛围；在谈判出现僵局的时候，运用化解僵局的策略来促使谈判继续进行；当谈判偏离主题的时候，借用适当的策略回到主题，避免局部问题偏离大的方向，耽误谈判的进程。

三、制订商务谈判策略的步骤

制订商务谈判策略的步骤是指制订策略所应遵循的逻辑顺序。其主要步骤包括以下几个方面

（见图 9.1 ）。

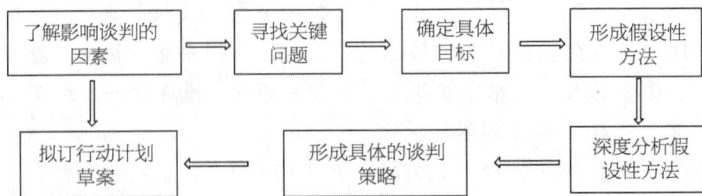

图 9.1 制订商务谈判策略的步骤

（1）了解影响谈判的因素。在制订合理的谈判策略之前要对影响谈判的各因素进行了解和掌控，这也是制订成功谈判策略的基础。影响谈判的各因素包括谈判的背景，谈判中的问题、双方的分歧，态度、趋势、事件或情况等，这些因素共同构成一套谈判组合。首先，谈判人员将这个组合分解成不同的部分，并找出每部分的意义。然后，谈判人员进行重新安排，在观察分析之后，找出最有利于己方的组合方式。

（2）寻找关键问题。每次谈判虽然涉及的问题会很多，但是一定是围绕一个关键问题展开讨论的。要求对问题特别是关键问题做出明确的解释与界定，弄清楚问题的实质，以及该问题对整个谈判的成功会造成什么障碍等。

（3）确定具体目标。在商务谈判开始之前要确定本次谈判的目标，商务谈判的策略也要设计一个目标：根据现象分析，找出关键问题，调整和修订原来的目标，或确定一个新目标。

（4）形成假设性方法。商务谈判策略是在谈判之前对谈判过程中涉及的问题进行预测并给出相应的解决之道。因此，根据谈判中不同问题的不同特点，逐步形成解决问题的途径和具体方法，这就要求谈判人员对预见性的问题进行假设，突破常规限制，尽力探索出既能满足己方期望的目标又能解决问题的方法。

（5）深度分析假设性方法。假设性方法是基于现实问题进行的一种试探和猜想，但该方法并不能保证每一个策略都是合理、有效的。在提出了假设性的解决方法后，要对少数比较可行的策略进行深入分析。依据有效、可行的要求，对这些方法进行分析、比较，权衡利弊，并从中选择若干个比较满意的方法与途径。

（6）形成具体的谈判策略。在对假设性方法进行深度分析并得出假设性结果的基础上，对拟订的谈判策略进行评价，形成具体的、最终使用的谈判策略结论。

（7）拟订行动计划草案。有了具体的谈判策略，紧接着便是要考虑谈判策略的实施。要从一般到具体提出每位谈判人员必须做到的事项，把它们在时间、空间上安排好，并进行反馈控制和追踪决策。

四、商务谈判策略运用的基本原则

运用商务谈判策略也是有章可循的，通常要遵循以下基本原则。

（1）周密谋划原则。谈判可以说是一种高水平的智力赛，舌战犹如枪战，其中的"刀光剑影"不难想象。只有周密谋划，才能取得预期的谈判效果。所谓周密谋划原则，就是在运用谈判策略时要对每一环节、每一句话进行周密的考虑，做到胸怀大局、有勇有谋。

（2）随机应变原则。谈判桌上的攻防技巧、招数、套路很多，策略无穷，常用常新，同时形势也可能风云变幻，这就要求谈判者特别是主谈人随机应变。所谓随机应变原则，就是在运用谈判策略时要根据谈判的有利时机，灵活应对谈判形势的变化。

（3）有理、有利、有节原则。商务谈判是买卖双方不断磋商、相互让步、解决争端，以求最后达成协议或签订合同的过程。就达成的协议或签订的合同而言，一般是双方可以接受而且彼此均能获益的。这就要求谈判双方都要遵循有理、有利、有节的原则。所谓有理，是指在谈判磋商中，无论提的是建议还是反建议，都要在掌握充分的材料与数据的基础上充分地说理，而不是空洞地说教，更不是臆测，或者无理坚持己见；所谓有利，是指谈判人员应当利用对自己有利的因素，促进谈判向预期的目标发展；所谓有节，是指在谈判磋商中涉及争议问题时，因关系到双方的利益，应掌握好分寸与火候，适可而止，切不可贪得无厌。

👑 课堂互动

谈判策略

要求：两人一组，向其他组员谈谈你对谈判要使用策略的想法或感受，约 5 分钟。

第二节　谈判开局的策略

在开局阶段，谈判者为了实现开局目标、营造良好的谈判气氛，会运用各种策略或方式。常见的表达开局目标的策略有以下几种。

一、一致式开局策略

一致式开局策略是指以协商、肯定的语言进行陈述，使对方对己方产生好感，创造双方对谈判的理解充满一致性的感觉，从而使谈判双方在友好、愉快的气氛中展开谈判工作。一致式开局策略的目的在于创造取得谈判成功的条件。一致式开局策略比较适用于谈判双方实力比较接近，双方过去没有商务往来的情况。第一次接触，都希望有一个好的开端，因此，要多用外交礼节性语言、中性话题，使双方在平等、合作的气氛中开局。

另外，要表示充分尊重对方意见的态度，语言要友好礼貌，但又不刻意奉承对方。姿态上应该不卑不亢，沉稳中不失热情，自信但不自傲，把握分寸，顺利打开局面。一致式开局策略还有一种重要途径，就是在谈判开始时以问询方式或者补充方式诱使对方走入己方的既定安排，从而使双方达成一致和共识。所谓问询方式，是指将答案设计成问题来询问对方，例如，"你看我们把价格和付款方式问题放到后面讨论怎么样？"所谓补充方式，是指借对对方意见的补充，使自己的意见变成对方的意见。

美国总统杰弗逊曾经针对谈判气氛说过这样一句意味深长的话："在不舒适的气氛下，人们可能会违背本意，言不由衷。"英国政界领袖欧内斯特·贝文则说过，根据他平生参加各种会谈的经验，他发现，在舒适明亮、色彩悦目的房间内举行的会谈，大多比较成功。

二、保留式开局策略

保留式开局策略是指在谈判开始时，对谈判对手提出的关键性问题不做彻底的、确切的回答，而是有所保留，从而给对手造成神秘感，以吸引对手步入谈判。采取保留式开局策略时，注意不要违反商务谈判的道德原则，即以诚信为本，向对方传递的信息可以是模糊信息，但不能是虚假信息。否则，会使自己陷于非常难堪的局面之中。

三、慎重式开局策略

慎重式开局策略是指以严谨、凝重的语言进行陈述，表达出对谈判的高度重视和鲜明的态度，目的在于使对方放弃某些不适当的意图，以达到把握谈判的目的。慎重式开局策略适用于谈判双方过去有过商务往来，但对方曾有过不太令人满意的表现的情况，己方要通过严谨、慎重的态度，引起对方对某些问题的重视。

例如，可以对过去双方业务关系中对方的不妥之处表示遗憾，并希望通过本次合作能够改变这种状况。可以用一些礼貌性的提问来考察对方的态度、想法，不急于拉近关系，注意与对方保持一定的距离。

这种策略也适用于己方对谈判对手的某些情况存在疑问，需要经过简短的接触摸底和进一步了解的情况。当然，慎重并不等于没有谈判诚意，也不等于冷漠和猜疑，这种策略正是为了寻求更有效的谈判成果而使用的。

四、坦诚式开局策略

坦诚式开局策略是指以开诚布公的方式向谈判对手陈述自己的观点或意愿，尽快打开谈判局面。坦诚式开局策略比较适合双方过去有过商务往来，而且关系很好，互相了解较深的情况，可以将这种友好关系作为谈判的基础。在陈述中可以真诚、热情地畅谈双方过去的友好合作关系，适当地称赞对方在商务往来中的良好信誉。由于双方关系比较密切，可以省去一些礼节性的外交辞令，坦率地陈述己方的观点以及对对方的期望，使对方产生信任感。采用这种策略时，要综合考虑多种因素，例如，自己的身份、与对方的关系、当时的谈判形势等。

坦诚式开局策略有时也可用于实力不如对方的谈判者。己方实力弱于对方，这是双方都了解的事实，因此没有必要掩盖。坦率地表明己方存在的弱点，使对方理智地考虑谈判目标，这种坦诚也表达出实力较弱一方不惧怕对手的压力，充满自信和实事求是的精神，这比"打肿脸充胖子"大唱高调掩饰自己的弱点要好得多。

📖 案例赏析

"土"朋友

某村一村干部在同外商谈判时，发现对方因自己的外貌、衣着等对自己持有怀疑心理，这种状态妨碍了谈判的进行。于是，这位村干部当机立断，站起来对对方说道："我是农民出身，也懂经济并且拥有决策权。我们摊子小，并且实力不强，但人实在，愿意真诚与贵方合作。咱们谈得成也好，谈不成也好，至少你这个外来的'洋'先生可以交一个我这样的'土'朋友。"寥寥几句肺腑之言，打消了对方的疑惑，使谈判顺利地向纵深发展。

【案例简析】这位村干部使用的是坦诚式开局策略，通过坦率地陈述己方的观点以及对对方的期望，使对方产生信任感。

五、进攻式开局策略

进攻式开局策略是指通过语言或行为来表达己方强硬的姿态，从而获得谈判对手必要的尊重，并借以制造心理优势，使谈判顺利进行下去。采用进攻式开局策略一定要谨慎，因为，在谈判开局阶段就设法显示自己的实力，使谈判开局就处于剑拔弩张的气氛中，对谈判进一步发展极为不利，也可能使谈判一开始就陷入僵局。

进攻式开局策略只有在特殊情况下使用，例如发现谈判对手居高临下，以某种气势压人，有某种不尊重己方的倾向，如果任其发展下去，对己方是不利的，因此要变被动为主动，不能被对方气势压倒。采取以攻为守的策略，可以捍卫己方的尊严和正当权益，使双方在平等的地位上进行谈判。进攻式策略要运用好，必须注意有理、有利、有节，不能使谈判一开始就陷入僵局。要切中问题要害，对事不对人，既表现出己方的自尊、自信和认真的态度，又不能过于咄咄逼人，使谈判气氛过于紧张，一旦问题表达清楚，对方也有所改观，就应及时调节一下气氛，使双方重新建立起一种友好、轻松的谈判气氛。

六、挑剔式开局策略

挑剔式开局策略是指开局时，对对手的某项错误或礼仪失误严加指责，使其感到内疚，从而达到营造低调气氛、迫使对方让步的目的。

📖 案例赏析

巴西公司吃了哑巴亏

巴西一家公司到美国去采购成套设备。巴方谈判小组成员因为上街购物耽误了时间，当他们到达谈判地点时，比预定时间晚了45分钟。美方代表一开局就对此极为不满，花了很长时间来指责巴方代表不遵守时间，没有信用，如果一直这样下去，以后很多工作很难合作，浪费时间就是浪费资源、浪费金钱。对此巴方代表感到理亏，只好不停地向美方代表道歉。谈判开始以后美方似乎还对巴方代表来迟一事耿耿于怀，一时间弄得巴方代表手足无措，说话处处被动，无心与美方代表讨价还价，对美方提出的许多要求也没有静下心来认真考虑，匆匆忙忙就签订了合同。等到合同签订以后，巴方代表平静下来，才发现自己吃了大亏，上了美方的当，但已经晚了。

【案例简析】本例中美方谈判代表成功地使用挑剔式开局策略，迫使巴方谈判代表自觉理亏，在来不及认真思考的情况下匆忙签下了对美方有利的合同。

总之，在谈判中，遇到不同类型的谈判对手时，我们所采取的开局策略应该有所不同。如果谈判对手真诚友好、态度和善、诚意十足，我们也应该表现出足够的诚意，表现得坦诚友好。如果谈判对手一开局就咄咄逼人，试图在气势上压倒我们，想给我们一个下马威，我们也应该毫不示弱。

开局的策略极其重要，开局策略用对了，才能为谈判奠定基础。

第三节　报价阶段的策略

谈判双方在结束了非实质性交谈之后，就要将话题转向有关交易内容的正题，即开始报价。这里所谓的报价不仅指商品在价格方面的要求，还包括关于整个交易的各项条件，包括商品的数量、质量、包装、装运、保险、支付、商检、索赔、仲裁等。报价是整个谈判过程的核心和最重要的环节，决定了整笔业务是否能够成交、成交后能带来多少利润。

一、价格起点策略

1. 高报价策略

高报价策略即前面提到的西欧式报价，是指卖方提出一个高于本方实际要求的谈判起点来与对手讨价还价，最后再做出让步达成协议的谈判策略。"开高"通常有两个目的。第一是操纵对方期待。谈判学者发现，"我们对于成交价的期待，通常受到对方开价操纵"。所以一般来讲，开高得高、开低得低、先讲先赢。第二是预留让步空间。我们通常不会相信对方开出来的第一个价钱就是底价，所以都要留一个让步的空间，让自己有回旋的余地。这种方式，也可以试探对方的反应。看对方防不防守，可以判断其偏好及对议题的接受程度。

> 一位美国商务谈判专家曾针对 2 000 位主管人员做过采访。结果发现这样的规律：如果买主出价较低，则往往能以较低的价格成交；如果卖主喊价较高，则往往能以较高的价格成交；如果卖主喊价出人意料地高，只要能坚持到底，则在谈判不致破裂的情况下，往往会有很好的收获。

可见，高报价策略的运用，能使自己处于有利的地位，有时甚至会收到意想不到的效果。

运用这种策略时应注意喊价要狠，让步要慢。凭借这种方法，谈判者一开始便可削弱对方的信心，同时还能乘机考验对方的实力并确定对方的立场。

🐱 案例阅读与思考

高报价带来的成功

1984 年，美国洛杉矶成功地举办了第二十三届夏季奥运会，并赢利 1.5 亿美元，创造了奥运史上的一个奇迹。这一成功除了得益于其组织者著名青年企业家尤伯罗斯具有出色的组织才能和超群的管理才能外，更重要的是得益于他卓越的谈判艺术。第二十三届夏季奥运会的巨额资金，可以说基本上是尤伯罗斯谈出来的。

当时，尤伯罗斯一开始就对经济赞助商们提出了很高的条件，其中包括每位赞助商的赞助款项不得少于 400 万美元。著名的柯达公司开始自恃牌子老，只愿出赞助费 100 万美元和一大批胶卷。尤伯罗斯毫不让步，并断然把赞助权让给了日本的富士公司。后来柯达公司虽经多方努力，但其影响远远不及获得赞助权的富士公司。

很高的要价并未吓跑赞助商，其他各方面的赞助商纷至沓来，并且相互之间展开了激烈的竞争。最后，尤伯罗斯从众多赞助商竞争者中挑选了 30 家，轻松地解决了所需的全部资金，并使第 23 届奥运会成为奥运历史上第一次赢利的奥运会，从而增强了奥运会承办者的信心。

思考与讨论：尤伯罗斯为什么能成功地在谈判中使用高报价方式？

我们在谈判前要想好：如果对方开高，我们怎么做；如果对方开低，我们又怎么回应。也就是说，我们根据对方所出的第一张牌，来决定下一步该怎么做。除此之外，我们可以先发制人，也就是不必管对方第一张牌是什么，我们都先对外宣布：我们已经决定要怎么回应了。这样做的目的是让对方仔细思考，到底还要不要按原定计划出牌。

2. 低报价策略

低报价策略即前面提及的日本式报价，是指先提出一个低于己方实际要求的报价，以让利来吸引对方，试图首先去击败参与竞争的同类对手，然后再与对方进行真正的谈判，迫使其让步，达到自己的目的。

商业竞争从某种意义上可分为三大类，即买方之间的竞争、卖方之间的竞争，以及买方与卖方之间的竞争。在买方与卖方之间的竞争中，一方如果能首先击败同类竞争对手，就会占据主动地位。当对方觉得别无所求时，就会委曲求全。这种策略在各类商务谈判活动中被广泛运用。

应对这种策略的方法：其一，把对方的报价内容与其他竞争对手的报价内容进行比较和计算，并直截了当地提出异议；其二，不为对方的小利所迷惑，自己报出一个一揽子交易的价格。

低报价策略虽然最初提出的价格是最低的，但它常在价格以外的其他方面提出了最利于本方的条件。对于买方来说，要想取得更好的条件，就不得不考虑接受更高的价格。因此，低价格并不意味着卖方放弃对高利益的追求。可以说，它实际上与高报价殊途同归，两者只有形式上的不同，而没有实质性的区别。一般而言，低报价有利于竞争，高报价则比较符合人们的价格心理。多数人习惯于价格由高到低，逐步下降，而不是相反的变动趋势。

二、除法报价策略

除法报价策略是一种价格分解术，以商品的数量或使用时间等概念为除数，以商品价格为被除数，得出数字很小的价格，使买主对本来不低的价格产生一种便宜、低廉的感觉。

如保险公司为动员液化石油气用户参加保险，宣传说：参加液化石油气保险，每天只交保险费 1 元，若遇到事故，则可得到高达 1 万元的保险赔偿金。这种做法，用的就是除法报价策略。相反，如果说，每年交保险费 365 元，效果就差多了。因为人们觉得 365 元是个不小的数字，而每天交 1 元，人们在心理上就容易接受了。

三、加法报价策略

加法报价策略是指在商务谈判中，有时怕报高价会吓跑客户，就把价格分解成若干层次渐进提出，使若干次的报价最后加起来仍等于当初想一次性报出的高价。在出牌时选择开低，就可以采用加法报价策略。

装修房屋的时候最常碰到以下这种情况。设计师一开始报的价钱可能不高，但装修到一半，就问你："客厅这花岗石地板，勾一条黑边，您看如何？"你说："好好好。"过一会儿，他又问："您看这里做一个花边，好不好？"你一看，挺好的，说："好好好。"就这样，最后装修好的时候，价钱就超出当初你所想象的数字了。

文具商向画家推销一套笔墨纸砚。如果他一次报高价，画家可能根本不会买。但文具商可以先报笔价，要价很低；成交之后再谈墨价，要价也不高；待笔、墨卖出之后，接着谈纸价，再谈砚价，提高价格。画家已经买了笔和墨，自然想配套，不忍放弃纸和砚，在谈判中便很难在价格方面做出让步了。

采用加法报价策略，所出售的商品一般具有系列组合性和配套性。买方一旦买了组件 1，就无法割舍组件 2 和组件 3 了。针对这一情况，作为买方，在谈判前就要考虑商品的系列化特点，在谈判中及时发现卖方"加法报价"的企图，挫败这种"诱招"。

视野拓展
积极价格与消极价格

四、差别报价策略

差别报价是指在商务谈判中针对客户性质、购买数量、交易时间、支付方式等方面的不同，采取不同的报价策略。这种价格差别，体现了商品交易中的市场需求导向，在报价策略中应重点运用。

例如，对老客户或有大批量需求的客户，为巩固良好的客户关系或建立起稳定的交易联系，可适当实行价格折扣；对新客户，有时为开拓新市场，也可给予适当让价；对某些需求弹性较小的商品，可适当实行高价策略；对于"等米下锅"的客户，价格则不宜下降。旺季较淡季价格自然较高；交货地点远者较近者或区位优越者，应适当加价；支付方式中，一次付款较分期付款或延期付款，须给予价格优惠等。

案例阅读与思考

蒙玛公司"无积压商品"策略

蒙玛公司在意大利以"无积压商品"而闻名，其秘诀之一就是对时装分多段定价。它规定新时装定价上市后，以3天为一轮，每隔一轮按原价削减10%，以此类推，那么到10轮（一个月）之后，蒙玛公司的时装价就削减到了只剩35%左右的成本价了，结果是蒙玛公司的时装常一卖即空。蒙玛公司最后结算，赚钱比其他时装公司多，又没有积货带来的损失。

思考与讨论：（1）请分析蒙玛公司的时装赚钱比其他时装公司多，又没有积货的具体原因；（2）如果你是老板，你敢采取这种策略吗？为什么？

五、对比报价策略

对比报价是指向对方抛出有利于本方的多个商家同类商品交易的报价单，设立一个价格参照系，然后将所交易的商品与这些商家的同类商品在性能、质量、服务与其他交易条件等方面做出有利于己方的比较，并以此作为己方要价的依据。价格谈判中，使用对比报价策略，往往可以增强报价的可信度和说服力，一般有很好的效果。对比报价策略可以从多方面进行。

例如，将本商品的价格与另一可比商品的价格进行对比，以突出相同使用价值的不同价格；将本商品及其附加各种利益后的价格与可比商品不附加各种利益的价格进行对比，以突出不同使用价值的不同价格；将本商品的价格与竞争者同一商品的价格进行对比，以突出相同商品的不同价格；等等。

应对对比报价策略的方法：其一，要求对方提供有关证据，证实其所提供的其他商家的报价单的真实性；其二，仔细查找报价单及其证据的漏洞，如性能、规格型号、质量档次、报价时间和其他交易条件的差异与不可比性，并以此作为突破对方设立的价格参照系屏障的切入点；其三，己方也抛出有利于自己的另外一些商家的报价单，并进行相应的比较，以其人之道还治其人之身；其四，找出对方价格参照系的漏洞，并予以全盘否定，坚持己方的要价。

六、数字陷阱策略

数字陷阱是指卖方抛出自己制作的商品成本构成计算表（其项目繁多、计算复杂）给买方，用以支持己方总要价的合理性。运用此策略可以为己方谋取到较大利益，击退或是阻止对方的强大攻势。但是若商品成本构成计算表被对方找出明显错误，则己方就会处于被动局面，易使谈判复杂化，进程缓慢。此策略一般是在商品交易内容多、成本构成复杂、成本计算方法无统一标准，或是对方攻势太强的情形下使用。实施时，成本计算方法要有利于己方，成本分类要细化，数据要多，计算公式要尽可能繁杂。

使用此策略必须慎重，因为对方会怀疑己方在分类成本中可能夸大或"掺水分"以加大总成本，容易给对方留下不诚实、耍滑头的印象，从而影响以后的生意往来。

在一般的商务谈判中，不可避免地要谈到各种各样的数据，这些数据对谈判双方而言有着重要的意义。在谈判中，有的谈判者喜欢利用对方不善于处理数据的特点，在谈判中占便宜，不断地向对方抛出各种数据。这时切忌鲁莽行事。首先要尽可能弄清与所交易的商品有关的成本计算统一标准、规则与惯例；其次可以选择几项分类成本进行核算，寻找突破口，一旦发现问题，就借机发动攻势；最后，寻找有利的理由，拒绝接受对方抛出的成本构成计算表，坚持己方原有的立场与要价。在分析数据的时候，要慢慢来。不妨承认己方对数据处理的能力不足，请对方一项一项地说，再一项一项地算，如果当场算不清楚，可以把资料带回去仔细研究，弄清楚所有的数字之后，再正式表达立场。

🙂 案例阅读与思考

工程师的报价策略

有个跨国公司的高级工程师，他的某项发明获得了发明专利。一天，公司总经理派人把他找来，表示愿意购买他的发明专利，并问他愿意以多少的价格转让。他对自己的发明到底值多少钱心中没数，心想只要能卖10万元就不错了，可他的家人却事先告诉他至少要卖30万元。到了公司总经理的办公室，因为一怕老婆、二怕经理不接受，所以胆怯，一直不愿正面说出自己的报价，而是说："我的这个发明花费我5年的心血，这个发明专利在社会上有多大作用，能给公司带来多少价值，您比我更清楚，还是先请您说一说吧！"这样无形中把球踢给了对方，让总经理先报价。

总经理只好先说："50万元，怎么样？"这位工程师简直不相信自己的耳朵，直到总经理又说了一次以后，才意识到这是真的。经过一番讨价还价，最后以这一价格达成了协议。

思考与讨论：在这个案例中，你认为是谁在报价，采用了什么报价策略？

七、应价策略

报价是谈判一方向另一方提出交易的条件，因此，与某一方的报价过程相对应，必然地存在着另一方对报价的反应过程，这就是应价，即指谈判的一方对另一方报价所做的反应。在任何一项商务谈判中，报价与应价都构成一个事物的两个不可缺少的方面，两者相互依存，互为条件。

在谈判的一方报价之后，一般情况下，另一方不可能无条件地接受对方的全部要求，而是会相应地做出这样或那样的反应。一个老练的谈判者必须能正确应付对方提出的任何条件和要求，包括那些出乎意料的建议、要求。既然交易的条件是由双方共同来确立的，而不是仅取决于某一方的主观意愿，那么，在一方提出报价以后，另一方也应该通过一定的途径提出己方的条件。对己方来说，应价不仅仅是对对方的报价提出疑问、做出评价，或者是不置可否等，它还直接或间接地表明了己方对交易条件的要求，反映着己方的立场、态度和利益。

在商务谈判过程中，对方报价时，若想使己方在后面的谈判中处于更为有利的位置，应注意以下几点。

（1）不要打断对方报价。在对方报价时，不应该随便插话使报价中断，而应认真听取对方报价的内容，打断对方一方面不礼貌，另一方面可能听不到对方的让步条件或优惠条件。

（2）明确对方报价的内容。对于对方报价不太清楚的地方可以提问并要求对方给予解释，可以复述对方的报价以得到对方的确认。

（3）不贸然否决对方的报价。即使对方的报价极不合理，也不要马上否决，或者马上给出己方的还价，而是应该在了解对方的价格构成、报价依据和计算办法等之后，再提出己方的要求或还价。

从时间上看，应价是伴随报价而发生的，但就其实质而言，两者并无二致。因此，应价绝不是将自己置于被动应付的地位，而应该采取积极有效的措施对报价过程施加影响，使之朝有利于己方的方向发展，努力使己方的交易条件得到对方认可，争取谈判的主动权。

事实上，应价对谈判行为过程的影响力绝不亚于报价，只要处理得当，谈判者完全可以"后发制人"，取得满意的谈判结果。

应价方对另一方的报价做出回复，有两种基础的策略可供选择：一种是要求对方降低其报价，另一种是提出本方的报价。比较而言，选择第一种策略可能更为有利。

视野拓展

谈判报价案例

严格地说，不论运用哪种策略，应价都是己方对报价一方发动的反击，客观上都向对方传递了某些重要信息，包括己方的决心、态度、意愿等。不过，前一种策略表现得更为隐蔽一些，因为己方既没有暴露自己的报价内容，更没有做出任何相应的让步；而对方往往因对己方的条件缺乏足够的了解，不得不做出某种让步。

📖 案例赏析

应对毫无诚意的报价

甲厂与乙公司进行设备购买谈判时，乙公司代表报价 2 000 万元，甲厂代表认为这是一个毫无诚意的报价，没有还盘，乙公司代表两次报价后降至 1 760 万元，甲厂代表仍未还盘。乙公司代表大怒，扬言再降 100 万元，1 600 万元不成交就中止谈判。甲厂代表因掌握同类设备交易历史情报，所以不为乙公司代表的威胁所动，坚持要他们再降。第二天，乙公司代表宣布中止谈判，甲厂代表毫不为之所动。几天后，乙公司另派代表提出继续谈判的请求。甲厂代表亮出同类设备在 1 年内的多项交易情报。情报出示后，乙公司以品质等理由解释一番，最后将价格降至合理水平。

【案例简析】 由此可见，应价时，对对方有足够的了解就会底气足。

第四节　磋商阶段的进攻和防御策略

一、进攻策略

在商务谈判中，占有主动权的一方抱着争取尽可能多的利益的目的，往往采取进攻策略。进攻策略具体包括针锋相对、以退为进、最后通牒、以柔克刚等策略。

1. 针锋相对策略

针锋相对策略就是针对谈判对手的论点和论据，逐一予以驳回，进而坚持己方立场的毫不退让的策略。

具体做法为：对方说什么，就反驳什么，并提出新的意见。在谈判过程中，应该围绕对方谈到的内容，有针对性地予以驳斥。

例如，甲方说："我的人工费高，故产品售价高。"乙方驳道："你的人工费绝没有你说的那么高。"可谓针锋相对。又如，一方拍案而起，扬言："不谈了！"另一方则冷眼相对，驳道："谈不谈是你的权利，但你要对行为的后果负责！"

在使用该策略时应注意：驳斥对方时，要对准话题，不能走火、跑偏。否则，对方会说"你没听明白"，从而可能一下子瓦解你的话语体系。此外，话锋是否锐利完全在于是否有理，而不在于是否声色俱厉。

2. 以退为进策略

以退为进策略是指以退让的姿态作为进取的阶梯的策略。在这种策略中，退是一种表面现象，由于在形式上采取了退让，对方便能从己方的退让中得到心理满足，不仅思想上会放松戒备，而且作为回报，对方也会满足己方的某些要求，而这些要求正是己方的真实目的。商务谈判中的以退为进策略表现为先让一步，顺从对方，然后争得主动权，反守为攻。

在市场经济条件下，以退为进的手法很多，主要表现在以下几个方面。

（1）替己方留下讨价还价的余地，以使对方在报价或还价时有所退却，满足对方的要求。

（2）不要让步太快。轻而易举获得己方的让步，不仅不会使对方在心理上得到满足，反而会使对方怀疑己方的让步有诈。慢慢让步，会使对方心理上得到满足，对方等待越久，也就越珍惜。

（3）让对方先开口说话，充分暴露对方的观点，隐藏己方的要求。这样，对方由于暴露过多，回旋余地就小，己方的针对性就会更强。

（4）不要做无谓的让步，以己方的每次让步换取对方的让步，或强调己方的困难处境，以争取对方的谅解和适当的退却。

（5）买方可以用不得不遗憾退出的策略来尝试推进，比如说："我们非常喜欢贵方的产品，也乐意同贵方合作，遗憾的是我方只有这么多……"。而作为卖方，亦可以用不得不忍痛拒绝的方式来推进，比如说："我方的成本这么高，价格不能再降……"。

3. 最后通牒策略

最后通牒策略是指当谈判双方因某些问题纠缠不休时，其中处于有利地位的一方会向对方提出最后交易条件，要么对方接受己方的交易条件，要么己方退出谈判，以此迫使对方让步的谈判策略。

最后通牒策略是极有效的策略，它在打破对方对未来的奢望、击败犹豫中的对手方面起着决定性作用。另外，最后通牒策略常以强硬的形象出现，人们往往不得已而用之。它的最后结果可能是中断谈判，也可能促使谈判成功，因为一般来说，谈判双方都是有所求而来的，谁都不愿白白地花费精力和时间空手而归。特别是在商务谈判中，任何一个谈判者都知道，自己一旦退出谈判，马上就会有许多等在一旁的竞争者取而代之。

使用最后通牒策略也必须慎重，因为它实际上是把对方逼到了无可选择的境地，容易引起对方的敌意。

一般来说，只有在以下四种情况下，才能使用最后通牒策略：①谈判者知道自己处于一个强有力的地位，别的竞争者都不如己方的条件优越，如果对方要使谈判继续进行并达成协议，只有找己方继续谈判。②谈判者已尝试过其他方法，但都未取得什么效果。这时，采取最后通牒策略是迫使对方改变想法的唯一手段。③当己方将条件降到最低限度而不能再降时。④当对方经过旷日持久的谈判，已无法再负担由于失去这笔交易所造成的损失而非达成协议不可时。

谈判者使用最后通牒策略，总希望能够成功，其成功必须具备以下五个条件。

第一，发出最后通牒的方式和时间要恰当。一般在发出最后通牒前，要想方设法让对方在己方做些"投资"。例如，先在其他次要问题上达成协议，在时间、精力等方面让对方有所消耗。等到对方的"投资"达到一定程度时，即可发出最后通牒，使对方难以抽身。

第二，发出最后通牒时言辞要委婉，既要达到目的，又不至于锋芒毕露，言辞太锋利容易伤害对方的自尊心。

"就是这个价钱，没什么可谈的了！""接受这个条件，否则到此为止！"这种最后通牒言辞过于锋利，一般情况下对达成交易没什么好处。言辞委婉的最后通牒效果一般要好一些，如"贵方的道理完全正确，只可惜我们只能出这个价钱，你们看能否再通融通融？"这种留有余地的最后通牒，为对方留退路，更易于被对方接受。

第三，拿出一些令人信服的证据，用事实说话。

例如，"你的要求提得并不过分，我非常理解，只是我方的财务制度不允许"。

第四，最后通牒内容应有弹性。最后通牒不要将对方逼上梁山，别无他路可走，应该设法让对方在己方的最后通牒中选择一条路，至少在对方看来是两害相权取其轻。

第五，最后通牒要给对方留有考虑或请示的时间。在商务谈判中，让对方放弃原来的条件与立场是需要时间的。因此，谈判者发出最后通牒后，还要给对方留有考虑的时间，以便让对方有考虑的余地。这样，可使对方的敌意减轻，不至于弄巧成拙。

4. 以柔克刚策略

以柔克刚策略通常也称为以软化硬策略，是指面对咄咄逼人的谈判对手，可暂不做反应，以己方之静制对方之动，以持久战磨其棱角、挫其锐气，待其精疲力竭之后再发起反攻，从而达到反弱为强的谈判策略。

运用该策略的要点是冷静、持久、迂回或以守为攻、以理服人。面对谈判对手咄咄逼人的语言、苛刻的条件时，忍耐性一定要好，容许对方发泄情绪，己方一定要采用平和、柔缓的语言，同时还要有礼貌、风趣幽默，以缓解对方激动的情绪；对谈判要有充分的耐心、坚定的信念，做好打持久战的准备；理性思考对策，一般可避开当前话题，转换为无关紧要的内容，如果能找到对方的薄弱环节展开讨论，只要不激怒对方，效果可能会更好；己方提议如和谈判内容相关，要注意有理、有利、有节，不能被对手抓到弱点。

运用该策略时还需要注意对手应是拥有最终决策权的人，如对手并无最终决策权，此策略的效果会大打折扣。如发现不能使用此策略，要么改用其他策略，要么及时退出谈判，不宜浪费有限的精力和时间。

二、防御策略

同样，谈判人员在谈判中，也可以根据实际情况，使用一些策略来灵活地阻止对方的进攻。

1. 限制策略

谈判中，拥有有限权力的谈判人员往往比拥有决定权的谈判人员更容易处于一个有利的地位。前者可要求对方做出妥协和让步，但是当自己被要求让步时，可以以自己权力有限为借口而不用做出什么承诺。作为权力有限的一方，当在国外拜访客户被要求做出让步时，就可以说："由于材料和信息所限，咱们明天再谈，好不好？"从而阻止对方的进攻。

2. 没有先例策略

没有先例指的是在某一个问题上到目前为止还没有出现过类似情况。当对方提出了一个过分的要求时，可以回应"没有先例"，这是拒绝对方要求的一个机智的借口或是理由。这种策略强调的是问题，而不是人的因素，因此非常有效和具有说服力。

例如，对方要求己方接受承兑交单的付款方式，己方就可以说"没有先例"，这意味着，这种付款方式到目前为止从来没有使用过。

3. 疲劳战术策略

视野拓展

休会破解法

当对方非常强势好斗，一直给己方施加压力，己方可以采用拉锯战的战术，将谈判延长到多个回合。这样，有可能使对方身心疲惫，己方也就可能由防守转为进攻。

4. 休会策略

当谈判遇到一些障碍，谈判的一方甚至双方可能都希望推迟谈判，以便休息一下，恢复体力和精神时，可采用休会策略。同时，可利用休会的机会调整一下谈判策略，缓和一下局势，以便继续谈判。多数情况下，双方会利用休会时间进行一些私下单独的交流以改变不利的气氛或局面。

5. 示弱以求怜悯策略

寻求怜悯和同情包括谈判的一方假装弱势或是窘迫以便得到另一方的可怜、同情。在谈判中，如果一方的谈判实力确实比另一方弱或实力相当，使用这一策略会比较有效。另外，谈判桌上的新手也常会较多地使用这一策略。例如，"如果接受你的价格，我会被炒鱿鱼的"。

6. 挑剔还价策略

挑剔还价策略是指在谈判中，谈判一方通过再三对商品质量、性能、价格、运输等方面寻找瑕疵进行讨价还价，压低报价方的报价的策略。

📖 案例赏析

巧买冰箱

澳大利亚谈判学家罗伯特（以下简称罗）有一次去买冰箱。

营业员（以下简称营）指着罗伯特要买的那种冰箱说：700 美元一台。

罗：这种型号的冰箱有多少种颜色？

营：共有 22 种颜色。

罗：能看看样品吗？

营：当然可以！（接着立即拿来了样品）

罗：（边看边问）你们店里的现货有多少种颜色？

营：现有 12 种。请问您要哪一种？

罗：（指着样品上有但店里没有的颜色）这种颜色与我厨房的墙壁颜色相配！

营：很抱歉，这种颜色现在没有。

罗：其他颜色与我厨房的颜色都不协调。颜色不好，价钱还这么高，要不便宜一点？否则我就要去其他的商店了，我想别的商店会有我要的颜色。

营：好吧，便宜一点。

罗：可这台冰箱有些小毛病！你看这……

营：我看不出什么。

罗：什么？这一点毛病虽然小，可是冰箱外表有毛病通常不都要打点折扣吗？

营：……

罗：（又打开冰箱门，看了一会儿）这冰箱带制冰器吗？

营：有！这个制冰器每天 24 小时为您制冰块，1 小时才 3 美分电费。（她认为罗伯特对制冰器感兴趣）

罗：这可太糟糕了！我的孩子有轻微哮喘病，医生说绝对不可以吃冰块。你能帮我把它拆下来吗？

营：制冰器没办法拆下来，它是和整个制冷系统连在一起的。

罗：可是这个制冰器对我根本没用！我现在花钱把它买下来，将来还要为它付电费，这太不合理了！当然，如果价格可以再降低一点的话……

结果，罗伯特以相当低的价格——不到 550 美元，买到了他十分中意的冰箱。

【案例简析】这就是一个典型的应用挑剔还价策略成功还价的案例。

■

课堂互动

两个同学一组，请模仿表演上面的"巧买冰箱"案例。（鼓励改编创作）

第五节　磋商阶段的僵局处理策略

商务谈判进入实质的磋商阶段以后，谈判各方往往由于某种原因相持不下，陷入进退两难的境地。这种谈判搁浅的情况常被称为"谈判的僵局"。

一、谈判僵局的种类

按照人们对谈判本身的理解角度不同，可以将谈判中的僵局分为不同的类型。

1. 狭义分类

大多数人认为，谈判就是交换意见、达成一致看法、签订协议的过程，这是对谈判所做的狭义上的理解。从这种狭义的角度来理解谈判，僵局的种类包括谈判初期僵局、中期僵局和后期僵局三种。

谈判的初期，主要是双方彼此了解、熟悉、建立融洽气氛的阶段，双方对谈判都充满了期待。但是如果由于误解，或由于某一方谈判前准备得不够充分，使另一方感情上受到很大的伤害，就会导致僵局的出现，使谈判匆匆收场。

谈判的中期是谈判的实质性阶段，双方需要就有关技术、价格、合同条款等交易内容进行详尽的讨论、协商。在合作的背后，客观地存在着各自利益的差异，这就可能使谈判暂时向着使双方难以统一的方向发展，产生谈判中的僵局，而且，中期僵局常常具有此消彼长、反反复复的特点。有些中期僵局通过双方之间重新沟通，便可迎刃而解；有些则因为双方都不愿在关键问题上退让而使谈判长时间拖延，问题悬而难解。因此，谈判中期是僵局最为多变的阶段，也是经常发生谈判破裂的阶段。

谈判后期是双方达成协议的阶段。在已经解决了技术、价格等关键性问题之后，还有诸如项目验收程序、付款条件等执行细节需要进一步商议，特别是合同条款的措辞等经常容易引起争议。但谈判后期僵局不像前期僵局那样难以解决。只要某一方表现得大度一点，稍做些让步便可顺利结束谈判。需要指出的是，谈判的后期僵局决不容轻视，如果掉以轻心，有时仍会出现重大问题，甚至使谈判前功尽弃。因为到了后期，虽然合作双方的总体利益以及各自利益的划分已经通过谈判确认，但是只要正式的合同尚未签订，总会有权利、义务、责任、利益和其他一些细节尚需确认和划分，因此不可疏忽大意。

2. 广义分类

其实，谈判不是简单的从交换意见到签订合作协议的过程，而是贯穿整个合作始终的过程。

在谈判中，双方的观点与立场的交锋是持续不断的。当利益冲突变得不可调和时，僵局便出现了。所以，从广义上讲，僵局是伴随整个合作过程随时随地都有可能出现的。例如，项目合作过程分为合同协议期和合同执行期，因此，谈判僵局分为协议期僵局和执行期僵局两类。协议期僵局是双方在磋商阶段意见产生分歧而形成的僵持局面。执行期僵局是在执行合同过程中双方对合同条款理解不同而产生分歧形成的僵持局面；或出现了双方始料未及的情况导致一方把责任有意推向另一方，抑或一方未能严格履行协议引起另一方的严重不满等而引起的责任分担不明确的争议而形成的僵持局面。这就是从广义角度来理解的僵局。

3. 谈判内容上的分类

依据谈判内容的不同，谈判僵局的种类也不同。也就是说，不同的谈判主题会有不同的谈判僵局。

通常，不同的标准，不同的技术要求，不同的合同条款，不同的项目合同价格、履约地点、验收标准、违约责任等都可以引起不同内容上的谈判僵局。需要指出的是，在所有可能导致谈判僵局的谈判主题中，价格是最为敏感的一种，是产生僵局频率最高的一个方面。因此，不论在国内还是国际商务谈判中，从内容上讲，价格僵局是经常存在的。

二、谈判中形成僵局的原因

不论是谈判中的何种僵局，其形成都是有一定原因的，只要我们能够对这些原因准确地加以判断并适度地把握，处理僵局也就有的放矢了。那么，当我们认真而冷静地对僵局的成因进行分析时，就不难发现，其原因主要在于以下几个方面。

1. 谈判中的一言堂

除了书面形式的谈判以外，交易双方都是面对面地通过语言来交流信息、磋商议题的。谈判中的任何一方，不管出于何种欲望，如果过分地、滔滔不绝地论述自己的观点而忽略了对方的反应和陈述的机会，必然会使对方感到不满与反感，从而造成潜在的僵局。更严重的情况是：谈判中的一方认为自己理由充分，唯恐对方不了解，或是认为只有从不同角度反复陈述自己的观点才能取得对方的理解与信任，希望以此获得成功。他们并没有考虑到给对方表达观点的机会，剥夺了对方的发言权，从而形成僵局。

2. 过分的沉默与迟钝

谈判中的任何一方，无论出于什么目的，不能或不愿在谈判桌上与对方进行充分交流。过分沉默，看似认真、专注倾听，实际上反应迟钝或不置可否，会引起对方的种种猜疑和戒备，甚至引起对方的不满，从而给对方造成心理压力，形成难堪局面，造成僵局。

3. 观点的争论

在谈判过程中，如果对某一问题双方各自坚持自己的看法和主张，谁也不愿做出让步，往往容易产生分歧，争执不下。双方越是坚持自己的立场，分歧就会越大。这时，双方真正的利益被这种表面的立场所掩盖，而双方为了维护各自的面子，非但不愿做出让步，反而会用顽强的意志来迫使对方改变立场。于是，谈判变成了意志力的较量，自然陷入僵局。

经验证明，谈判双方在立场上关注越多，就越不能注意调和双方利益，也就越不可能达成协议。甚至谈判双方都不想做出让步，或以退出谈判相要挟，这就更增加了达成协议的难度，拖延了谈判时间，容易使谈判一方或双方丧失信心与兴趣，最终使谈判以破裂而告终。立场观点的争执所导致的谈判僵局，是比较常见的，因为人们容易在谈判中犯立场观点性争执的错误，这也是形成僵局的主要原因。

4. 偏激的感情色彩

偏激的感情色彩，是指谈判者对所商谈的议题过分地表现出强烈的个人感情色彩，提出一些不合乎逻辑的议论和意见，形成强烈的个人偏见或成见，引起对方的不满，造成谈判的僵局，其至使谈判破裂。

如谈判中买方认为供货方的要价过高，便喋喋不休地旁征博引，说某某企业的货物如何好，条件又如何优惠等，引起供货方的厌烦，导致谈判陷入僵局。

5. 谈判人员素质低下

人的素质永远是引发事故的重要因素，谈判也是如此。谈判人员素质高低不仅是谈判能否成功的重要因素，而且当双方合作的客观条件良好，共同利益较一致时，谈判人员的素质往往是起决定性作用的因素。

事实上，仅就导致谈判僵局的因素而言，在某种程度上都可归结为人员素质方面的原因。退一步而言，有些僵局明显就是由于谈判人员的素质欠佳导致的，如谈判人员运用策略不当激怒对方、礼仪不周冒犯对方、专业知识欠缺让对方失去信心等。

6. 信息沟通的障碍

谈判本身是靠"讲"和"听"进行沟通的。事实上，即使一方完全听清了另一方的讲话内容并予以正确的理解，并能够接受这种理解时，也不意味着就能够完全把握对方所要表达的思想内涵。谈判双方信息沟通过程中的失真现象是时有发生的。实践中，信息传递失真而使双方之间产生误解，出现争执，并因此使谈判陷入僵局的情况是屡见不鲜的。这种失真可能是口译方面的，也可能是合同文字方面的，这些都属于沟通方面的障碍。

信息沟通本身，不仅要求真实、准确，而且还要求及时、迅速。但谈判实践中却往往由于未能达到这一要求而使信息沟通产生障碍，从而导致僵局。这种信息沟通障碍就是指双方在交流彼此情况、观点，协商合作意向、交易的条件等过程中遇到的理解障碍，主要表现为：双方文化背景差异所造成的沟通障碍，由于职业或受教育程度的不同所造成的一方不能理解另一方的沟通障碍，以及由于心理因素等原因造成的一方不愿接受另一方意见的沟通障碍，等等。这些都可能使谈判陷入僵局。

7. 软磨硬抗式的拖延

软磨硬抗虽然是商务谈判中常用的手法，但是谈判人员为了达到某种不公开的目的，而采取无休止的拖延，不仅会使对方厌恶，而且会使对方产生更大的反感，致使谈判陷入僵局和破裂。

例如，谈判人员借口眼下有件急事要处理而将谈判委托给××代表继续谈判，而接替者又称没有决定权，致使谈判没有任何实际意义，明显地在拖延谈判时间。

这样不仅不尊重对方，而且隐藏着某种其他动机，使对方反感，造成僵局。

8. 外部环境的变化

谈判中因环境变化，谈判者对己方做出的承诺不好食言，但又无意签约，采取不了了之的拖延，会使对方忍无可忍，造成僵局。

例如，市场价格突然变化，如按双方洽谈的价格签约，必给一方造成损失，若违背承诺又恐对方不接受，双方都不挑明议题，形成僵局。

这种久拖不决的僵局是由于谈判人员缺乏应有的坦诚态度，又都企图从对方那里获得需求满足而造成的。

以上是造成谈判僵局的几种因素。在谈判实践中，很多谈判人员害怕僵局的出现，担心由于僵局而导致谈判暂停乃至最终破裂。其实不必如此。谈判经验告诉我们：这种谈判暂停乃至破裂并不绝对是坏事，因为谈判暂停，可以使双方都有机会重新审慎地检讨各自谈判的出发点，既能维护各自的合理利益又能注意挖掘双方的共同利益。如果双方都逐渐认识到弥补现存的差距是值得的，并愿采取相应的措施，包括做出必要的进一步妥协，那么这样的谈判结果也真实地符合谈判原本的目的。即使谈判破裂，也可以避免非理性的合作，即不能同时给双方都带来利益上的满足。有些谈判似乎形成了一胜一负的结局，实际上，失败的一方往往会以各种方式来弥补自己的损失，甚至以各种隐蔽的方式挖对方的墙脚，结果导致双方都得不偿失。

所以，谈判破裂并不总是以不欢而散而告终的。双方通过谈判，即使没有成交，但彼此之间加深了了解，增进了信任，为日后的有效合作打下了基础。从这个意义上来看，谈判僵局并非坏事，在某种程度上还可以说是一件有意义的好事。

案例阅读与思考

设备、材料存放地点引致的僵局

在中外合作的某项扩建改造工程中，中方要求外方将其设备、材料存放在上海的施工现场，企图以此来保证工程的进度。然而，在外方看来，这是强迫他们承担设备、材料损失的风险，为此外方相应提高了工程造价。最终结果是双方在项目价格上相持不下，形成僵局。

思考与讨论：你觉得此案例中可以如何避免僵局？

三、避免僵局的原则

妥善处理谈判僵局的有效途径是将形成僵局的因素消灭在萌芽状态。以下几项原则有助于避免僵局。

1. 闻过则喜

在谈判中提出反对的意见，是谈判顺利进行的障碍，同时也是对议题感兴趣或想达成协议的表示。因此，听到对方的反对意见要闻过则喜，应诚恳地表示欢迎。问题的关键是谈判双方从指导思想上都应坚持正确的谈判态度。提出反对意见者，说话要有充分依据，尊重对方；被提意见者要谦虚，欢迎对方畅所欲言。

2. 态度诚恳

谈判中形形色色的反对意见中，有一部分是不合理的，谈判人员在解释、回答这些反对意见时，绝不能用针锋相对的愤慨口吻来反驳，而是应该态度冷静、诚恳，解释时语言适度，既不多讲也不少讲。这样，可以减轻对方的负担，满足对方自尊心的需要，而且可以在倾听对方意见的基础上探出对方的动机和真实目的，为制订对策做准备。同时，也应将自己的看法和对方意见的不实之处反馈给对方，从而形成谈判的对等局面。

3. 不为观点分歧而发生争吵

谈判既是智力的角逐，又是感情的交流。当谈判中的分歧较大时，双方都会不同程度地流露出各自的真实感情，即使在理智的控制下，言谈中难免会出现一些冷嘲热讽，甚至发生情绪上的对立。因此，谈判人员必须有较强的自控能力，不要为观点分歧的争论而出言不逊，以防止变争论为争吵；要注意语言的委婉性、艺术性，以充分的理由来强化说服力；同时注意对方的情绪变化，分析其心理状态，因势利导，寻求解决分歧的途径，从而使谈判顺利进行。

4. 努力达成互惠式谈判

所谓互惠式谈判，是谈判双方都要认定自身需要和对方的需要，然后双方共同探讨满足彼此需要的一切有效的途径与办法。要视对方为问题解决者，而不是敌人，对于对方所提供的资料采取审慎的态度，不要不信任对方；谈判中态度要温和，眼睛紧盯在利益目标上，而非立场的纠缠上；寻求共同利益而不是单纯从自身利益考虑。

为了使互惠式谈判能够有效地开展，可以采用"多头并进"的谈判方法。

多头并进，就是同时讨论有待解决的各个项目，如价格、付款条件、交货条件及售后服务等。由于各个具体项目之间有较大的伸缩性，当其中的一项遇到难题时，可以暂时放下，移到下一项；或是当某一项不得不做退让时，设法从其他项目得到补偿。这种谈判的办法，又叫作横向谈判，尽管进展缓慢，但可以减轻谈判人员的压力，有利于避免僵局。如果采用单项深入式的谈判，每次只集中谈论一个项目，这种谈判方法虽然进度快，但是各个项目之间缺乏呼应，易使谈判双方承受较大的压力，导致谈判陷入僵局。互惠式谈判的核心是谈判双方既要考虑自己的利益，也要兼顾对方的利益，是平等合作式的谈判。

四、妥善处理僵局的方法

谈判中出现僵局并不可怕，重要的是要正确地认识和对待它，并且能够认真分析导致僵局的原因，以便对症下药打破僵局。具体而言，应在认真研究突破僵局的具体策略和技巧的基础上，确定整体的行动方案，最终妥善地处理好谈判的僵局。

微视频
处理僵局的策略

（一）潜在僵局的间接处理法

所谓间接处理法，就是谈判人员借助有关事项和理由委婉地否定对方的意见的方法。具体的方法有以下几种。

1. 先局部肯定后全盘否定

谈判人员对对方的观点和意见持不同的看法或是发生分歧时，在发言中首先应对对方的观点和意见中的一部分略加肯定，然后以充分的根据和理由间接地、委婉地全盘否定。

2. 先重复再削弱

先重复再削弱是指谈判人员先用比较婉转的语气，把对方的意见重复一遍，再做回答。这样做可以缓和谈判气氛，显得比较温和。因为，在己方复述对方的意见时，对方感到己方是充分尊重其意见的，心理压力会相对减轻些，谈判就不会因观点不同形成僵局，而能缓解潜在的对立情绪。实际上，这就意味着削弱了反对意见。

运用这种方法时，要注意研究对方的心理活动、承受能力，要因时、因人、因事而异，不能机械地套用。

3. 用对方的意见去说服对方

用对方的意见去说服对方是指谈判人员直接或间接地利用对方的意见去说服对方，促使其改变观点的方法。

例如卖方对买方说："你方要货数量虽大，但是要求价格的折扣幅度太大了，服务项目要求也过多，这样的生意实在是难做。"买方可以这样去说服卖方："您说的这些问题都很实际，正像您刚才说的那样，我们要货数量大，这是其他企业根本无法与我们相比的，因此我们要求价格折扣幅度大于其他企业也是有道理的。再说，以后我们会成为您的主要的长期合作伙伴，这样您还可以减少对许多小企业的优惠费用。从长远看，我们还是互惠互利的。"

4. 以提问的方式促使对方自我否定

谈判人员不直接回答问题，而是提出问题，有可能使对方在回答问题的过程中否定其原来的意见。例如第五章的第二节里的"零售方与业务员的谈话"的案例，供方为争取一份销售合同，派一名业务员前去与零售企业洽谈，整个洽谈过程中，供方业务员通过提问的方式，促使零售方否定了自己原来的观点，进而达成了协议。

案例赏析

购买飞机的谈判

美国大富翁霍华·休斯为了大量采购飞机，自己与某飞机制造厂的代表谈判。霍华·休斯性情古怪，脾气暴躁，他提出了 34 项要求。谈判双方互不相让，谈判充满火药味，怎么谈都谈不拢。休斯不死心，最后便找了一位代理人帮他出面继续谈判。休斯告诉代理人，只要能满足 34 项要求的一半，他便满意了。而谈判的结果，这位代理人竟然得到了 34 项要求中的 30 项。休斯十分满意，便问他是怎么做到的。代理人回答："很简单，每次谈判一陷入僵局，我便问他们'你们到底是希望和我谈呢？还是希望再请休斯本人出面来谈？'经我这么一问，对方只好乖乖地说'算了算了，一切就照你的意思办吧！'"

【案例简析】代理人以休斯为要挟委婉地否定了对方的意见，其实也是采用了提问的方式。

以上所述对谈判中潜在僵局间接处理的各种方法，都有一定的适用范围和局限性，实践中能否行得通，取决于谈判者是否灵活运用。

（二）潜在僵局的直接处理法

潜在僵局的直接处理方法也很多，在实际谈判中我们务必灵活地选用有效的方法。

1. 站在对方立场上说服对方

说服是以充分的理由和事实使对方认可，但是，在商务谈判中仅有充分的理由和事实并不一定能使对方信服。为此，当谈判中一方坚持固有意见时，要使说服有效，除了使用无可辩驳的证据和严密的推理外，还必须使对方的需要得到一定的满足。所以，要站在对方的立场上，讲清道理，使对方确实感到他原来所坚持的意见必须改变才行，以扭转谈判的僵局。

2. 归纳概括法

归纳概括法，是指谈判中将对方的各种反对意见进行归纳整理、集中概括，然后有针对性地加以解释和说明，从而起到削弱对方观点与意见的效果。例如，需方代表对供方提供的商品提出很多意见：商品的外观不新颖，包装有问题，质量与价格不相称，顾客不欢迎，等等。需方提了一连串的反对意见，无非是在为讨价还价做准备。供方若逐一回答，不但啰唆，而且需方也未必听得进去。对此，供方代表可以将对方的这一连串的反对意见进行归纳、整理，总结为商品的质量问题，进而抓住质量问题去解释和说服对方。这样有针对性的说服可以把对方的疑虑及早消除，有利于避免出现僵局。

3. 反问劝导法

谈判中，常常会出现莫名其妙的压抑气氛，这就是陷入僵局的苗头。出现这种情况的原因极为复杂，有的是谈判人员个人心理变化所致，有的是一方有反对意见但尚未表露所致，等等。这时谈判人员可适当运用反问劝导法，以对方的意见来反问对方，防止谈判陷入僵局，而且能够有效地说服对方。

例如，需方说："你提供的商品，无论是质量，还是价格都可以，只是目前我们不打算进货！"供方摸不清需方的真实意图，可以巧妙地说："向您提供的这些商品，正像您说的那样，一切都不错。看来，您很识货！目前这种商品的销路很好，进些货是当然的，何乐而不为呢？"这时需方通常会进一步解释或回答，这样供方便可知道需方的真实意图了，然后便可以有针对性地进行劝导工作，从而避免谈判陷入僵局。

4. 幽默法

幽默在谈判中运用得好，可以起到意想不到的效果。当谈判出现沉闷的气氛时，谈判人员说几句诙谐的话，可以改善剑拔弩张的气氛。这是因为幽默可以使谈判人员的心理压力得到缓解，精神也会为之一振，这样，谈判活动又可以在轻松的气氛中进行了。

5. 适当馈赠

谈判人员在相互交往的过程中，可以适当地互赠些礼品作为联络感情的方法，西方学者幽默地称之为"润滑策略"。这是防止谈判出现僵局的行之有效的途径，也就等于直接明确地向对方表示"友情第一"。所谓适当馈赠就是说馈赠要讲究艺术，一是注意对方的习俗，二是防止有"贿赂"之嫌，做到"礼轻情义重"。

6. 场外沟通

场外沟通是一种非正式谈判，双方可以无拘无束地交换意见，大胆沟通，消除障碍，避免出现僵局。对于正式谈判出现的僵局，同样可以利用场外沟通的途径来化解，消除隔阂。场外沟通，亦应提高警惕，既不要做单方面的过多表达以免泄露己方机密，也不要在轻松的气氛中轻信对方提供的信息。

🐣 案例阅读与思考

新加坡华裔客商买大蒜

一新加坡华裔客商与我国山东某进出口公司谈判大蒜生意。第一轮谈判时，中方报价最低为720 美元/吨，对方出价最高为705 美元/吨。双方坚持自己立场，互不让步，谈判陷入僵局。

双方决定休会三天，中方安排该客商游览参观并进一步交换意见，增进了解。参观过程中，该客商提及自己祖籍山东，对山东有特殊的感情，此番游览勾起了他对家乡和亲人的思念。

三天后，双方重新回到谈判桌前，谈判氛围融洽了许多。事实上，当时正值大蒜收获期，如不及时成交，错过销售时机，不但会导致大蒜质量变差，收购价格也可能下跌，而且当时美元对人民币汇率呈上升趋势，及时结算就等于提价。基于这种种情况，中方愿意让步至 705 美元/吨成交。没想到，该客商逆向而行，将买价提高至 710 美元/吨，并提出附加条件，要求签订长期合作协议，这让中方大为吃惊。

思考与讨论：（1）你如何评价中方这次谈判的成功？（2）你如何理解新加坡客商最后的举动？

（三）妥善处理谈判僵局的最佳时机

在谈判实践中，选择最佳时机处理僵局往往会取得意想不到的效果。谈判活动的发展变化，在不同的时间各不相同，在不同的时间采取相应的措施处理僵局，效果大不一样。下面列举几种方法。

1. 及时答复对方的反对意见

谈判中双方都希望自己的意见得到对方的尊重和重视，若对方不能给予明确的答复，往往会给己方造成心理障碍，形成谈判的潜在僵局。为此，只要对方提出明确的反对意见，己方都应及时给予答复，若一时无法答复，亦应解释清楚，这样可以取得主动权，使对方感到己方的诚意，有利于打破僵局。

2. 适当拖延答复

谈判中的很多棘手问题常会使谈判人员不能即刻答复，在这种情况下，可以拖延时间再做答复，以取得更好的效果。但拖延答复时间不宜过长，而且应当向对方说清楚。若出现下列情况，则可以拖延答复：①对方提出的反对意见，使己方感到不能做出满意的答复时；②反驳对方意见缺乏足够的证据时；③即刻回答会使己方陷入被动时；④确实有把握控制谈判局势，使对方的反对意见随着谈判的深入逐渐削弱时；⑤对方的反对意见明显偏离议题时；⑥对方由于心理原因而提出发泄性的反对意见时。

3. 争取主动，先发制人

若谈判人员事先发现对方会提出某种反对意见，抢在对方之前把问题提出来，作为己方的论点，劝导对方重新认识问题，可以有效地避免和打破僵局。采用这种做法应善于察言观色，随时注意对方的态度，掌握好时间，避免争论和陷入僵局。值得注意的是，"先发制人"绝不是"强加于人"。

（四）打破谈判中僵局的做法

如果在一次谈判中僵局已明显化，双方又争执不下，致使谈判毫无进展，如何妥善处理这种明显的谈判僵局，是直接关系到谈判效果的大问题。妥善处理已经形成的僵局，关键是设法缓解对立情绪，弥合分歧，使谈判出现转机，推动谈判进行下去。具体的做法通常有以下几种。

1. 采取横向式的谈判

扩大谈判的面：先撇开争执的问题，去谈另一个问题，而不是盯住一个问题不放，不谈妥誓不罢休。

例如，当双方在价格问题上互不相让而形成僵局，这时可以先暂时将其搁置，改谈交货期、付款方式等其他问题。如果对方在交货期等议题上满意了，再重新回过头来谈价格问题，阻力就会小一些，商量的余地也就更大一些。这样弥合分歧，会使谈判出现新的转机。

2. 改期再谈

在谈判中，往往会出现严重僵持，致使谈判无法继续的局面，这时候可以共同商定休会，并商定再次谈判的时间、地点。但在休会之前务必向对方重申己方的意见，引起对方的注意，使对方有充足的时间进行考虑。

3. 改变谈判环境与气氛

谈判中气氛紧张，易使谈判人员产生压抑、沉闷，甚至烦躁不安的情绪。作为东道主，可以组织谈判双方进行一些松弛的活动，例如游览观光等，使紧张的神经得到缓解。这当中，谈判双方可以不拘形式地就某些僵持问题继续交换意见，在轻松融洽的气氛中消除障碍，使谈判出现新转机。

4. 叙旧情，强调双方共同点

回顾双方以往的合作历史，强调和突出共同点和以往合作的成果可以削弱彼此的对立情绪，达到打破僵局的目的。

5. 更换谈判人员或者由领导出面调解

谈判中出现了僵局，经多方努力仍无效果时，可以征得对方同意，及时更换谈判人员。这是一种迫不得已的、被动的做法，必须慎重使用。必要时，企业的领导出面，因势利导，表明对谈判局势的关注，也可以达到化解僵局的效果。

课堂互动

突破僵局

某连锁超市，计划在市郊张庄村建立一个大型超市。连锁超市希望以500万元买下超市占用的土地的使用权，而张庄村却坚持要1 000万元。经过几轮谈判，连锁超市的出价上升到700万元，张庄村的还价降到800万元，双方再也不肯让步了，谈判陷入了僵局。

张庄村坚持的是维护村民的立场，因为农民以土地为本，失去了这片土地的使用权，他们的生活会受到很大影响，只是想多卖一些钱来办企业，另谋出路。而连锁超市站在股东的立场上，让步到700万元也是多次请示董事会后才定下的，他们想在购买土地使用权上省下一些钱，用于扩大超市规模。

要求：三四个人一小组，讨论怎么突破僵局。

第六节　磋商阶段的让步策略

没有商量余地的谈判是不存在的，只要有谈判，势必会有让步。从战术上看，让步就像防守，既不能放弃，也不能一让到底。究竟应该如何正确地做出让步呢？我们首先要清楚常用的两种让步策略，其次是要懂得让步的方法，最后还要知道如何迫使对方让步。

一、两种让步策略

（一）策略——坚守三个让步原则

微视频

让步策略

1. 让步之后一定要向对方提出要求

在谈判中，轻易地做出让步，会让对方觉得这件事对己方来说并不重要，以至于让对方觉得其还有更大的利益空间可以争取。因此，做出一次让步之后，一定要向对方提出一个要求，让对方觉得己方的让步是有代价的。那么，在让步之后应该如何向对方提出要求呢？我们可以使用"如果……"的句式。

例如，当买方提出10日前要完成装货的要求时，供方也可以提出一个要求："如果我们可以在10日前要完成装货的要求，那么你们可以……"；而当买方要求供方购买保险时，供方也可以提出："如果我们承担保险费用，那么就请你们在……"。这样一来，买方就很难在己方让步之后再提出额外的要求了。

在谈判中，每做出一次让步之后，都要让对方兑现一个要求，这样才能让谈判双方的交换筹码基本等值。

2. 让步的幅度要逐级递减

在通常情况下，谈判不会在一个来回之间就谈妥，双方需要在整个交涉过程中做出一系列让步。因此，第一次可以做比较大的让步，但之后每一次让步都要比上一次的幅度小，并能最终在预期的水平前止步。

例如，你去买衣服，对方开价 200 元，你还价到 150 元，如果无法成交，对方可能会再退一步，愿意以 190 元的价格售卖，此时你也可以遵循同样的让步幅度，让步 10 元，还价到 160 元。如果依旧无法成交，接下来，对方可能会愿意再退一步，以 180 元售卖，那么你再次还价时，减少的金额必须少于 10 元，以此类推。这样做，可以让对方觉得你的让步在逐渐接近底线，如果他不做出让步，谈判就会破裂，这种紧迫感会让对方愿意根据你的让步做出调整，最终成交。

3. 明确己方能让步的方面

在谈判前，我们需要明确哪些方面可以让步，哪些方面不能让步。

例如，经济不怎么宽裕但时间宽裕的一家人的搬家预算是没有办法超支的。也就是说，如果搬家公司说不加钱那时间就不能挑，这家人一般会答应，因为这相比超出预算来说，就是比较小的问题，可以让步。

在小问题上适当做出牺牲，可以显示出己方的诚意，给对方带来满足感；在大问题和原则性问题上只能做小的让步，甚至不让步，才可以守住己方的底线。但是，如果对方在某件事情上非常坚决地要求己方做出让步，应该如何应对？这就涉及第二种让步策略。

（二）策略二——请出更高权威决策者

运用请出更高权威决策者的策略，即将对方的说服焦点转移到一个更具权威的对象身上，从而增加对方的说服难度，帮助己方在谈判中守住更多的利益。

例如，在商店经常会有这样的场景：一位顾客看中了某样商品，但价格有些超出预算。当顾客询问营业员是否可以多给一些优惠时，营业员通常都会回复目前已经是自己权限内的最低价格了，如果还要更低折扣要问老板。营业员将让步的决定权从自己身上转移到更高决策者身上，顾客就不得不面临新的难题：从现在开始，自己要说服一个更高决策者，这就在无形中增加了说服的难度。这会促使顾客在价格上做出让步。

在任何谈判中，都不能只考虑进攻而不考虑防守。换一个角度看，谈判其实是一种寻求让步方式的艺术。适时的小让步，既需要把握时机，也需要具备交换筹码的技巧。可以说，越能够控制自己让步程度的谈判者，最后越能得到对自己有利的谈判结果。

二、让步方法（模型）

谈判的让步强调要正确地控制让步的次数、步骤与程度，即采用正确的让步方法，不可使让步过多、过快、过大。

美国谈判专家嘉洛斯以卖方的让步为例，归纳出八种让步模式（见表 9.1），并分别分析了各种让步模式的利益。在任何一种让步模式中，卖主准备减价的额度均为 60 元。

（1）坚定让步模式。先让对方一直以为妥协无

表 9.1　八种让步模式

（单位：元）

让步模式	第一期	第二期	第三期	第四期
1	0	0	0	60
2	15	15	15	15
3	8	13	17	22
4	22	17	13	8
5	26	20	12	2
6	49	10	0	1
7	50	10	-1	1
8	60	0	0	0

望，若是一个普通的买主早就放弃和卖主讨价还价了。而一个意志坚定的买主则会坚持不懈，在卖主做出重大让步后，他会更加斗志昂扬，继续逼迫卖主做出让步。因此，这种让步模式并不可取，它既抛开了本来做小小的让步即可能成交的软弱的买主，又给强硬的买主在卖主让步之后提供了继续施加压力的可乘之机。

（2）等额让步模式。这种让步模式很容易刺激谈判对手继续期待更进一步的让步。当第二期争取到与第一期相同的让步额时，他有理由做这样的推测：如果再做一番努力，还可以争取到同样的让步。第三期果然如此。在卖主第四次做出让步后，他还可能这么想。若卖主坚持不再让步，买主就会失望，很可能达不成交易的目标。

（3）递增式让步模式。这种让步模式往往会造成卖主重大的损失。因为它将买主的胃口越吊越高，买主会认为：只要坚持下去，令人鼓舞的价格就在前面。买主的期望值会随着时间的推延而越来越大，对卖主极为不利。

（4）小幅递减让步模式。这种让步模式显示出卖主的立场越来越坚定，他虽然愿意妥协，但是防卫森严，不会轻易做出让步。

（5）有限让步模式。这种让步模式代表卖主有较为强烈的妥协意愿，不过同时也告诉买主：所能做的让步是有限的。在谈判的前期，有提高买主期望的风险，但是随着让步幅度的减小，卖主走向一个坚定的立场后，风险也就渐渐降低了，这时聪明的买主便会领悟到，更进一步的让步已经是不可能的了。

（6）大幅递减让步模式。这种让步模式很危险，因为一开始就让一大步，将会大幅提高买主的期望值。不过接踵而来的第三期拒绝让步以及最后一期小小的让步，会很快抵消这个效果，使对方知道，即使更进一步的讨论也是徒劳无功的。从卖主的角度来看，一开始的大让步是不妥的，他永远无法知道买主是否愿意付出更高的价格。

（7）价格反弹让步模式。这种让步模式使让步大幅递减但又有价格反弹，它脱胎于第6种让步模式。第三期的轻微涨价即价格反弹，表现出卖主更坚定的立场。第四期又做小小的让步，将会使买主感到满意。

（8）一次性让步模式。这种让步模式对买主有极强烈的影响，一下子减价60元，使买主顿时充满了信心和希望，但接下来便是失望，卖主不再降价，则有谈判破裂的危险。

从实际谈判情况来看，采用较多的是第4种和第5种让步模式。这两种让步模式对卖方来说是步步为营，使买方的期望值逐步降低，较适应一般人的心理，因而比较容易被对方接受。第6种和第7种让步模式需要有较高的艺术技巧和冒险精神，如果运用得好，可以少做让步，迅速达成交易；但如果运用得不好，则往往会使卖方做出更多的让步，且容易造成谈判僵局。第2种、第3种和第8种让步模式实际采用得很少，而第1种让步模式基本上不会采用。

案例阅读与思考
马克与搬家公司的谈判

老板将公司搬迁的任务交给马克，并要求他在有限的预算内，尽可能在一天之内全部搬完。马克盘点了一下这次搬迁的情况：公司共有五百多名员工，要在一天之内完成搬家，时间紧、预算少，可谓是一个十分棘手的任务。

马克在网上经过一番搜索、比价，找到了一家性价比最高的搬家公司。对方表示可以满足在一天内全部搬完的要求，但前提是马克的公司必须在上午七点前打包好所有的东西，并且搬家公司只负责路上搬运，不负责将物品从楼下搬进新公司。考虑到搬迁时间紧迫，公司也可以为搬迁出人出力，马克答应了对方的要求。接着，对方又提出：所有的贵重物品需要额外收取保险费用，否则，若在搬运途中有任何破损，搬家公司概不负责。想到计算机在搬运途中容易损坏，公司还有不少重要资料需要妥善搬运，马克又答应了对方的要求。看马克答应得这么快，搬家公司继续提出：双方需要事前确定搬家物品的大致重量和体积，实际搬运中超重或超过体积的物品，搬家公司要额外收费。听到这里，马克开始感到不悦，他觉得对方的要求越来越多，自己一直都在退让。但不知道为什么，面对搬家公司的不断加码，马克却无法化解。

　　思考与讨论：如果碰到搬家公司提出这些条件，你会怎么处理？

三、迫使对方让步的策略

　　谈判是在双方共同利益的基础上进行的，在这一过程中，每一方都渴望满足自己的需求，可是又不得不考虑对方的需求，同时谈判的条件也不是固定不变的，因为只有互相让步谈判才会成功。由于谈判双方都有自己的底线，而且首先让步的那一方肯定要放弃一部分自己的利益，所以谁都不愿意先让步。

　　通常如何做可以让对手先让步呢？

1. 拥有强大的气场

　　在谈判桌上，精神抖擞、容光焕发、言谈举止落落大方，这强大的气场会有助于击溃对方的心理防线。假如谈判中一味谦虚退让，通常会引起对方的鄙视，对方会认为己方是无能的，己方的产品也是劣质的，这样的话对方就会表现得高高在上，可想而知，己方只会节节败退。

　　张伦是一家出口公司的销售经理，在与日本客户村上的一次谈判中，他一开始就气场十足，慷慨激昂地陈述了公司的产品和销售状况，并强调这种产品在中国和美国都是非常畅销的。村上是个十分精明的商人，他被张伦的一番话打动，觉得张伦是个具有吸引力的合作者，不由自主地想和张伦合作，谈判很快进入了正式严肃的主题。后来村上表示："我本来只是打算试试看，但是张伦先生身上所散发的那种气场使我相信他的话是正确的，双方有必要合作。于是我首先开始做出让步，最终双方达成了协议。"

2. 抓住对方的弱点，步步为营

　　迫使对方让步需要先了解对方的弱项或底线，己方不轻易让步，步步推进，直到对方让步。

　　某年 6 月，我国济南某机床厂与美国卡尔曼公司进行机床销售的线上谈判。双方在价格问题上陷入了僵持状态。这时我方获得情报：卡尔曼公司原来签订的其他机床合同不能实现，因为美国关税政策有变，使得原供货商迟迟不肯发货。而卡尔曼公司又与自己的客户签订了供货合同，对方要货甚急，卡尔曼公司陷入了被动的境地。我方根据这个情报，在接下来的谈判中沉着应对，不紧不慢，也毫不松口，卡尔曼公司最后终于沉不住气，以我方的报价订购了 150 台机床。

3. 站在对方的立场看谈判

　　有些谈判人员只在乎自己的利益，漫天要价，却丝毫不理会对方的感受。他们想着只要给对方一点点利益就可以了，这样做的结果只会令对方更加反感。虽然有的谈判对手当时不会表露出来，但是其实可能已经暗下决心：绝对不能与这种人合作。要想与对方长期合作，最好在谈判中表现出为对方着想、站在对方的立场看问题的态度，这样做往往会使得对方让步。

　　李斯在一家公司担任项目经理，一次他和一家新成立不久的公司合作，报价的时候，他只是给对方开了一个当前行情中不高，甚至偏低的价位，并真诚地告诉对方：目前这个价格就可以了，等你们以后发展好，挣大钱的时候再多给吧。李斯的这种做法获得了对方的好感，他们建立了长期的合作关系，后来这家公司声名显赫后，也一直与李斯合作。

没有准备的谈判是很难成功的，谈判人员要事先了解对方的情况，看看有没有办法解决问题。要想进行长期的合作，就要采取双赢的合作模式，在谈判中的表现如果处处只考虑自己的利益，对方往往很难让步，最后自己也会一无所获。因此，无论是买方还是卖方，都不妨牢记一条让步铁律：核心问题绝不让步，枝节问题可以商谈。在这一条铁律指导下，当己方表现出为对方着想，适当做些小让步，或者谈判时适当地向对方施加压力，施加压力的时候有分寸，始终把对方看作合作者而不是对手，和谐相处，由于给对方留下了好的印象，给对方留足了面子，对方往往会更容易让步。

总之，在实际谈判过程中，双方都要慢慢地妥协，任何一方坚持自己的原则，不愿意妥协，都将影响谈判的顺利进行。适当的妥协不会损失自身的利益，并且还会在满足对方需求的同时使自己获得更长久的利益。

📚 案例赏析

松下幸之助的让步

1952 年，为了引进飞利浦公司的先进技术，松下公司和荷兰飞利浦公司进行了一次谈判。

当时，飞利浦公司拥有 3 000 名研究人员和世界上最先进的设备，已经是世界著名的大公司了；而日本的松下公司即使在日本也不是很出名。

当时松下幸之助克服了很多困难，经过努力将飞利浦公司要求的技术援助费从销售额的 7%压到 4.5%。接下来，飞利浦公司要求松下公司一次性付清 2 亿日元的专利转让费，并且在草拟的合同上还规定，如果违反合同，或在执行合同时出现偏差，松下公司将要接受处罚并被没收机器。这令松下幸之助伤透了脑筋。当时松下公司的资本总额不过 5 亿日元，飞利浦公司要求的 2 亿日元的转让费几乎占松下公司全部资产的一半。假如答应了飞利浦公司提出的条件来签合同，松下公司就会承担极大的风险。如果不答应对方提出的条件，松下公司就会失去与之合作的机会。经过再三思考，松下幸之助认为，飞利浦公司在机械研发上实力十分雄厚，这一技术资源是 2 亿日元买不到的。一旦签约，松下公司就能够利用这一技术资源获取长期的利益，尽管风险非常大，但值得冒险。经过调查，松下幸之助决定妥协，在合同上签字。

【案例简析】谈判中有时需要为了长远利益做出当前的让步，也需要冒一定的风险。事实证明，松下幸之助当时的妥协是非常值得的。如今松下公司已经成为世界上赫赫有名的电器公司。假如当时松下电器公司不妥协，不答应飞利浦公司提出的条件，也许就没有其后来的崛起了。

第七节　成交阶段的谈判策略

一、结束阶段促进成交策略

谈判的不同阶段有不同的适用策略，下面列举几种比较适用于结束阶段的策略。

1. 时间策略

时间策略是指通过时间因素给对方施加压力，即通过强调超过时间期限后对方将承担的不利后果来对对方施加压力，以使谈判成果能够尽快确定下来，结束谈判。

在日常的商务贸易活动中，人们会经常听到这样一些话："从×月×日起，这种产品就要限制进口了""如果贵公司不在×日内汇来款项，我们将无法按期交货""明天×点钟之前如没有收到你方的电话，我们将同别人签订合同"。

这就是提出时间期限的策略。日常生活中如此，商务谈判中也是如此。在谈判中，期限能使犹豫不决的谈判对手尽快做出决定，因为他们害怕错过这个机会就不会再有相同的机会，从而通过时间给对方造成某种压力，这种压力常常迫使对方改变战略。

谈判专家科恩说："时间是除信息和权力之外影响谈判结果的主要因素之一。"

时间策略也是当谈判陷入停滞不前的境地时，使之快速前行的方法，通常又称为时间性通牒策略。要注意的是，当谈判处于僵局状态时，贸然地采取时间策略只能激怒对方，从而造成谈判的破裂，所以应用时间策略应该把握好时机和谈判氛围。可以看出，何时提出时间限制使其发挥预期的效果是一个关键的问题。在结束阶段使用时间策略需要注意以下问题。

（1）不要盲目地设定一个截止日期。一旦盲目地定下一个截止日期，而对方又识破了这一招，留给己方的选择要么是谈判真的告吹，要么是承认己方在弄虚作假，即过了己方规定的时限，己方还在继续跟别人谈判。因此，设定截止日期一定要谨慎。

（2）确定截止日期时的语气要委婉，因为确定截止日期从某种程度上来说是对谈判对手施加压力。为了使时间策略能够发挥正向作用，而不是起反向作用，确定截止日期时语气一定要委婉，尤其是在谈判结束阶段，双方在前期的谈判中都做出了很多努力，付出了很多人力、物力成本，态度生硬地使用时间策略会使谈判对手产生反感或逆反心理，从而导致谈判破裂。

2. 最后通牒策略

使用最后通牒策略的情况是当一方占有一定的优势，谈判双方又在细枝末节上纠缠不休的时候，优势一方阐明自己的立场，讲清自己的最后让步条件，并表明如果对方不接受则谈判将会破裂，以此督促对方尽快决定，从而结束谈判。这一策略可以加速成交，但是也有使谈判破裂的风险。因此，在促进成交阶段使用最后通牒策略时一定要注意以下几个问题。

（1）应该在判断双方已经就关键问题做了多次磋商以后再使用。如果双方的磋商还不是很充分，一方就贸然采用最后通牒策略，这样最后通牒就变成一种恐吓，同时过早地暴露了己方的底线，是不会达到预期目的的。

（2）注意使用最后通牒策略的环境。最后通牒策略的适用环境是对方对己方的需求强度大于己方对对方的需求强度，或者己方在谈判中处于相对优势。另外，谈判已经进行了充分的磋商，双方已经最大限度地向对方的条件靠近，需要摊出底牌来结束谈判时也可以使用最后通牒策略。还有一种情况是，己方已经做了真实的最大让步，只能通过最后通牒策略来结束谈判。

（3）用自身的行动和态度来加强最后通牒的效力。使用最后通牒策略时，通常应该由团队中身份较高的人出面讲清最后的条件，比如：基于当前的谈判状态，这种条件成交的强有力的理由；支持这一理由的各种法律条文和政策文件；在谈判桌外要求预订回程的机票，制订回程的计划；等等。另外，从态度上，最后通牒的表达要避免生硬和尖刻，但要使对方感觉到己方的依据是有说服力的，是强硬的。此外，最后通牒留给对方的余地要有弹性，不要把对方逼向绝境。

（4）一定要保证最后通牒的效力。即一定是对方接受，谈判成功，对方不接受，谈判破裂，不能在对方不接受的情况下再有其他让步。

3. 取舍由之策略

取舍由之策略往往与最后通牒策略一起使用比较有效，即当最后通牒策略使用之后对方仍然纠结于成交条件时，可以让对方了解己方可以以谈好的条件成交，当然如果对方不接受，己方对于谈判破裂的后果也可以轻松承受。这一策略需要让对方知道如果不与己方成交，己方也可以找到其他的成交方，从而给对方施压。另外，从使用该策略的时间来看，越在谈判后期使用效果越好。如果在谈判前期就使用该策略，会使对方感觉没有受到尊重；如果在谈判中期采用该策略，会使对方怀疑有第三方竞争者介入谈判，产生质疑，从而影响谈判进程。

4. 折中调和策略

折中调和策略是将双方立场和条件的差距，以折中且完全对等的形式或以互相让步但不对等的形式予以妥协的做法。由于该策略的主体特征是相互妥协且更多地强调"对半"让步，因此，可以认为该策略是一种公平而理智的分割差异的策略。但是在使用中应该注意，该策略只有在谈判的最后阶段才可以使用。在谈判的前期使用该策略，只能使条件不合理的一方得利，折中结果难以公正。在经过严谨的分阶段谈判后，双方立场均有所改善，交易条件日趋公平、合理时，对最后尚存在的文字、数字条件分歧以折中的方式解决，其结果才更合理。

5. 总体条件交换策略

总体条件交换策略是指双方将所有分歧条件以有的利于对方（退）、有的利于己方（进）的新条件，组成一个方案向对方提出的做法。也就是说，把对己方有利的条件和对己方不利的条件以及对谈判对手有利和不利的条件进行区分之后，在分别承担一些不利条件的同时获得一些有利条件而组成一个新的谈判方案。由于该方案包括了谈判存在的所有分歧，故称"一揽子交易"，而针对所有分歧提出了有进有退的条件，因而也称为"好坏搭配"。

如果是对方提出的条件，己方谈判人员可以在不利的问题上提出疑问，目的是再争取一些对自己有利的条件，如果对方坚决拒绝，但交易条件已经达到自己的底线，则可以成交。而如果是己方提出的条件而对方要求再谈时，己方只需讲"是"或"否"。如果对方自以为聪明，非要纠缠，则坚决予以回击，否则，该策略就会失效。

6. 改变谈判场地策略

当谈判双方已经就绝大多数重要交易条件达成一致意见，仅因个别问题存在分歧而影响成交时，可以根据情形改变谈判场地，如在酒店、茶社、度假村等非正式场地来转换谈判氛围。这种策略适用于谈判时间过长使双方产生倦怠感或谈判气氛紧张对立的情形。如果此时继续在谈判桌前商讨，既很难达成协议又可能使形势恶化。轻松友好的氛围有助于恢复谈判人员倦怠的大脑、缓和谈判桌上严肃紧张的局面；私人兴趣等方面的情感交流可以促进谈判桌上相互让步，化解遗留问题，最终达成协议。

7. 比较策略

（1）有利的比较法，即有意将对方放在很高地位的成交法。这种成交法的典型语言如下。

"这种型号的产品××厂商（著名大厂）已经订货了""我发现最发达的厂家刚开始总是购买三部，你们是否也登记订购三部？""像贵公司这样的大公司执市场的牛耳，对于这项能够促进贵公司地位提升的产品，贵公司怎能放过呢？"

（2）不利的比较法，即以惰性谈判可能带来不幸后果的例子督促对方成交的方法。使用这种方法时，谈判者往往要列举出一些令人遗憾的事情。

例如，对方拖延谈判，时断时续、旷日持久，因此招致了损失和成本增多。这种成交方式多用于保险业或者能改善对方目前状况的交易。典型语言如下。

"你们推迟一天，就会增加被竞争者抢先的危险，像 A 公司的遭遇一样。你们知道，A公司的市场地位一直很稳固，但由于那家新工厂 B 抢先购买了自动生产设备，A 公司就失去了原有的市场地位。我诚恳地劝你们不要再迟疑，要像 B 工厂一样当一个领导者，而不要像 A 公司那样犹豫不决，最后成了失败者。"

谈判到了最后的阶段，做这样的比较会是非常有用的。

8. 最后让步策略

针对磋商阶段遗留的分歧，有时可能需要通过最后让步才可实现成交，结束谈判。在使用最后让步策略时，要注意以下两点。

（1）把握让步的时间。过早让步会被对方认为是前一段讨价还价的结果，而不是为达成协议做出的终局性让步；过晚让步则会削弱对对方的影响和刺激作用。

（2）更小心地控制让步的幅度。让步幅度过大会让对方认为这不是最后的让步，仍有可以讨论的空间；让步幅度过小会让对方认为微不足道，刺激不足。让步的幅度常常要根据对方出场的人物的职位做出，一般以幅度刚好满足该出场人物维持地位和尊严需要为宜。做出最后让步后，己方就必须坚定立场，否则对方会继续紧逼。

9. 试用样品策略

谈判者可以提议订购一笔少量廉价的样品，或者无偿使用，这是十分简单的成交法。有些谈判在最后关头没有成功，其原因可能就是没有使用这一方法。当谈判者没有别的办法使这笔买卖成交时，这一方法就是最后的努力。把产品留给对方，其成交率可能是出人意料的。例如，一家制造厂在更换了原材料却不知客户是否满意时，可以先交部分货，让对方试用，如果对方不满意，再把产品退回来，当然应该规定一个试用的期限。

国外的一家办公室设备生产商，曾允许它的谈判人员把机器留给顾客使用 5~9 天，其结果是谈判的成功率大为提高，而且往往五家试用公司中就能成交三家。谈判人员说："在试用期间，我们还可以帮助对方维修原有的机器设备，这样对方就不得不在试用期内签下订货合同。"

利用这种成交方法的最大问题是：只要公司允许提供试用，谈判人员就可能放弃其他的努力，日渐懒惰。另外，如果对方在资金上没有任何困难，可能会拒绝试用样品。

10. 单刀直入策略

单刀直入策略，即谈判人员用简单明了的语言，向谈判对手直截了当地提出成交建议，也叫直接请求成交法。这是一种常用且简单有效的方法。

例如，销售人员：师傅，您刚才提出的问题都得到解决了，现在我给您下单好吗？

又如，销售人员：王主任，您是我们的老客户了，您知道我们公司的信用条件，咱们这次的合作，就这么定了，好吗？

单刀直入策略的优点是可以有效地促成购买，节省洽谈时间，提高谈判效率。但它也存在一些局限性，如果成交请求遭到对方的拒绝，可能会破坏不错的谈判气氛，也可能会让对方觉得己方急于达成协议，从而提出苛刻要求。使用单刀直入策略需注意具体情形，一般来说以下情况可以运用此方法：①与关系比较好的老顾客谈判时；②对方未提出异议，想购买又不便开口时；③对方已有成交意图，但仍犹豫不决时。

11. 利用相关群体策略

利用相关群体策略是指谈判人员利用对对方决策有重要影响的群体促成交易。在实际交易中，对购买者决策有影响的群体一般有以下两类。

一是同类产品的其他购买者。心理学研究表明，从众心理和行为是一种普遍的社会现象。人的行为既是一种个体行为，又是一种社会行为，受社会环境因素的影响和制约。当购买人看到其他人做出购买决定后，会更迅速地采取交易行为。谈判人员利用人的从众心理，采取利用相关群体策略，创造一定的众人争相购买的氛围，可促成对方迅速做出决策。

在电商平台买需要的产品时，比如买《谈判心理学》这本书，点击链接进入店铺，大多数人扫上一眼主页面的图和详情介绍之后，紧接着就是看销售量是多少，看好评多少、差评多少，其他客户都是如何评价的，商家有没有不诚信的行为，买家晒出来的效果怎么样，等等。如果买的人多，好评多，通常就下单购买了，这种行为就是典型的"从众心理"。

二是同伴。人们通常视自己的同伴为同一战线的队友，在无法决定是否成交时，往往要听取同伴的意见。因此谈判人员也可以利用对方的同伴促成交易。

案例赏析

你为什么不向他了解

一次出口交易会上，某国的一位商人对我国的某拖拉机厂的农用拖拉机感兴趣，但他又不太相信该拖拉机厂的产品质量和销路，因此，一直犹豫不决。拖拉机厂的代表后来没有单纯地用一些枯燥的技术指标来说服他，而是拉家常式地问道："贵国的×××经理您熟悉吗？"客商说："熟悉，当然熟悉，我们都是做农用机械生意的，还合作过呢。"厂代表说："那您为什么不向他了解一下呢？去年他从我们厂买了一大批拖拉机，可是赚了一大笔啊。"客商回到住处，立即通过电话验证了这一情况，第二天，客商就高兴地与拖拉机厂签订了订购合同。

【案例简析】此案例就是运用的利用相关群体策略，有时候，它比卖家大声地为自己的产品做广告有用得多。

二、争取成交阶段最后利益策略

如何在成交阶段争取最后的利益呢？在这个方面也有一些特别的策略，例如常见的临阵反悔策略、附加条件策略。

1. 临阵反悔策略

临阵反悔策略是指在谈判终结时，为了给己方争取更大的利益，当双方已经进入谈判终结阶段，一切条件都已经达成，在签约之前，一方突然反悔，要求对某一项合同条款进行修改，为己方争取进一步的利益。

这种策略是希望在最后关头从心理上给对方造成急躁的情绪和带来意想不到的压力。由于对方在谈判过程之中已经消耗了大量的人力、物力，甚至如果对方是客方，很可能已经做好了返程的准备，因此，对方为了不使谈判前功尽弃，有时会不得不同意己方的要求。

运用这种策略要防止过犹不及，即主要是从附带条件中寻找折扣的机会，不能针对关键问题反悔，因为这样会给合作伙伴造成出尔反尔的不良印象，即使是达成交易，也可能由于不信任而影响双方未来的合作。

2. 附加条件策略

附加条件策略是指在双方已经基本达成交易意向，谈判就要结束时，己方提出一些小的附加条件来强调自己的利益。一般这些附加条件不会触动对方的关键利益，不会给对方造成较大损失。常见的附加条件有：要求对方提供或增加赠品、要求对方提供送货上门或安装服务、要求对方减免运送费用等。

　　例如，淘宝客服："亲，如果没有什么问题，您早点下单，就还能赶上今天的发货啊！"

　　顾客："好的，可是我从贵店购买了这么多化妆品，只送一个化妆包。我的朋友也很喜欢呢，我会推荐他们也来买的，再送一个包好吗？"

　　谈判者可以利用许多技巧和策略达成交易，但是这些技巧并非都能适用于各种交易谈判，有些技巧不适合某个谈判者的工作方法或者个人偏好。不过，谈判人员还是应了解所有的策略和技巧，具备这方面的知识，有助于选定最适当的办法达成较佳的成果。

👑 课堂互动

僵局化解模拟训练

　　学生自由分组，每组 6 人，其中 3 人为 A 组，扮演销售人员，另 3 人为 B 组，扮演顾客。对以下场景进行模拟，目的是锻炼学生化解僵局、说服对方的能力和技巧。

　　场景一： A 组现在要将公司的某件商品卖给 B 组，而 B 组要想方设法地挑出商品的各种毛病，寻找制造僵局的机会；A 组的任务是一一回答 B 组提的问题，努力化解僵局，即便是一些小的问题也要让 B 组满意，不能伤害双方的感情。

　　场景二： B 组已经将商品买回去了，但是发现商品有些小问题，需要售后服务；B 组要讲一大堆对商品的不满，A 组的任务仍然是帮助 B 组解决这些问题，提高 B 组的满意度。

　　要求： 每组谈判时间约 10 分钟，结束后每个小组推选代表进行总结，并写出书面报告。

知识巩固与技能训练

一、思考与讨论

　　1. 商务谈判策略的作用是什么？

　　2. 简述商务谈判中开局的策略。

　　3. 简述商务谈判中报价的策略。

　　4. 商务谈判中应价应注意哪些问题？

　　5. 阻止对方进攻的策略有哪些？

　　6. 谈判中僵局成因有哪些？打破谈判僵局的方法有哪些？

　　7. 让步有哪些策略？

　　8. 让步的模式有哪些？你喜欢哪一种？为什么？

　　9. 迫使对方让步的策略有哪些？哪几种更常用？

　　10. 结束阶段有哪些策略可以促进最后的成交？

二、活动与演练

　　1. 两人为一组，为购买一套立体声音响而进行讨价还价。

　　情景： 甲与乙正为购买一套立体声音响而进行讨价还价。该音响是市场上最新技术的成果。因为乙卖的是新产品，乙想看看顾客对这种新产品的反应（以上假设是表明乙有对价格进行减价的权利）。假如甲的预算支出是 1 500 元。请尝试进行讨价还价练习，看如何才能比较顺利地成交。

　　2. 三四个人一组，扫描二维码选择案例的一方制订谈判策略，要求包含各个阶段的策略。

三、案例分析

一对夫妻花了三个月时间找到了一座他们非常喜爱的古玩钟，他们商定只要不超过 5 000 元就买回来。但是，当他们看到上面的标价时，妻子却犹豫了，"哎哟，"妻子低声道，"钟上的标价是 7 500 元，我们还是回去吧。我们说好了不超过 5 000 元，还记得吗？""我记得。"丈夫道，"不过我们要试一试，看看少一点能否买到，我们已经寻找了这么久了。"

他俩私下商量了一会，由丈夫担任谈判代表，尽管他认定 5 000 元买到这座钟的希望很小。他鼓起勇气，对钟表售货员说："我看到你们有只小钟要卖，我看了上面的定价，我还看到价标上有许多尘土，给它增添了古董的气氛。"顿了顿，他又接着说道："我告诉你我想干什么吧，我想给这个钟出个价，一口价，听好啊！"他停下来看看售货员的反应，"嗨，我给你，2 500 元。"售货员连眼睛也没眨一下："给你，卖啦！"

夫妻俩欣喜若狂了吗？

不，事实的结果是：夫妻俩把钟买回去后，常常不由自主地想：这钟恐怕本来就值不了几个钱……或者是里面的零件少了……

思考与讨论： 评价这对夫妻和售货员购买钟的谈判。

学习目标

能解释国际商务谈判的特殊性与基本要求；能举例说明世界主要国家和地区人们的谈判风格。

导入案例

一位美国商人到他国某地进行商务考察，当地领导热情接待，并许诺诸多优惠条件。经过一周的考察，双方准备谈判了，商人此时并未下定决心。恰好此时他收到急电，母亲病危，需要立即返回，于是他答应处理完家事再返回谈判签约。此时离当地最早起飞的航班时间还有1小时，他认为无论如何都来不及了，于是决定赶到另一个城市搭乘航班。当地领导非常热情，让他放心，立即动用警车开道，一路绿灯，直接停在了飞机舷梯下，购票、安检、边检等手续全免了。商人站在舱门口挥手告别致谢的同时，原先不清楚的思路忽然清楚了："这里不适宜投资，我不会再来了。"

思考与讨论：（1）此案例与谈判风格是否有关？这个美国商人的想法可能是怎样的？（2）你认为当地领导的正确做法应该是怎样的？

第一节　认识国际商务谈判

国际商务谈判，就是谈判参与各方跨越了国界的商务谈判，是国内商务谈判在国际领域的延伸和发展。概括起来，可以把国际商务谈判理解为这样一个过程：不同国家或地区的贸易双方根据双方不同的需要，运用所获得的信息，就共同关心或感兴趣的问题进行交流、沟通、磋商，协调各自的经济利益，谋求妥协，从而使双方感到是在自愿的、平等的、有利的条件下达成协议，促成交易的过程。一项谈判是否成功，就在于参加谈判的双方能否通过各种不同的讨价还价的方式和策略，往返折中，最后取得妥协，达成一个双方都能接受的共赢方案。

一、国际商务谈判的特殊性

国际商务谈判除具有与国内商务谈判共有的一般性特征外，还有不同于国内商务谈判的特殊性特征，体现了区别于国内商务谈判的特质。

1. 跨国性

跨国性是国际商务谈判最显著的特征，也是其他特征的基础。国际商务谈判的主体是两个或两个以上的国家或地区。由于国际商务谈判的结果会导致资产的跨国流动，必然要涉及国际贸易、国际核算、国际保险、国际运输等一系列问题，带有明显的国际性，因此在国际商务谈判中必须以共同遵守的国际商法为准则，以共同认可的国际惯例为准绳，一切事宜按国际惯例或通行做法来操作。

这一特点要求谈判人员要熟悉各种国际惯例，熟悉对方所在国的法律条款，熟悉国际经济组织的各种规定和国际商法。这些是一般国内商务谈判不可能涉及的。

2. 政策的约束性

国际商务谈判的跨国性决定了其强烈的政策约束性。国际商务谈判的双方处于不同的国家的政治、经济环境之中，谈判双方的商务关系又是两国之间整体经济关系的一部分，常涉及两国之间的政治关系和外交关系，双方国家政府必然常会干预和影响谈判的进程与结果，所以国际商务谈判必须严格贯彻执行国家的有关方针政策和外交政策，执行对外贸易的一系列法律和规章制度。

这一特点要求国际商务谈判人员必须熟知本国和对方国家相关的方针政策，注意国别政策，了解和掌握对外经济贸易的法律和规章制度。

3. 文化差异性

国际商务谈判的双方来自不同国家或地区，有着不同的社会文化和政治经济背景，处于不同的地理、宗教环境之中，具有不同的价值观、道德观、思维方式、行为方式，在语言表达及风俗习惯等方面也有差异。文化的差异性必然使国际商务谈判的难度及复杂程度远远高于国内商务谈判。

这一特点要求参与国际商务谈判的人员注重了解和掌握双方国家的宗教文化、伦理道德及风俗习惯等，在谈判中努力尊重和协调好双方在宗教文化和伦理道德等各方面的差异。

案例阅读与思考

在沙特阿拉伯的谈判与闲聊

某国建筑企业谈判小组在沙特阿拉伯进行一项工程承包的谈判。谈判休会期间，双方随意地闲聊。聊到服饰问题时，该谈判小组一成员对沙特阿拉伯女性穿着发表了一些个人的意见，认为过于保守、不舒服，也不好看。对方听后并未表态，只是很礼貌地说要出去接一个电话。随后，双方共进午餐。在下午的继续谈判中，该国谈判人员明显感到对方的冷淡和消极情绪，与上午的谈判有显著的差别，整个下午没有什么实质性的进展，在后来的谈判中也是困难重重，最终谈判以破裂告终。

思考与讨论：（1）你认为案例中沟通出现障碍的原因何在？（2）该谈判还可以怎么补救呢？

4. 要求谈判人员要有更高的素质

国际商务谈判的上述特殊性决定了谈判的复杂性和困难性，这就要求国际商务谈判人员在知识结构、语言能力、对政策法规的理解和把握、谈判策略及技巧的运用能力、防范风险能力等各方面都具有更高的水准。谈判人员必须具备广博的知识、敏锐的思维和高超的谈判技巧，不仅在谈判桌上能随机应变，运用自如，而且要在谈判前注意资料的准备、信息的收集，使谈判按预定方案顺利地进行。

二、国际商务谈判的基本要求

对国际商务谈判与国内商务谈判的异同分析，很容易得出这样的结论：国际商务谈判与国内商务谈判并不存在质的区别，但是，如果谈判者以与对待国内谈判对手、对待国内商务活动同样的逻辑和思维去对待国际商务谈判对手和处理涉外商务谈判中的问题，显然难以取得国际商务谈判的圆满成功。在国际商务谈判中，除了要把握前几章所阐述的一般原理和方法，谈判者还应注意以下几个方面。

1. 要有更充分的准备

国际商务谈判的复杂性要求谈判者在谈判之前进行更为充分的准备：一是充分了解和分析潜在的谈判对手，明确对方个人的状况，分析其公司经济情况、运营现状、经营作风、领导者信息等；二是研究商务活动的环境，包括国际政治、经济、法律和社会环境等，评估各种潜在的风险及其可能产生的影响，拟订各种防范风险的措施；三是合理安排谈判计划，解决好谈判中可能出现的水土不服、体力疲劳、难以获得必要的信息等问题。

2. 要对文化差异有足够的敏感性和正确的态度

谈判者对文化差异必须有足够的敏感性。西方社会有一句俗语，"When in Rome, do as the Romans do"，也就是我国常说的"入乡随俗"。在涉外商务谈判中，谈判者要尊重对方的文化习惯和风俗，不仅要善于从对方的角度看问题，而且要善于理解对方看问题的思维方式和逻辑。任何一个国际商务活动中的谈判人员都必须认识到，文化是没有优劣的，必须尽量避免模式化地看待另一种文化的思维习惯。

同时，要特别注意国际商务谈判中的法律和道德规范问题。

在同一文化背景下，某一行为合法与不合法，符合道德规范或者不符合道德规范，两者之间的界限往往是比较明显并为大众所接受的。但在国际交往中，文化的差异导致了谈判者在价值观、商业惯例和工作规则方面的区别，也进而模糊了合法与否、符合道德规范与否之间的界限。大家可能都知道抢劫银行是既违法又不道德的行为，而捐钱给慈善机构则被大多数人视为既合法又道德的行为，但在这两者之间还存在着一些"灰色"地带。在一方看来是不合法或不符合道德规范的行为在另一方看起来可能完全没有问题。

> **📹 微视频**
>
> 南亚地区人们头部动作的含义示例
>
> 来源：龙璇，2021. 人际关系与沟通. 北京：人民邮电出版社.

例如，在商业交往中，一公司向另一公司赠送了一件相当贵重的礼物以换取对方与自己缔结一份合同，这在一些国家被视为非法的商业贿赂行为；而在另一些国家，这可能是平常的商业惯例，不存在不合法或不符合道德规范之嫌。

再如，在一些个人主义文化色彩较重的国家，一个人是否能获得一份工作取决于他所受的教育、过往的工作经验和个人的整体素质，与这个人的家庭背景无关；而在那些偏向于集体主义文化的国家，个人与家庭的关系非常紧密，一个人是否能获得某个就业机会取决于他的家庭出身。当这两种文化在国际谈判桌上碰撞时，就会产生诸如一方希望在双方的合资企业中为公平起见公开招聘优秀人才，而另一方则希望从自己的家庭成员、亲朋好友中挑选合资企业员工的冲突。在一方看来，任人必须唯贤才能确保公平，才能广纳贤才，否则就不符合自己的道德规范；而在另一方看来，肥水不流外人田，况且用自己熟悉的人更有助于管理。

在国际商务谈判中，合法与否的问题可以参考双方的法律规定并尽可能征求两国律师对争议问题的意见以获得一种更为全面的看法。至于符合道德规范与否就更为复杂，比较好的做法是在展开重大商业行动之前先充分了解对方的商业惯例、管理模式、工作方式和价值观，再根据具体情况具体分析，在不确定的时候应当三思而后行，毕竟有违道德规范的做法有损企业的商业形象。

3. 要具备良好的外语技能

谈判者（通常是谈判团队中的翻译人员）能够熟练运用对方的语言，至少双方能够使用一种共同语言来进行磋商交流，对提高谈判过程中双方交流的效率、避免沟通中的障碍和误解有着特别重要的意义。

课堂互动

弄巧成拙

一位英国商人在伊朗谈判，一个月来事事顺利，同伊朗同事建立了良好的关系。他在谈判中尊重伊斯兰文化，感觉自己成功地避免了任何有潜在危险的闲谈。最后，这位英国商人兴高采烈地和对方签订了合同。他签完字后，对着他的伊朗同事竖起了大拇指。立刻，空气变得紧张起来，一位伊朗官员离开了房间。这位英国商人摸不着头脑，不知道发生了什么，他的伊朗同事也觉得很尴尬，不知如何向他解释。

要求：（1）和同伴讨论问题可能出在哪里；（2）查阅相关资料，看看谁的猜测更接近正确答案。

第二节　各地区商人的谈判风格

微视频
各国商人谈判风格

国际贸易的特点是多国性、多民族性、谈判对象多层次性。虽说谈判对象都是个体，个人的气质、性格对其谈判风格的形成起主导性作用，但其气质、性格的背后则是文化差异。不同国家、不同民族、不同地域的人，价值观、消费习俗、生活方式、文化背景等差异很大，形成了各具特色的谈判风格，这些都是进行国际商务谈判时应当了解和掌握的。商务谈判人员只有熟悉对方的谈判风格，才更容易因势利导、灵活运用各种谈判策略，取得谈判的成功。

在造成不同群体谈判风格差异的诸多因素中，地域和信仰是两个重要的因素，限于篇幅，以下主要从地域角度简单介绍主要国家和地区商人群体的谈判风格。

一、亚洲地区商人的谈判风格

（一）韩国商人的谈判风格

韩国商人非常重视商务谈判的准备工作。在谈判前，韩国商人通常要对对方进行咨询了解，如经营项目、规模、资金、经营作风以及有关商品的行情等。了解掌握有关信息是他们坐到谈判桌前的前提条件。一旦韩国商人愿意坐下来谈判，通常就表明他们早已对这项谈判进行了周密准备，胸有成竹了。

韩国商人很注重谈判礼仪。他们十分在意谈判地点的选择，一般喜欢在有名气的酒店、饭店洽谈。如果由韩国商人选择会谈地点，他们定会提前或准时到达，以尽宾主之谊；如果由对方选择地点，他们则常会推迟一点儿到达，以便东道主能更从容地做准备。在进入谈判会场时，一般走在最前面的是主谈人或地位最高的人，多半也是谈判的拍板者。

韩国商人比较重视在会谈初始阶段就创造友好的谈判气氛。

韩国商人逻辑性强，做事喜欢条理化，谈判也不例外。所以，在谈判开始后，他们往往先提出主要议题进行讨论。韩国商人能灵活地使用谈判的两种手法——横向谈判与纵向谈判，他们善于讨价还价。他们也有让步的时候，但目的是在不利形势下，以退为进来战胜对手。

（二）日本商人的谈判风格

日本商人的集体主义风格比较明显。正因为如此，在谈判中，日本商人在提出建议之前，通常必须先与公司的其他部门和成员商量。他们的谈判风格也常不是个人拍板决策，即使谈判代表有签署协议的权力，合同书的条款也是集体商议的结果。谈判过程具体内容的洽商要反馈到日本公司的总部，当成文的协议在公司里被传阅了一遍之后，就被看成各部门都同意了的集体决定。需要指出的是，日本商人做决策往往费时较长，但一旦决定下来，行动起来通常十分迅速。

例如，日本商人的决策如果涉及制造产品的车间，那么决策的酝酿就从车间做起，一层层向上反馈，直到公司决策层反复讨论协商。如果谈判过程协商的内容与他们原定的目标有出入，那么很可能这一程序又要重复一遍。

日本商人重视礼仪。如果外国商人不适应日本商人的礼仪，或表示不理解、轻视，在谈判中就不大可能获得他们的信任与好感。

日本商人爱面子。与他们谈判时，常需要将保全对方的面子作为谈判中需要注意的首要问题。比如尽量避免直接指责日本商人、避免直截了当地拒绝日本商人；不要当众提出令日本商人难堪或他们不愿回答的问题等。

与欧美商人相比，日本商人做生意更注重建立个人之间的人际关系。相对来说，日本商人不喜欢对合同讨价还价，他们特别强调能否同外国合作伙伴建立可以相互信赖的关系，如果能成功地建立这种相互信赖的关系，常常比较容易签订合同，一旦这种关系得以建立，双方都十分注重长期保持这种关系。这种态度常常意味着放弃用另找买主或卖主获取眼前利益的做法，而在对方处于困境或暂时困难时，乐意对合同条文采取宽容的态度。

在同从未打过交道的日本商人协商时，如果在谈判前就获得日方的信任，非常有助于谈判的顺利进行。公认的好办法是先找一个信誉较好的中间人，这对谈判的成功大有益处。在与日本商人的合作中，中间人在沟通双方信息、加强联系、建立信任与友谊上都有着不可估量的作用。中间人既可以是企业、社团组织、知名人士，也可以是银行、为企业提供服务的咨询组织等。

最后，日本商人在谈判中有耐心也是很出名的。他们的耐心并不意味着缓慢，而是准备充分、考虑周全、洽商有条不紊、决策谨慎小心。为了一笔理想交易，他们往往可以毫无怨言地等上几个月。只要能达到他们预期的目标，或取得更好的结果，时间对于他们来讲似乎不是第一位的。另外，日本商人具有耐心还与他们在交易中注重友谊、相互信任有直接的联系，这是因为要建立友谊、信任需要时间。所以，与日本商人谈判时急于求成，恐怕会输得一败涂地。

案例阅读与思考

日本公司的谈判策略

日本资源短缺，在煤和铁矿石上需求量较大。澳大利亚生产煤和铁，并且在国际贸易中不愁找不到买主。正常情况下，一般应是日本的谈判者到澳大利亚去谈生意，但是，日本某公司经常想尽办法把澳大利亚商人请到日本去谈生意。到了日本，澳大利亚商人没几天就表现出急想回到故乡的别墅、游泳池、海滨和妻儿身旁去的想法，在谈判桌上常常表现出急躁的情绪。而作为东道主的日本谈判代表则不慌不忙地讨价还价，结果往往日本方面仅仅花费了少量招待费，就取得了通常谈判桌上难以获得的利益。

思考与讨论：（1）日本商人为什么要把澳大利亚商人请到本国谈判？（2）日本商人是如何获得谈判主动权的？

（三）南亚及东南亚商人的谈判风格

南亚、东南亚包括众多国家，商人随国别不同体现出不同的性格特点，体现出的商务谈判风格也有所不同。

1．印度尼西亚商人的谈判风格

印度尼西亚绝大多数的人是穆斯林。前往印度尼西亚洽谈商务的最佳时间通常是每年9月到次年6月，因为多数印度尼西亚商人在七八月外出避暑度假。大多数印度尼西亚商人强调行业互助精神，待人很有礼貌，不讲别人的坏话，但较难成为知心朋友。一旦建立了推心置腹的交情，与之合作就比较容易，而且可靠。印度尼西亚商人的一个重要特点是喜欢有人到家里访问，因此家访是和印度尼西亚商人谈商务得以顺利进行的一种有效手段。印度尼西亚是个多民族的国家，很多民族有本民族的特殊习俗与禁忌，因此，若到印度尼西亚进行商务活动，最好先了解当地具体的习俗与禁忌。

2．新加坡商人的谈判风格

新加坡商人多谦恭、诚实、文明有礼，他们在谈判桌上一般会表现出三大特点：一是谨慎，不做没有把握的生意；二是守信用，只要签订合同，便会认真履约；三是看重面子，特别是对老一代人，面子往往具有决定性的作用。新加坡商人不太喜欢听别人对自己说"恭喜发财"，他们认为"发财"在这里是指"发不义之财"，有不好的含义。新加坡注重环保，讲究文明卫生，在新加坡随地吐痰或扔烟头会受到严厉的惩罚。

3．泰国商人的谈判风格

泰国商人比较注重融洽气氛，他们比较注意关心和考虑他人的需要和感受。保持心态平和也是他们的一个价值观。

泰国商人大多重视个人面子。他们尽力避免造成冲突或公开的对峙，避免使用可能使别人难堪或是对别人造成羞辱的语言和行为。泰国人通常认为对社会地位较高的人表现出适当的尊敬是十分重要的。

泰国商人崇尚艰苦奋斗、勤奋节俭，不愿过分依附别人，他们的生意也大都由家族控制，不太信任外人。同业之间会互相帮助，但不会形成一个稳定的组织来共担风险。与泰国商人进行商务谈判时，与他们结成好朋友需要花费相当多的时间和努力，但这种关系一旦建立，他们就会非常信任你，遇到困难，也会给你帮助。

4．菲律宾商人的谈判风格

菲律宾商人的特点是很注重关系，注意等级秩序。菲律宾人很尊重老人，如果想要把生意做成功，年轻的外国商人最好听从年长菲律宾人士的安排，尤其是当后者是买方或潜在的客户时。

与其他东南亚国家的人们一样，菲律宾人对他人表现出怠慢的表情很敏感。菲律宾人总是尽力保持与别人的平和关系，即便事情仅仅是表面上的顺利。

菲律宾商人讲究含蓄。菲律宾商人很有礼貌，总是尽量避免冒犯别人，他们通常会尽力避免使用"不"这个生硬的字。他们喜欢用含蓄的说法和迂回的方式来避免冒犯别人。

菲律宾商人喜欢讨价还价，所以，报价时不妨多留些余地。

5．印度商人的谈判风格

相对来说，印度社会层次分明、等级森严，这与他们古老的信仰有关。印度商人多观念传统、思想保守，遇到问题时不太愿意承担责任，所以，与他们进行商务谈判时，合同条款务必要严密细致，力求消除日后纠纷的隐患。一般来说，要与印度商人在商务往来中建立信任需要很长时间，而且通常很难亲密到推心置腹的地步。印度商人擅长使用拖延术来消磨对方的意志，从而能够更好地探清对方的底牌。

6. 马来西亚商人的谈判风格

马来西亚商人通常强调人际关系的重要性，认为在进行商务谈判之前，对对方有一些了解是非常必要的；他们注重社会礼节、等级制度、社会地位和尊敬程度。按照马来西亚的传统观念，老年人、在组织当中担任重要职务的人以及马来西亚贵族都具有较高的社会地位；马来西亚商人对面子十分敏感，如果某人失去耐心并且发火，将被看成非常丢面子的事情，并且也使别人丢面子。他们通常喜欢以面对面商讨的方式来解决争端。

二、美洲地区商人的谈判风格

（一）美国商人的谈判风格

美国商人的谈判风格主要有以下几个特点。

1. 自信与优越感

美国是世界上经济技术最发达的国家之一，国民经济实力也最为雄厚。这使美国商人对自己的国家深感自豪，具有强烈的自尊感与荣誉感。这种心理在他们的贸易活动中充分表现出来。他们在谈判中，自信心和自尊感都比较强，加之他们所信奉的自我奋斗的信条，常使与他们打交道的外国谈判者感到美国商人有自我优越感。

美国商人的自信还表现在他们坚持公平合理的原则上。他们认为两方进行交易，双方都要有利可图。他们的谈判方式是喜欢在双方接触的初始就明确阐明自己的立场、观点，推出自己的方案，以争取主动权。

美国商人的自信，还表现在对本国产品的品质优越、技术先进等方面毫不掩饰地称赞上。他们认为，如果你的产品质量过硬、性能优越，就要让购买你产品的人认识到，那种到实践中才检验的想法，美国商人认为是不需要的。

由于有着与生俱来的自信和优越感，他们总是十分有信心地发表自己的意见和权益要求，不太顾及对手，显得咄咄逼人，而且语言表达直率，喜欢开玩笑。当谈判不能按照他们的意愿进行时，他们常常直率地批评或抱怨。但他们又善于直接地向对方表露出真挚的感情，这种情绪也容易感染别人，谈判时不妨充分利用这一点，以创造良好的谈判气氛。

2. 注重实际利益

美国商人做交易往往以获取经济利益作为最终目标，但他们一般不会漫天要价，同时也不喜欢别人漫天要价，因为他们认为，做买卖要双方都获利，不管哪一方提出的方案都要公平合理。

美国商人做生意时更多考虑的是做生意所能带来的实际利益，而不是生意人之间的私人交情。

3. 法律意识根深蒂固

美国是一个高度法治的国家，法律观念在商业交往中也表现得十分明显。美国商人通常认为，为了保证自己的利益，最公正、最妥善的解决办法就是依靠法律，依靠合同。因此，他们特别看重合同，会十分认真地讨论合同条款，而且特别重视合同违约的赔偿条款，同时也关心合同适用的法律，以便在执行合同中能顺利地解决各种问题。

美国商人重合同、重法律，还表现在他们认为商业合同就是商业合同，朋友归朋友，两者之间不能混淆起来。私交再好，在经济利益上也是绝对分明的。

4．注重时间效率

大多数美国商人特别重视珍惜时间，注重活动的效率，所以在商务谈判中，美国商人常抱怨其他国家的谈判对手拖延，缺乏工作效率，而这些国家的商人也埋怨美国商人缺少耐心。在美国商人的企业，各级部门职责分明，分工具体。因此，谈判的信息收集和决策都比较快速、高效率，加之他们性格外向、坦率，所以，他们谈判的特点一般是开门见山，报价及提出的具体条件也比较客观，水分较少。如果对方的谈判特点与他们不一致，他们就会感到十分不适应，而且常常把他们的不满直接表达出来。

美国商人时间观念强，还表现为做事井然有序，有一定的计划性，不喜欢事先没安排妥当的人来访。另外要注意，与美国商人约会，早到或迟到都是不礼貌的。

5．喜欢进行全盘平衡的"一揽子交易"

所谓一揽子交易，主要是指美国商人在谈判某项目时，不是孤立地谈其生产或销售，而是将该项目从设计、开发、生产到销售等一起商谈，最终达成全盘方案。美国谈判人员比较注重大局，善于通盘运筹。所以，美国商人谈判喜欢先定下总交易条件，再谈具体条件。

课堂互动

要求：两三个人一组，运用所学的国际商务谈判知识，从商务谈判的策略、技巧、种类、谈判人员的素质、商务谈判的礼仪及各国商人的谈判风格等几个角度，分析采购谈判案例（扫描二维码）中中方谈判成功的原因，并进行模拟演练。

（二）加拿大商人的谈判风格

加拿大呈现多元文化的复杂性，与加拿大商人谈判之前最好弄清楚将要打交道的加拿大商人的文化背景。

当听到加拿大商人自己把加拿大商人分为英裔加拿大商人和法裔加拿大商人时，其他人一般不要发表意见，因为这是加拿大国内民族关系的一个敏感问题。

英裔加拿大人大多集中在大西洋省份及安大略，法裔加拿大人主要集中在魁北克。英裔加拿大商人同法裔加拿大商人在谈判风格上差异较大。英裔加拿大商人谨慎、保守、重誉守信。他们在进行商务谈判时相当严谨，一般要对所谈事物的每个细节都充分了解后，才可能答应要求。并且，他们在谈判过程中喜欢设置关卡，一般不会爽快地答应对方提出的条件和要求，所以从开始到价格确定这段时间的商谈是颇费脑筋的；不过，一旦最后拍板，签订契约，日后执行时违约的事情很少出现。法裔加拿大商人非常和蔼可亲，平易近人、善于表达情感、客气大方，比较讲究礼仪，等级观念较强烈。

（三）拉丁美洲商人的谈判风格

拉丁美洲许多国家经济相对落后，贫富分化明显。拉丁美洲商人大多有着强烈的民族自尊心，以自己悠久的传统和独特的文化而自豪，希望能在平等互利的基础上进行商贸合作。所以，与拉丁美洲商人谈判时，表现出尊重他们的人格和历史是比较明智的选择。

拉丁美洲商人比较突出的性格特点是固执，个人人格至上，比较开朗、直爽。体现在商务谈判中，就是对自己意见的正确性坚信不疑，很少主动做出让步；如果他们对别人的某种请求感到不能接受，就很难让他们转意。他们判定谈判对手的工作能力以及所处的地位往往根据对手讲话的语气和神情。

拉丁美洲商人不太注重物质利益，而比较注重感情，追求比较悠闲、恬淡的生活。因此，想与拉丁美洲商人做生意，最好先与他们交朋友，一旦你成为他们的朋友，他们就会优先考虑你作为做生意的对象。

在谈判中，拉丁美洲商人处理事务一般节奏较慢、时间利用率较低。

拉丁美洲商人在谈判风格方面也各有特点。下面以墨西哥和巴西为例来说明。

1. 墨西哥商人的谈判风格

首先，大多数墨西哥商人很看重密切而持久的关系。要想生意成功，私人接触和相互之间的关系起主要作用。因此，与墨西哥商人谈判，需要在商务谈判之前，确保有足够的时间来了解商业伙伴。其次，墨西哥商人比较看重礼节。再次，墨西哥商人擅长讨价还价，谈判过程通常漫长而艰难，所以开价时要留出额外的还价空间。

2. 巴西商人的谈判风格

巴西商人重视深厚的、长期的关系，在谈生意之前，要花费一定的时间来建立良好的、令人愉悦的关系。闲聊的话题有足球、巴西历史、文学和旅游地等。在巴西，一个人的地位更多地取决于他所处的社会阶层、受教育程度和家庭背景，而不是个人成就。在巴西东南部，商务人士越来越看重严格的计划表和准时性，尤其是在圣保罗。巴西商人呈现出富于表情的交流风格，他们热情、友好、健谈，善于运用非语言表达方式以及在公众场合表达自己的情绪。巴西商人称得上还价高手，他们不惧怕直接地拒绝对方的开价。因此，与巴西商人谈判，要为漫长的谈判程序留出足够的时间，在最初出价时要留足余地。

三、欧洲地区商人的谈判风格

欧洲地区商人的谈判风格呈现一定的地区差异性。

1. 英国商人的谈判风格

英国是世界上率先进入工业化的国家，曾被称为世界头号经济大国。自 20 世纪以来，虽然英国的经济实力逐渐下降，但英国人的大国民意识仍旧普遍很强，常是一副悠然自得的样子。此外，他们也始终保留着岛国民族的特性，比较保守、害羞，也有很多外国人评价他们对新事物裹足不前，并且显得高傲、矜持，容易给人难以接近的印象。

无论在谈判场内外，英国商人都很注重个人修养，尊重他人，不会没有分寸地追逼对方。同时，他们也很关注对方的修养和风度，如果能在谈判中显示出良好的教养和风度，就会很快赢得他们的尊重。英国商人的等级观念较为严格，他们颇为看重与自己身份对等的对手谈判。

在和英国商人交谈时，话题尽量不要涉及爱尔兰前途、共和制和君主制的优劣、乔治三世以及大英帝国的衰落原因等政治色彩较浓的问题。比较安全的话题是天气、旅游等。

2. 德国商人的谈判风格

虽然德国的商业惯例存在着南北差异和东西差异，但从整个民族的特点来看，德国人具有自信、谨慎、保守、刻板、严谨、办事富有计划性、工作注重效率、追求完美的性格特征，德国谈判者身上所具有的这种日耳曼民族的性格特征在谈判桌上得到了充分的展现。例如他们的谈判准备会做得充分周到，他们也很礼貌和讲究效率，思维富于系统性和逻辑性，当然也有人评价他们自信而固执。因此，与德国商人谈判，应尽量避免采取针锋相对的谈判方法，而要以柔克刚、以理服人。

3. 法国商人的谈判风格

法国是欧洲国家当中社会等级制度较为明显的国家。法国的商业文化自成一体，受到来自北欧的日耳曼民族和南方的拉丁民族的共同影响，形成了世界上独一无二的法国谈判风格。如：相比较英语，法国商人更喜欢用法语，他们若发现与自己谈话的人会说法语，却使用了英语，他们往往很生气。法国商人重视关系，但同时又奉行个人主义；法国商人不喜欢过于直接地提出自己的观点，但又很容易产生争执。

案例阅读与思考

安瑞在沙特阿拉伯

法国人安瑞是城市交通工程方面的专家，一家沙特阿拉伯的建筑工程公司邀请他参与该公司负责营建的一项政府工程。安瑞从未在中东工作过，大部分的工作经验是在欧洲和北美积累的。当安瑞到达工程公司总经理的办公室时，他被请到地板上的一个座垫上面等候。总经理看到了安瑞，但他只看了一眼安瑞，就一直在忙着招呼其他来访者。这一批客人中，安瑞是最后一位，他前面还有7位，半个小时过去了，安瑞忍不住问秘书什么时候才能轮到他，秘书也弄不清楚。这期间，有许多人进进出出打断总经理的接见工作，安瑞开始感到不耐烦，很显然，总经理一点儿不在乎被他人打扰。

一个小时过去了，秘书才领着安瑞坐到总经理对面的那张椅子上。他们用英文交谈，一阵子客套后，总经理把安瑞介绍给公司的一个工程小组，其中包括公司副总经理，他是总经理的表弟，毕业于美国麻省理工学院。引见之后，总经理安排安瑞做了个报告，主题是道路规划问题，语言用英语。报告开始一段时间后，安瑞发现许多听众表情茫然，这时他才想到，很多专业技术名词和概念必须经过翻译才能使听众听懂。这一组人中，似乎只有副总经理听懂了报告。晚上回到饭店休息，安瑞想今天到底哪里需要注意和改进。

思考与讨论：你能帮安瑞分析一下并提出自己的意见吗？

4. 意大利商人的谈判风格

大多数意大利商人非常重视商人个人的作用，在商务谈判时，往往是出面谈判的人决定一切。因此，意大利商人在交往活动中常拥有较大的自主权。

意大利商人希望在谈论商务之前对对方有一定的了解，愿意在谈论商务之前先建立良好的私人关系。意大利商人善于社交，表情丰富。在谈判中进行决策时，他们一般比较慎重，不愿仓促表态。意大利商人特别看重商品的价格，谈判时显得寸步不让，而在商品的质量、性能、交货日期等方面则比较灵活。

5. 俄罗斯商人的谈判风格

俄罗斯是一个重礼好客的国家，其礼俗兼有东西方礼仪的特点。俄罗斯商人的礼节表现在衣着、问候礼仪等诸多方面。谈判者在衣着和在公众面前的行为等方面都需要遵守特定的礼仪。

俄罗斯人有一定的社会等级观念。等级观念对于谈判的影响主要有两个特别的方面。首先，如果对方是女性管理人员，她们将会受到特殊的礼遇。其次，一般所有重要的决策都是由组织当中最高层的男性领导者做出的。因此，在与俄罗斯商人进行谈判时，必须明确谈判对象是否是真正的决策者。

有些俄罗斯商人谈判时还往往喜欢带上各种专家，这样不可避免地会扩大谈判队伍，而且专家意见不一也会延长谈判时间，拖慢谈判节奏，此外，俄罗斯商人在谈判桌前通常非常精明。因此，与俄罗斯商人做生意，保持耐心很重要。

案例赏析

细节破绽

在一次设备引进项目谈判中，俄罗斯方认为对方在报价中有较大的水分，为了尽可能以较低的价格购买最有用的技术，俄罗斯方开始就技术的具体细节、索要的东西等方面展开技术谈判攻势。俄罗斯方索要的东西包罗万象，包括详细的车间设计图纸、零部件清单、设备装配图纸、原材料证明书、化学药品和各种试剂、各种产品的技术说明书、维修指南等。卖方觉得这些东西迟早会交给对方，因此没有过多地注意把关，把可给可不给的资料或实物都交给了对方。通过索要到的这些细节文件和物品，俄罗斯方找到了对方的不少破绽，然后杀了一个回马枪，重新启动商务谈判，最后迫使对方在价格上做出了大幅度的让步。

【案例简析】由此可见，商务谈判可以套用西方的谚语：你再怎么小心也不为过（You can't be too careful）。

6. 北欧商人的谈判风格

北欧的几个国家有着相似的历史背景和文化传统。由于其信仰及历史文化，北欧人形成了心地善良、为人朴素、谦恭稳重、和蔼可亲的性格特点。

北欧商人是务实型的，工作计划性很强，没有丝毫浮躁的样子，凡事按部就班，规规矩矩。他们喜欢有条不紊地按议程顺序逐一进行，谈判节奏较为舒缓，但这种平稳从容的态度与他们的机敏反应并不矛盾，他们善于发现和把握达成交易的最佳时机并及时做出成交的决定。

北欧商人在谈判中态度谦恭，非常讲究文明礼貌，不易激动，善于同外国客商搞好关系。同时，他们的谈判风格坦诚，不隐藏自己的观点，善于提出各种建设性方案。他们喜欢追求和谐的气氛，但也不会一味地顺应对方的要求。

北欧商人通常不喜欢无休止地讨价还价，他们希望对方的公司在市场上是优秀的，希望对方提出的建议是他们所能得到的最好的。如果他们看到对方的提议中有明显的漏洞，他们就会重新评估对方的职业作风和业务能力，甚至会改变对对方的看法，进而转向别处去谈生意。另外，北欧商人性格较为保守，他们更倾向于尽力保护他们现在所拥有的东西。因此他们在谈判中更多地把注意力集中在怎样做出让步才能保住合同上，而不是着手准备其他方案。

四、其他地区商人的谈判风格

1. 澳大利亚商人的谈判风格

澳大利亚商人在商务谈判中很重视办事效率。他们派出的谈判人员一般都具有决定权，同时也希望对方的谈判代表同样具有决定权，以免在决策中浪费时间。他们一般也不喜欢采用开始报价高，然后慢慢讨价还价的做法。他们采购货物时大多采用招标方式，以最低报价成交，根本不予讨价还价的机会。他们在签约时非常谨慎，但一旦签约，较少发生毁约现象。澳大利亚商人一般都很遵守工作时间，不迟到、不早退，通常也不愿多加班，他们公私分明，认为谈判场外的招待与生意无关。

2．非洲商人的谈判风格

按地理区域，非洲可分为北非、东非、西非、中非和南非五个部分。不同地区、不同国家的人在种族、历史、文化等方面的差异较大，因而他们的国情、生活、风俗、思想等方面也各具特色。

非洲各国内部存在许多部族，各部族之间的对立意识很强，其族人的思想大多倾向于为自己的部族效力，对于国家的感情则相对淡漠。非洲各部族内部的生活，具有浓厚的大家庭主义色彩，有的人认为有钱人帮没钱人是天经地义的，故而他们不愿意去努力赚钱而将希望寄托在家境富裕的族人身上。相对而言，非洲人工作效率较低，时间观念较差。谈判时，他们准时到会的情况较少，即使到了也很少马上开始谈论正事，往往要海阔天空地漫谈一通。

去非洲做生意，需要赢得各环节有关人士的信任和友谊，这样才容易使交易顺利进行。

非洲各国中，南非的经济实力最强，黄金和钻石的生产流通是其经济的两大支柱。南非商人的商业意识较强，他们讲究信誉，付款守时。他们通常会派出有决定权的人负责谈判，一般不会拖延谈判时间。

3．阿拉伯人的谈判风格

受地理、宗教、民族等问题的影响，阿拉伯人具有一些共同的特点：以宗教划派，以部族为郡，通用阿拉伯语，信仰伊斯兰教，有很强的家庭主义观念，脾气倔强，好客，注重信誉，乐于讨价还价，喜欢用手势等非语言沟通方式来表达思想等。具体来说，与他们进行商务谈判要关注以下几点。

首先，阿拉伯人十分好客，对于来访客人，他们都会十分热情地接待。但谈判过程也容易被突然来访的客人打断。所以，与他们谈判，要有耐心和能见机行事。

其次，有的阿拉伯商人时间观念不太强，有时会随意中断或拖延谈判，决策过程也较长，但这并不是由于他们拖拉和无效率，而可能表明他们对你的建议有不满之处。他们并不当着你的面说"不"字，而是根本不做任何决定，希望时间能帮助他们达到目的。

最后，阿拉伯人通常热衷于讨价还价，并且经常希望他们的合作者在谈判过程中对价格和条件做出较大的让步。所以，与阿拉伯商人谈判，在最初出价时留足余地，是比较聪明的选择。

👑 课堂互动

他们会怎么做？

曾有一个有趣的故事流传：在餐厅盛满啤酒的杯中发现了苍蝇，英国人……法国人……西班牙人……日本人……沙特阿拉伯人……美国人……

要求： 两三个人一组，说说他们分别会怎样做。

知识巩固与技能训练

一、思考与讨论

1．文化差异对国际商务谈判活动有什么影响？有哪些具体的应对对策？

2．日本商人与韩国商人的谈判风格有哪些异同点？

3．请分析美国商人的谈判风格，并说明和他们进行谈判时应注意哪些事宜。

4．欧洲各地区的商人的谈判风格各有何特点？应如何应对？

5．德国商人的谈判风格是怎样的？

6．你想象的浪漫法国人是怎样的？他们的商务谈判风格和你的想象有何异同？

7．澳大利亚商人的谈判风格是怎样的？

8．谈谈你印象深刻的某个国家商人的谈判风格。

二、活动与演练

模拟跨文化商务谈判

目标：了解国际商务谈判的含义与特征，认识文化差异对国际商务谈判的影响，能够解读不同国家与地区商人的谈判风格，能根据国际商务谈判的具体对象采取相应的对策与方法。

步骤：任务布置→任务实施→任务完成→任务考核。

内容与要求：①学习小组结对，分别扮演买方企业与卖方企业；②每两个模拟企业互为谈判对手，其中一方扮演外商代表；③双方做好跨文化谈判准备工作；④注意涉外礼仪和规范。

成果形式：制作场景演示脚本，模拟跨文化商务谈判的整个过程。

三、案例分析

美国一家石油公司经理差点儿断送了一笔重要的石油买卖，关于事情的经过，请听他的自述："我会见石油输出国组织的一位阿拉伯代表，和他商谈协议书上的一些细节问题。谈话时，他渐渐地朝我靠拢，越来越近，直到离我仿佛只有一个拳头的间隔才停下来。我下意识地往后退了退，在我们两人之间保持着一个我认为是适当的距离——半米左右。这时，只见他略略迟疑了一下，皱了皱眉头，随即又向我靠近。我不安地又退了一步。突然，我发现我的助手正焦急地盯着我，并摇头向我示意。感谢上帝，我终于明白了他的意思。我站住不动了，在一个觉得最别扭、最不舒服的位置上谈妥了这笔交易。"

思考与讨论：（1）阿拉伯代表为什么对美国代表的后退皱起了眉头？美国代表的助手在向他示意什么？（2）在关于国际商务谈判文化差异方面，本案例给我们哪些启示？

第十一章
Chapter 11 | 线上商务谈判

📖 学习目标

能描述线上商务谈判的类型；能描述线上商务谈判的优劣势；能操作线上商务谈判；能分析线上商务谈判应注意的要点。

> #### 导入案例
>
> 在电视剧《鸡毛飞上天》中，2005年，义乌商人陈江河等在把玉珠牌商品打入欧洲市场时碰到了当地富商费尔南德的层层阻碍和打压。玉珠集团的邱岩参加马德里费尔南德的拍卖会发现，费尔南德跟北非富商史瑞夫和东南亚商人阮文雄签订了协议先供货后付款，而且，24小时后，费尔南德会宣布全面降价。这样一来，玉珠集团和国内的杨氏集团都会遭受巨大的损失。
>
> 陈江河和邱岩决定赌一把。远在马德里的邱岩驱车前往港口拜访阮文雄和史瑞夫，而陈江河也直接赶往杨氏集团。他们希望能达成一个四方协议，阻止价格战的发生。
>
> 在邱岩的努力下，阮文雄和史瑞夫答应和他们通过互联网进行一次会谈。陈江河提出，价格战的最终结果只能是两败俱伤，而只有费尔南德渔翁得利。陈江河还提出他们可以帮助史瑞夫和阮文雄进入中国市场……线上谈判一直持续到中国的深夜，而欧洲那边正是午餐时间。精明的阮文雄提出了一个又一个问题，陈江河只有借口来一次跨洋会餐，让在义乌的玉珠集团将各种所需要的数据迅速整理发送过来。这样，他们四人对着屏幕干杯……
>
> 深夜两点，谈判终于结束了。四人通过线上谈判，用最快的速度，赶在费尔南德降价之前达成了合作协议，彻底让费尔南德的计划泡汤。
>
> **思考与讨论**：你所了解的2005年的国内、国际互联网发展状况是怎样的？这个谈判体现了线上谈判的哪些优势？

第一节 线上商务谈判概述

商务谈判人员掌握多种多样的谈判方式，才不会在谈判中处于被动。这自然也包括线上谈判。

线上商务谈判是指利用网络，例如通过邮件和视频会议等电子方式进行的谈判。这是随着互联网发展应运而生的，在新冠肺炎疫情冲击后迅速普及的新型谈判形式。它既是时代发展的产物，也是谈判形式走向丰富性的必然趋势。有专家认为它是一种介于口头谈判和书面谈判之间的电子商务谈判。在线上谈判中，谈判者可以既协作又竞争地分享信息，从而可以提高谈判效率，也可以解决人们因例如新冠肺炎疫情原因不能聚集的问题。它拥有谈判的普通特点，能够共享谈判的技巧和策略，但它也有特别之处，本章关注它的特别点。

一、线上商务谈判的类型

线上商务谈判作为一个比较新颖的谈判形式，我们简单地把它划分为简单式线上商务谈判与复杂式线上商务谈判。

简单式线上商务谈判是指借助即时通信技术手段实现双方交易谈判的过程。例如，在线文字谈判（利用微信、QQ 等在线聊天工具直接输入文字沟通的谈判）、电子邮件谈判、视频谈判等。相对于视频谈判而言，在线文字谈判和电子邮件谈判能够在谈判双方之间制造一个缓冲区，使双方有时间进行周密的思考。但是在线文字谈判和电子邮件谈判由于缺少声音和表情元素，也容易使人感到缺少信任和亲和感，因此，它们适宜谈判内容简单的商务谈判。

复杂式线上商务谈判就是企业借助互联网发布供求信息，借助代理技术自动搜寻合作伙伴，自动进行讨价还价，并达成协议的商务谈判。受技术影响，线上商务谈判系统可以处理规范性、标准化的信息（如商品规格的描述），而对于谈判宏观环境分析、谈判者性格分析等非标准化信息的处理尚不够完善。

因此，完全依靠线上商务谈判系统来达成商务协议的实践尚未出现，更多的是把线上商务谈判系统作为人员谈判的支持系统。线上商务谈判支持系统可以通过对谈判协议的动态设置，进行招投标等特定类型的谈判活动。这种谈判是在一方和多方之间开展的，一方与多方表示有合作的意愿，而多方之间是竞争关系。

二、线上商务谈判优劣势

1. 线上商务谈判的优势

线上商务谈判的优势可以总结为以下几条。

（1）可实现多方即时交互通信。互联网的应用使谈判者突破了时空的局限，不再需要安排固定的时间、地点、场所，谈判各方可以通过多种方式实时交互，如网络会议、信息交换和文件资料共享等。

（2）可节省费用。线上商务谈判为贸易参加方的沟通降低了差旅、场地等沟通成本，这样，在线谈判可减少谈判的费用，增强谈判的灵活性，提高效率，因而有强大的吸引力，也是社会发展的必然趋势。特别是在双方通过面对面沟通，或在合作中已建立了信任关系后，便可以充分利用在线谈判的优点。

（3）可提高谈判者的参与度。线上商务谈判支持系统可以增加多方谈判的可能性，大大提高谈判的整合性。学者麦圭尔等人的研究也表明，在传统面对面谈判中，男性首先提出可行性方案的比率是女性的 2 倍；在线上商务谈判中，这一比率趋于 1。此外，在传统的面对面谈判中，由于社会阶层等原因，谈判者可能无法畅所欲言，但是在线上商务谈判中，谈判者不是那么容易就能看出谈判各方的具体情况，因此，更倾向于畅所欲言，提供更多的解决方案。

（4）可提高文档处理效率。线上商务谈判支持系统可以自动地进行有关谈判记录和相关文件的处理与归档，谈判者和调解人能方便地查询谈判中已讨论的问题和已达成的协议，使谈判过程有据可查，与传统谈判相比，节省了大量的记录工作，提高了效率，降低了成本。

（5）具有较高的安全性。通过用户身份识别、安全和保密技术，谈判服务可以由可信任的第三方提供，线上谈判的申请和文件应由第三方维护，谈判文件仅可被授权的用户查询，系统中可利用公钥、私钥以及 CA 认证技术增加保密性。

（6）有助于理性地处理谈判中的问题。使用网络方式进行沟通，有助于谈判各方将人事分开，各方的关系建立在正确的认识、清晰的沟通、适当的情绪上，保证了谈判的公平性。同时，线上商务谈判使谈判者彼此之间存在一个缓冲区，使得谈判者能有更多的时间和更大的空间上进行更周密的思考。

2. 线上商务谈判的劣势

线上商务谈判的一些劣势也不容忽视。

（1）人为原因导致泄密的可能性增大，互联网的故障和病毒也会影响谈判的开展。

（2）谈判双方不易建立信任关系。在线上商务谈判中，由于谈判各方只通过电子媒介沟通，终究还是缺少面对面的交流的温度，一些很重要的非语言方式，如身体语言、微笑、眼神等不能在线上商务谈判中得到充分的使用，因此难以摸清对方的真实想法，不易建立信任关系。

（3）获取隐含信息相对更困难。线上商务谈判是在网络上进行的，因此，谈判人员不必在一定的场所会面。在传统谈判中，除了从语言获取信息之外，从谈判现场还可以获取其他隐含信息来辅助决策，从人所用的道具、动作中获取更多信息；而在线上商务谈判中，双方谈判代表比在线下谈判难以接收到肢体语言所传达的信息，谈判的气氛控制也与传统谈判有所不同。

第二节　线上商务谈判注意事项

一、线上商务谈判支持系统的应用

传统意义上的商务谈判通常要求与会人员聚集在一起；而线上商务谈判则是位于两个或多个地点的人们，通过通信设备和网络，进行面对面交谈。

线上商务谈判通常采用视频会议的形式，利用互联网实现不同地点、多个用户的数据共享，让产品演示、共享应用程序以及开展专案协作就如同面对面一样。这时，谈判人员无须了解复杂的科技知识，仅需安装相应的通信软件并连接到互联网，即可轻松开始。常用的会议应用软件有Techmeeting、WebEx、Zoom、视维、腾讯会议、钉钉等，这些软件能适应不同会议和谈判的需求；谈判人员可以在做会议简报展示时在线注释文档，如同现场在白板上讲解展示一样；谈判人员也可以通过音频和视频系统进行有说服力的多媒体展示。

案例阅读与思考

远程谈判

（据2020年11月21日新华网报道）新冠肺炎疫情波及欧盟与英国就未来关系的谈判。由于欧盟谈判团队一名成员新冠病毒检测结果呈阳性，欧英双方19日暂停面对面对话，转为远程谈判。

英国政府一名发言人说，面对面对话将在确保安全后恢复。

英国2020年1月"脱欧"后进入与欧盟关系维持现状的过渡期。英欧双方原定在2020年底结束的过渡期内敲定2021年起适用的双方贸易规则等未来关系安排，但谈判迄今没有明显进展。

……

思考与讨论：你觉得疫情形势下的线上谈判的优势和劣势分别是什么呢？

二、线上商务谈判应注意的要点

1. 明确谈判目的、与会人员和时间

谈判前，谈判各方应通过邮件或电话确认谈判的目的，目的是谈判进程的指挥棒，明确谈判目的在于确定哪些人员参加此次谈判、谈判的确切时间等。

召开线上谈判对时间准确性的要求很高，参与谈判者必须同时出现在视频中；如果是跨时区的谈判，在确定谈判时间的时候还要考虑到日期和时差的因素，例如，根据季节不同，北京时间就比美国东部时间早 12 或 13 小时。

2. 检查网络联机质量

线上谈判需要实时互动的影音传输，若网络联机质量不佳，线上谈判的协作效率将大受影响。因此在谈判之前，务必检查当前的网络联机速率，尽量维持高度稳定的联机速率与较高的带宽支持，保证能够拥有较佳的会议体验。

3. 提前调试系统，检测线上谈判设备运作状况

线上谈判无论使用什么软件，务必提前下载好谈判使用的软件。同时，线上谈判会使用摄像机、投影仪、话筒等设备，在会前要确保这些设备的正常运作，如确认视频镜头保持正常对焦与自动补光的运作状态，所有谈判参与者的影音画面均可正常传输，并能够顺利连入指定的谈判场所以及邀请所有参与者进入。

4. 线上谈判环境检视

在开始线上谈判前，除了必须确保环境整洁、光线充足，确认预计参与的人员均已到达现场外，更重要的是避免企业内部的机密资料和与谈判内容无关的素材暴露于谈判室当中或者放置于分享屏幕的计算机桌面上，否则可能会泄密，还会分散参与者的注意力、降低会议效率。

5. 准时加入线上谈判

参加线上谈判的人员可能因为未实际离开固有的工作环境，思想上容易松懈，因而组织者一定要重复确认会议时间，避免与会者迟到，否则不仅会给其他参与者造成困扰，还会影响对手对己方的评价。

6. 注意衣着

衣服的不同颜色经摄像机摄入后的成像效果是有差异的。在参加线上谈判的时候应避免穿亮色、全白或全黑的衣服，这类衣服会显得肤色过亮或过暗；也尽量不穿格子或条纹衣服，以免在屏幕上显得眼花缭乱。另外，那些容易反光的配饰也要摘掉，因为它们会分散人们的注意力。通常建议与会者穿浅灰或浅蓝色上装。

7. 行为举止得体

在线上谈判中，由于摄像机聚焦与会者，可能会放大人们的行为。因此，在参加谈判时要避免一些随意的动作，如搔头等。在谈判过程中也要避免在镜头前走动。参会前还要确认手机关机或调至静音状态，以免干扰信号的传输。

若非发言人，要关闭话筒，当需要发言的时候再打开，避免杂音影响其他与会人员讨论。需要发言时，要一个接一个发言，不要抢话，因为这样会造成声音混合，远端的声音会非常嘈杂，不仅影响会议质量，更被视为一种不尊重会议的表现。

8. 发言轻松自然

发言时要身体放松，举止自然。很多人在面对面交流的时候表现得很自然，但当面对摄像机的时候就变得很不自在，甚至说话结结巴巴。如果要经常参加线上谈判，就要训练一下自己的镜头感，要习惯对着摄像机表达自己的想法。这样会让屏幕前的与会者感觉到目光的接触，有助于双方的互动。

在发言时尽量不要移动、拍打话筒，或者使纸张在话筒附近发出声响，要用正常的语调讲话，不宜刻意大声喊叫。

知识巩固与技能训练

一、思考与讨论

1. 线上商务谈判与传统谈判相比，有何优劣势？
2. 谈谈线上商务谈判应注意的问题。

二、活动与演练

扫描二维码了解线上商务谈判案例，以 6~8 人为一大组，分成甲、乙两组进行线上谈判。

谈判结束后讨论：（1）你觉得线上谈判相比线下谈判，哪个更有效？（2）你在线上谈判中遇到了什么问题？你是怎么解决这些问题的？

三、案例分析

我国 A 公司和美国 B 公司原定在某年 3 月由 A 公司派代表飞往美国和 B 公司进行谈判，后由于不可抗力因素影响行程，协商后改为线上谈判。

思考与讨论：你觉得安排这样的线上会议，要考虑的因素有哪些？请你设置详细的方案。

附录

附录 1　学生自主模拟商务谈判训练

　　鉴于教师精力有限，编者建议同学们自行组织模拟商务谈判训练以增加实践机会。三五个人可组成一个谈判小组，与其他小组共同选定案例后即可进行模拟商务谈判练习。

　　本书配套资料中提供了若干备选案例，扫描下方二维码可查看各案例的公开素材，确定甲、乙方后可向授课教师索要己方资料。注意：双方的"己方资料"应相互保密，不应试图去获得对方资料，否则会因谈判失去真实性让实践的价值大打折扣。

模拟谈判 1　　模拟谈判 2　　模拟谈判 3　　模拟谈判 4　　模拟谈判 5

附录2 更新勘误表和配套资料索取示意图

说明1：本书配套教学资料存于人邮教育社区（www.ryjiaoyu.com），资料下载有教师身份、权限限制（身份、权限需网站后台审批，参见示意图）。

说明2："用书教师"，是指为学生订购本书的授课教师。

说明3：本书配套教学资料将不定期更新、完善，新资料会随时上传至人邮教育社区本书相应的页面内。

更新勘误及意见建议记录表

说明4：扫描二维码可查看本书现有"更新勘误记录表""意见建议记录表"。如发现本书或配套资料中有需要更新、完善之处，望及时反馈，我们将尽快处理！

咨询邮箱：13051901888@163.com

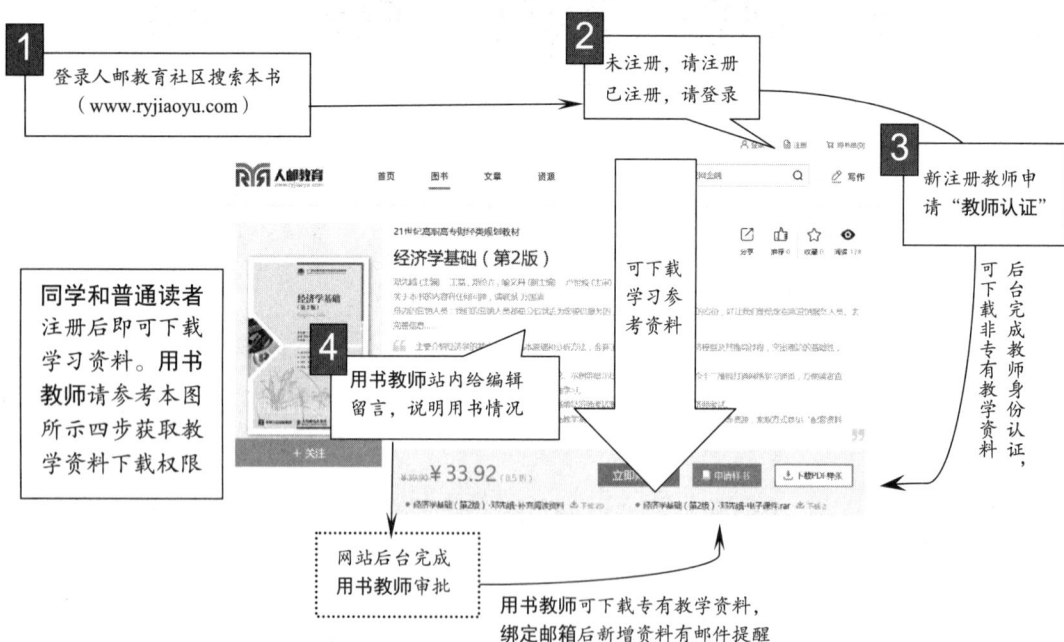

1 登录人邮教育社区搜索本书（www.ryjiaoyu.com）

2 未注册，请注册 已注册，请登录

3 新注册教师申请"教师认证"

同学和普通读者注册后即可下载学习资料。用书教师请参考本图所示四步获取教学资料下载权限

4 用书教师站内给编辑留言，说明用书情况

可下载学习参考资料

后台完成教师身份认证，可下载非专有教学资料

经济学基础（第2版）

¥33.92（8.5折）

网站后台完成用书教师审批

用书教师可下载专有教学资料，绑定邮箱后新增资料有邮件提醒

主要参考文献

[1] 蔡彦敏，祝聪，刘晶晶，2011. 谈判学与谈判实务[M]. 北京：清华大学出版社.

[2] 崔文丹，王杰，齐闯，2018. 商务谈判与沟通[M]. 北京：机械工业出版社.

[3] 代桂勇，2014. 商务谈判[M]. 北京：北京理工大学出版社.

[4] 黄卫平，丁凯，宋洋，2017. 国际商务谈判[M]. 2 版. 北京：中国人民大学出版社.

[5] 贾书章，吕望慰，2017. 商务谈判[M]. 武汉：武汉理工大学出版社.

[6] 李爽，2017. 商务谈判[M]. 北京：人民邮电出版社.

[7] 李逾男，杨学艳，2017. 商务谈判与沟通[M]. 2 版. 北京：北京理工大学出版社.

[8] 李志军，2018. 商务谈判与礼仪[M]. 北京：中国纺织出版社.

[9] 刘俊，2019. 谈判：让你在交易中扭转局面[M]. 北京：中国民主法制出版社.

[10] 刘园，2018. 谈判学概论[M]. 3 版. 北京：首都经济贸易大学出版社.

[11] 卢海涛，2020. 商务谈判[M]. 2 版. 北京：电子工业出版社.

[12] 罗琪，2017. 商务谈判[M]. 上海：上海财经大学出版社.

[13] 莫群俐，2021. 商务沟通：策略、方法与案例[M]. 北京：人民邮电出版社.

[14] 潘锦云，汪春成，2021. 商务谈判：理论、实务与艺术[M]. 合肥：中国科学技术大学出版社.

[15] 千海，2019. 会谈判的人，前程都不差[M]. 北京：中国经济出版社.

[16] 王军旗，2018. 商务谈判：理论、技巧与案例[M]. 5 版. 北京：中国人民大学出版社.

[17] 王勇，鲁晨琪，2018. 商务谈判[M]. 大连：东北财经大学出版社.

[18] 吴仁波，刘昌华，2017. 国际商务谈判：理论·实务·案例分析[M]. 杭州：浙江大学出版社.

[19] 西蒙，2017. 有效的商务沟通：你的信息真的送给了加西亚？[M]. 柯冬敏，译. 北京：人民邮电出版社.

[20] 姚凤云，刘纯，赵雅坦，2021. 商务谈判与管理沟通[M]. 3 版. 北京：清华大学出版社.

[21] 殷庆林，2016. 商务谈判[M]. 3 版. 大连：东北财经大学出版社.

[22] 张晖，胡晓阳，江丽，2019. 商务谈判[M]. 上海：上海财经大学出版社.

[23] 张强，2014. 商务谈判学[M]. 2 版. 北京：中国人民大学出版社.

[24] 张强，杨明娜，傅剑波，2016. 商务谈判[M]. 2 版. 北京：中国人民大学出版社.

[25] 张强，钟峥，杨明娜，等，2018. 商务谈判[M]. 3 版. 北京：中国人民大学出版社.